北京大学震旦古代文明研究中心学术丛书之十四

铅同位素考古研究

以中国云南和越南出土青铜器为例

崔剑锋　吴小红　著

文物出版社

北京 · 2008

封面设计　张希广

责任印制　陈　杰

责任编辑　黄　曲

图书在版编目(CIP)数据

铅同位素考古研究:以中国云南和越南出土青铜器为
例/崔剑锋,吴小红著. —北京:文物出版社,2008.4

(北京大学震旦古代文明研究中心学术丛书)

ISBN 978 - 7 - 5010 - 2385 - 1

Ⅰ. 铅... Ⅱ.①崔...②吴... Ⅲ. 铅同位素 – 应用 – 青铜
器(考古) – 研究 – 中国 Ⅳ. K876.41

中国版本图书馆 CIP 数据核字(2007)第 176429 号

铅同位素考古研究

崔剑锋
著
吴小红

*

文 物 出 版 社 出 版 发 行

(北京东直门内北小街2号楼)

http://www.wenwu.com

E – mail:web@ wenwu.com

北京美通印刷有限公司印刷

新 华 书 店 经 销

787 × 1092　1/16　印张:11.5

2008 年 4 月第 1 版　2008 年 4 月第 1 次印刷

ISBN 978 - 7 - 5010 - 2385 - 1　定价:80.00 元

Aurora Centre for the Study of Ancient Civilizations, Peking University
Publication Series, No.14

The Study of Lead Isotopic Archaeology
Provenance Study of Bronze Artifacts Unearthed
from Yunnan Province, China and Vietnam
Cui Jianfeng Wu Xiaohong

Cultural Relics Press
Beijing · 2008

序

陈铁梅

　　1966 年美国的 R. H. Brill 开创了利用铅位素比值来探索铅玻璃和含铅颜料中铅的矿源。随后英国的 Gale 夫妇和德国的 E. Pernicka 和 G. A. Wagner 等更将该技术应用于青铜制品，并成功地鉴别了地中海东部地区古典时期青铜工业的矿源。我国于上世纪 80 年代初，中国科技大学的金正耀和彭子成等首先开展了青铜器的铅同位素研究，金正耀发表了大量数据，并发现了商代的高放射成因铅。美国和日本的学者也测量了相当一批当地博物馆馆藏的中国古代青铜器的铅同位素比值。青铜器的铅同位素考古已得到我国考古学家广泛的接受和重视。

　　本书的作者可能是我国最早使用多通道等离子质谱于铅同位素考古，等离子质谱的高灵敏度使得绝大多数青铜样品可以酸溶后直接测量，免除了分离提纯等烦琐的化学流程，显著提高了测量效率。在本书中，作者报告了 80 多件考古样品和数十件实验样品的铅同位素比值数据。根据 80 多件我国云南出土的青铜制品的铅同位素比值，其中包括了 26 件各种类型的铜鼓，作者探讨了云南地区相应时代青铜工业的矿源，地区之间技术和文化的交流等，从铅同位素的角度探讨古代的滇文化，值得研究古滇文化的考古工作者参考。

　　可能是鉴于这些年我国不断有文章对铅同位素的溯源功能提出质疑，认为在古代的冶铸过程中，铅同位素的分馏可以影响其溯源功能，作者利用等离子质谱测量的高精确度，实验测量了在挥发过程中铅同位素在液相和气相之间的分馏程度。观测到，当铅的挥发量达 83% 时，残留的液态铅的 $^{208}Pb/^{206}Pb$ 比值从初始的 2.1208 增加到 2.1220。增量的绝对值为 0.0012，显著大于所用仪器重复测量 $^{208}Pb/^{206}Pb$ 比值的 2δ 的随机误差，2δ 的随机误差约为 ±0.0002。同时还观察到铅同位素分馏程度与挥发量之间的线性关系，说明测量数据的精确性和可靠性。根据已知的铅同位素数据库，我国不同地区和不同时代青铜制品的 $^{208}Pb/^{206}Pb$ 比值可以在 1.90 ~ 2.20 的广阔范围内变动，变动范围比分馏效应高几个数量级。因此作者得出了"在古代冶金过程中，铅同位素的分馏效应完全可以不计"的结论，我完全同意本书作者的意见。理论上，一对同位素间的分馏系数取决于它们的质量比的平方根。因此在理化和生物过程中，轻元素的同位素间分馏严重，馒头铺的千滚水中可检测到氘水的富集；而重元素的同位素分馏是很不显著的，二次大战期间美国为了浓集^{235}U，生产 3 个小当量的原子弹，其离心机耗费了全国 10%的电力。上世纪末，英国的 P. Budd 也曾对铅同位素的溯源功能提出怀疑，经过学术讨论，特别是 Budd 本人的实验检验，Budd 已于 1999 年撤回了自己的怀疑。我想，本书的出版应该可以对有关的质疑画句号了。

铅同位素考古的最终目的是建立古代青铜制品与矿源间的对应关系，揭示矿料和成品的交换、流通模式。但是，正如本书作者所指出，必须考虑一系列复杂的因素：同一矿山不同矿体的铅同位素比值可能有一定范围的波动；不同矿山的铅同位素比值间可能有部分重叠；矿料可能被混合使用；青铜制品可能回熔重铸以及低含铅量器物的铅同位素比值是指征铅还是铜等。因此实现铅同位素考古的最终目的是一项艰巨的任务，关键是需要有大量精确、可靠的青铜器物和铅、铜矿的铅同位素数据，特别是需要拥有关于每一件被测青铜器物详尽、可信的考古信息，拥有关于古代采矿情况的考古信息，这要求考古工作者和科技工作者的合作。总之，根据铅同位素考古数据作考古推论时，必要的谨慎是不可能强调过分的。本书作者用铅同位素地球化学省矢量填图的方法，分析了已发表的我国中原地区 500 多件先秦青铜制品的铅同位素数据。提出了"在夏商周三代，中原王朝至少开发了两处大矿山，提供中原青铜工业一半以上的矿铅"的推论或假设。当然目前要证实这个假设是困难的，但作者的工作是有益的尝试。

本书作者不仅做了大量的实验测量，而且阅读了几乎全部关于铅同位素考古的重要文献，把握了这一研究领域的主要成果、困难和学术争论。本书的前二章是一篇全面、中肯的综评，能帮助读者了解铅同位素考古的主要脉络。

总之，本书无论是对铅同位素考古原理、历史和现状，对铅同位素考古原理的实验检验和对古代云南青铜工业矿源的实验探索都作了详尽、中肯的报道和评论。本书的出版是对我国铅同位素考古的一项贡献。

目　　录

插图目录

插表目录

前　言

　　1966 年，R. H. Brill 首次将铅同位素技术引入到考古学，用以研究含铅文物的产源问题，迄今已 40 多年了。这项技术在欧洲已经发展成为一门独立的学科，被称为铅同位素考古学[①]。中国的铅同位素考古兴起于 20 世纪 80 年代初，到现在也已逾 20 年。经过中外科学工作者们的多年实践，充分证明了铅同位素技术在金属和无机质材料考古产源研究中具有其他技术无法比拟的优点，其在考古学中的应用也愈加广泛。

　　随着铅同位素考古研究的深入，这种技术的一些缺陷也逐渐显露。如由于不同矿山铅同位素比值相似而引起的"重叠效应"；古代铜器中铅同位素数据指征的是何种合金元素的矿料来源；在冶金过程中由于铅的蒸发损失而可能导致铅同位素比值发生改变；上述这种"铅同位素分馏效应"是否影响铅同位素的应用等，所有这些在一定程度上影响了铅同位素考古的应用和发展[②]。

　　由此我们意识到需要对铅同位素考古的理论和方法进行必要的审视和检验。本文在总结前人研究工作的基础上，以理论计算和实验模拟的手段探讨了铅同位素比值在冶金过程中可能发生的变化，通过实验在国际上首次获得了铅的同位素分馏系数；并首次将地球化学省的概念和铅同位素矢量填图的方法引入到中国青铜器矿料产源研究当中，分析了以前发表的青铜器的铅同位素数据，为解决上述铅同位素考古的问题进行了有益的尝试，由此确定铅同位素考古仍是目前解决青铜矿料产源的有效手段。

　　早在 20 世纪 80 年代初期，就有学者根据商代青铜器铅同位素比值的研究认为，中原商代青铜器中很大一部分的铜铅矿料可能来自云南[③]。该观点一经提出，就引起了考古学界的广泛讨论。时至今日，商代青铜器的矿料来源仍是未解之谜。"商代青铜矿料云南说"是建立在与现代矿山铅同位素数据进行对比的基础上，而实际上如果能直接使用两地青铜器的铅同位素数据进行对比，则会使得结论更具说服力。但迄今为止云南

---

① Gale, N. H., Zofia Stos-Gale, Lead isotope analyses applied to provenance studies, in *Modern Analytical Methods in Art and Archaeology*, Chicago, 2000.

② 秦颖、王昌燧、朱继平、董亚巍、龚长根：《青铜器铅同位素指示意义的范铸实验研究》，《文物保护与考古科学》2004 年 3 期。

③ 金正耀：《商代青铜业的原料流通与迁都问题》，《二十一世纪》第 69 期，2002 年 2 期。

古代青铜器的铅同位素比值分析数据并不多，且主要集中在铜鼓这一单一器类的分析方面。因此分析云南青铜器的铅同位素数据，了解云南古代青铜器的矿料来源信息，对探讨我国商代中原青铜器矿料来源这一考古学重要课题非常有必要，并且对我国西南地区青铜时代考古乃至中国青铜时代考古研究都有重要的促进作用。

我们使用国际上较先进的多接收电感耦合等离子体质谱（MC－ICP－MS）技术，选择测定了包括各型铜鼓在内的80余件云南古代青铜器的铅同位素比值；并使用地球化学省矢量填图、与现代矿山铅同位素数据进行对比等方法，对这些青铜器矿料的来源进行了研究；还对云南的矿料是否在商代已经输入中原地区这一问题进行了探讨。

此外我们还借助铅同位素数据探讨了古代铜鼓的族属、起源和分类，滇文化和东山文化的社会结构和对外贸易等考古学问题，希望为铅同位素技术在考古学研究中的应用开拓新的思路。

第一章　铅同位素技术的基本原理及铅同位素考古的发展历史

第一节　铅同位素技术研究古物产源的基本原理

自然界的铅由^{204}Pb、^{206}Pb、^{207}Pb、^{208}Pb四种稳定同位素组成。其中^{206}Pb、^{207}Pb、^{208}Pb由两部分组成（参见图 1－1），即

现代铅 = 原始铅 + 放射性成因铅

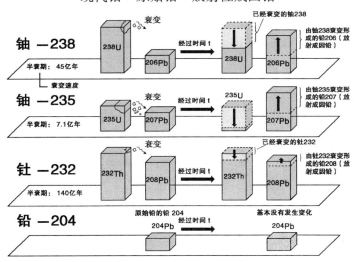

图 1－1　铀、钍衰变和铅同位素演化图解

（根据平尾良光、山岸良二 1998 年[①]14 页图 1 改绘）

所谓"原始铅"是指在地球形成初期的铅。在地壳没有凝固时，所有铅都是混合好的，因此原始铅的同位素组成为固定值。一般取美国 Diablo 峡谷不含铀钍的铁陨石

---

① 平尾良光、山岸良二编：《青銅鏡·銅鐸·鉄剣を探る－鉛同位体比、鋳造実験、X 線透過写真》，（東京）株式会社国土社，1998 年。

的铅同位素组成作为原始铅的铅同位素组成[①]。而"放射性成因铅"则是指从地球形成开始到金属矿石和U（铀）、Th（钍）分离这段时间里，由于铀和钍衰变而增加的铅。铅的放射性成因同位素指的是^{206}Pb、^{207}Pb、^{208}Pb三种，它们的形成涉及一个很长的放射衰变链，最终可以总结成为如下的公式：

$$^{238}U = {}^{206}Pb + 8\alpha + 6\beta \quad (t_{1/2} = 44.68\ 亿年)$$

$$^{235}U = {}^{207}Pb + 7\alpha + 4\beta \quad (t_{1/2} = 7.04\ 亿年)$$

$$^{232}Th = {}^{208}Pb + 6\alpha + 4\beta \quad (t_{1/2} = 140.10\ 亿年)$$

而在铅的四种稳定同位素中，只有^{204}Pb是属于非放射性成因的[②]。

铅矿石形成的时候，铅和铀、钍发生分离，放射性成因铅的积累就此停止，由于矿床的成矿年龄不同，所以每个矿床所积累的放射性成因的铅同位素组成也就不同，这些矿床的铅同位素组成既可以被用来计算该矿床的成矿年代，又可以用来指征该矿山[③]（图1－2）。这样，当我们知道了矿石的铅同位素组成，就有可能找到相应的矿山。这就是铅同位素可以用来进行产源研究的基本原理。

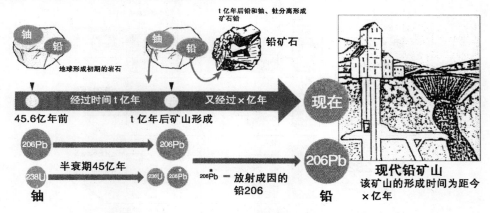

图1－2　矿石铅形成示意图

（根据平尾良光、山岸良二1998年[④]15页图2改绘）

---

①　地质部宜昌地质矿产研究所同位素地质研究室：《铅同位素地质研究的基本问题》，地质出版社，1979年。

②　最近发现，^{204}Pb也是一种放射性核素，释放一个α离子，形成^{200}Hg，但其半衰期相当长，为1.7×10^{17}年，远大于地球的年龄，是^{232}Th半衰期的10^6倍以上。因此地球形成到现在其丰度基本未发生变化。

③　Gale, N. H., Zofia Stos-Gale, Lead isotope analyses applied to provenance studies , in *Modern Analytical Methods in Art and Archaeology*, Chicago, 2000.

④　平尾良光、山岸良二编：《青銅鏡・銅鐸・鉄剣を探る－鉛同位体比、鋳造実験、X線透過写真》，（東京）株式会社国土社，1998年。

按照铅同位素组成可以将矿床划分为两种，即正常铅矿床和异常铅矿床。正常铅又被称为普通铅。所谓正常铅矿指的是同一矿床甚至矿区的铅同位素组成相对稳定，变化范围通常为 0.3% ~ 1%，可以通过该矿床的铅同位素组成，按照单阶段成矿模式推导出矿床的地质年龄。异常铅则是完全不相同的另一种铅，其基本特征是矿床铅同位素组成变化很大，其中富含放射性成因铅组分 ^{206}Pb、^{207}Pb、^{208}Pb，因此也被称为高放射性成因铅，其铅同位素组成在 $^{206}Pb/^{204}Pb$ – $^{207}Pb/^{204}Pb$ 和（或）$^{206}Pb/^{204}Pb$ – $^{208}Pb/^{204}Pb$ 坐标图上具有线性关系，使用地球化学上的单阶段成矿模式计算不出矿床的地质年龄，往往为零或者负值[①]。

欧洲特别是地中海沿岸地区的大多数金属矿床都以普通铅矿为主，而中国的地质情况非常复杂，这两种类型的矿床都有存在，为我们在中国使用铅同位素研究古物产源提供了一定的机会。

第二节 铅同位素考古在西方的发展历史

从 1966 年 Brill 和 Wampler 将铅同位素技术引入考古研究领域到目前为止，铅同位素考古的发展历程可以划分为四个主要时期。

2.1 创始期（1966 ~ 1982 年）

1966 年，R. H. Brill 在当年的美国考古学年会上宣读了他和 J. M. Wampler 合作分析的来自世界各地的几十件铅玻璃、铅丹颜料以及铅青铜的铅同位素分析结果，并于次年发表了《古代铅的同位素研究》（Isotope studies of ancient lead）一文，正式宣告了铅同位素考古的诞生[②]。此后，Brill 等进行了大量的分析工作，初步总结了世界各地铅同位素比值的特点，他绘制的 $^{207}Pb/^{206}Pb$ – $^{208}Pb/^{206}Pb$ 二维图解，清晰地反映出中国、英国、西班牙、埃及以及希腊 Laurion 等地部分矿山的铅同位素比值的差别[③]。

很快欧洲、日本等国家的不少考古学家和地球化学家合作进行了与之类似的科学研究工作。Brill 也因此被奉为铅同位素考古的鼻祖。英国牛津大学长期从事铅同位素考古工作的 N. H. Gale 甚至将 Brill 与古希腊发现原子理论的德谟克力特相提并论[④]。

① 地质部宜昌地质矿产研究所同位素地质研究室：《铅同位素地质研究的基本问题》，地质出版社，1979 年，55 ~ 83 页。
② Brill, R. H. and J. M. Wampler: Isotope studies of ancient lead, *American Journal of Archaeology*, 1967, 1.
③ I. L. Barnes, R. H. Brill, E. C. Deal：《中国早期玻璃的铅同位素研究》，见《中国古玻璃研究——1984 年北京国际玻璃学术讨论会论文集》，中国建筑工业出版社，1986 年。
④ Gale, N. H., Zofia Stos – Gale, Lead isotope analyses applied to provenance studies, in *Modern Analytical Methods in Art and Archaeology*, Chicago, 2000.

　　最初，铅同位素考古研究的范围主要集中于铅器、铅玻璃、铅釉陶器、银器和铅青铜等富铅器物的产源研究。1982 年，牛津大学的 Gale 和他的妻子 Stos – Gale[①] 首次将铅同位素方法应用于青铜器中铜矿来源这一考古学家普遍关注的问题的研究当中，将古代铜器矿料产源研究向前促进了一大步[②]。他们引入铅同位素技术研究了地中海地区青铜时代含铅甚少的青铜器，发现这些铜器的铅同位素比值揭示了铜矿的特征值，二人参照 Brill 以前的工作，发现使用铅矿建立起来的地区铅同位素场（isotope field）同样适用于铜矿，即分析铅含量较低铜器的铅同位素比值可以找到古代开发铜矿的地球化学信息，并由此初步得出了古代地中海铜矿料的贸易路线。他们的研究成果随后发表在《Science》上，立即引起各地考古学家对于铅同位素技术的重视。不久，《Nature》刊登了一篇对该技术进行述评的文章[③]。几乎同时，德国的科技考古学家在德文杂志上发表了他们使用铅同位素分析安纳托利亚古代铜器的结果，证明这项技术的确可以被用来研究铜器的矿料产地。至此，铅同位素技术被应用于青铜器矿料来源研究得到了学术界的普遍认同。

2.2　繁荣期（1982～1995 年）

　　铅同位素考古被证明可以应用到铜器矿料产源的研究后，各国学者纷纷将研究重点从微量元素转移到铅同位素技术上来。这其中以英国的牛津小组、德国的 Mainz – Heidelberg 小组、美国的 Smithsonian 小组、日本的马渊久夫、平尾良光以及铅同位素考古的创始人 Brill 等最为著名。需要指出的是，Gale 夫妇的文章发表不到一年，中国的金正耀即引入了该项技术研究了安阳殷墟出土的 12 件铜器的矿料产地[④]。

　　这期间，走得最远，其结论对考古学影响最大的莫过于牛津小组的 Gale 夫妇。他们和其他一些冶金考古学家、地质学家合作，分析了整个地中海地区出土的大量青铜时代铜质遗物，并测量了地中海沿岸各国的大部分铜矿、铅矿的铅同位素比值，建立起地中海沿岸各铜、铅矿山的铅同位素场；并将器物的铅同位素比值和这些矿山的铅同位素

---

① 两人于 2001 年离婚，Stos – Gale 在最近的文章中已经改为 Stos。
② Gale, N. H., Z. Stos – Gale, Bronze age copper in the Mediterranean: A new approach, *Science* Vol. 216, 2, 1982.
③ Keith Branigan, Lead isotopes and the Bronze Age metal trade, *Nature*, 1982, Vol. 296.
④ 关于铅同位素技术在中国的发展历史将于下文详述。

场进行分析对比，基本理清了青铜时代晚期地中海沿岸青铜矿料贸易路线①。

以 Pernicka. E 和 Wagner. G 等人为首的德国 Mainz－Heidelberg 小组分析了安纳托利亚地区的早期铜器，他们的研究侧重于青铜时代锡青铜中锡产地的探索。长期以来，锡青铜中锡的来源一直是研究者争论的焦点。由于锡在地球上仅仅富存于有限的几个地区，因此青铜时代锡青铜中锡的来源成为青铜时代考古的一个谜。根据 Pernicka 等人的分析发现，安纳托利亚青铜时代早期未经过合金化的红铜器或砷铜器的铅同位素比值落入了当地的铜矿铅同位素比值组成范围之内；然而在安纳托利亚发现的锡青铜的铅同位素比值则大部分落入当地矿山的铅同位素比值场之外。由此，Mainz－Heidelberg 小组的研究者认为，锡青铜合金化技术和铜、锡矿料是同时被引入安纳托利亚的，当锡青铜出现在安纳托利亚后，当地的铜矿就很少再被开采。铜器的铅同位素比值显示，来自阿富汗和中亚的铜、锡矿料或者是锡青铜的实物，很可能于公元前 2 千纪末期随着锡青铜的冶炼技术一起传入了安纳托利亚地区②。

以 Sayre. E 和 Yener. K 等为首的美国 Smithsonian 小组的研究兴趣也集中于安纳托利亚地区。他们早期对于土耳其出土的银器和铅器的铅同位素比值研究的结果和德国小

---

① Gale 夫妇进行了大量铅同位素分析的工作，以下举一些典型的例子：a. Gale, N. H., Archaeometallurgical studies of late Bronze Age copper oxhide ingots from the Mediterranean region, in eds. A. Hauptmann, E. Pernicka, G. A Wagner, *Old World archaeometallurgy*, Deutsches Bergbaumuseum, Bochum, 1989. b. Gale, N. H., Stos－Gale, Z. A. Bronze age archaeometallurgy of the Mediterranean: the impact of lead isotope studies, in *Archaeological Chemistry Iv*（ed. R. O. Allen）, Washington. DC, 1989. c. Stos－Gale, Z. A., Lead isotope studies of metals and the metal trade in the bronze age Meditermean, J. Henderson（ed.）, in *Scientific Analysis in Archaeology and its interpretation*, Oxford, 1989. d. Gale, N. H., Stos－Gale, Z. A., Evaluating lead isotope data: comments on E. V. Sayer, K. A. Yener, E. C. Joel and I. L. Barnes, 'Statistical evaluation of the presently accumulated lead isotope data from Anatolia and surrounding regions, …' I, *Archaeometry*, 1992. 2. e. Gale, N. H., Stos－Gale, Z. A., Comments on P. Budd, D. Gale, A. M. Pollard, R. G. Thomas and P. A. Willams, 'Evaluating lead isotope data: further observations…', *Archaeometry*, 1993, 2. f. 其他可参阅文章后的参考文献。

② Pernicka 等人做了大量的工作，以下是一些典型的例子：a. Muhly, J. D., Begemannm, F., Oztunali, O., Pernicka, E., Schmitt－Strecker, S., Wagner, G. A., The bronze metallurgy in Anatolia and the question of local tin Sources, in E. Pernicka, G. A. Wagner（eds.）, *Archaeometry 90*, Birkhauser Verlag, 1991. b. Pernicka, E., *et. al.*, On the composition and provenance of metal artifacts form Poliochni on Lemnos, *Oxford Journal of Archaeology*, 1990, 9. c. Penicka, E., G. A. Wagner, J. D. Muhly, O. Oztunali, Comment on the discussion of ancient tin sources in Anatolia, *Journal of Mediterranean Archaeology*, 1992, 1. d. Pernicka, E., Begemann, F., *et. al.*, Prehistoric copper in Bulagaria: Its composition and provenance, *Eurasia Antiqua* 1997, 3. e. Pernicka, E., Evaluating lead isotope data: comments on E. V. Sayer, K. A. Yener, E. C. Joel and I. L. Barnes, 'Statistical evaluation of the presently accumulated lead isotope data from Anatolia and surrounding regions…', I, *Archaeometry*, 1992. 2. f. Pernicka, E., Comments on P. Budd, D. Gale, A. M. Pollard, R. G. Thomas and P. A. Willams, 'Evaluating lead isotope data: further observations…', *Archaeometry*, 1993, 2. g. Begemann, F., Straoker, S. S., Pernicka, E., Isotopic composition of lead in early metal artifacts. Results, possibilities and limitations, in A. Hauptmann, E. Pernicka, G. Wagner（eds）*Old World Archaeometallurgy*, Selbstverlag des Deitscjem Bergbau－Museums, Bochum, 1989; h. 其他可参阅文章后的参考文献。

组相似，并且根据铅同位素比值的统计分析，Yener 等人认为青铜时代早期的安纳托利亚高原的矿料来源主要是土耳其境内叫做 Taurus 山地的大矿区。但他们对于该地区锡青铜中锡矿的来源的研究结果和 Mainz 小组的有所不同。根据他们的研究，安纳托利亚地区青铜时代的锡可能主要来自中 Taurus 山地的一个被称为 Kestel 的矿山①。除此之外，Sayre 和 Tom Chase 等人还合作分析了美国弗利尔美术馆和赛克勒博物馆收藏的大量的中国先秦时青铜器的铅同位素比值，并利用多元统计分析对结果进行了分类②。结果表明这些铜器可以分为 11 个小组，他们根据这些铜器的年代和所在小组探讨了铜器矿料的可能来源。这是国外最大宗的分析中国古代青铜器的铅同位素比值，其分析结果对于中国国内青铜时代考古学研究具有非常重要的参考价值。

日本的铅同位素考古由山崎一雄引入，山崎和 Brill 一样，主要研究古代玻璃器。他使用铅同位素技术分析了日本出土的含铅玻璃。结果表明，日本弥生时代特有的逗点式铅钡玻璃使用了来自中国大陆的矿料在日本制作，而其他的铅钡玻璃制品可能直接从中国大陆输入。直到飞鸟—奈良时代，日本的铅玻璃生产达到高峰，此时的制造原料来自日本本土③。山崎之后的另外两位学者——马渊久夫和平尾良光则将铅同位素技术用来研究日本出土的铜器。他们分析了大量的日本出土的汉式镜、铜铎、铜剑等铜器，这些弥生时代的铜器矿料来源主要有三个地方，即中国的华北地区、华南地区和朝鲜半岛，而日本本土的铅矿料在青铜时代早期并未见使用。他们的研究还表明，中国的西汉王朝和东汉王朝的矿料都曾经大量的输入当时位于日本列岛的倭国，西汉王朝输入倭国的矿料以华北地区所产铅为主，东汉王朝输入的矿料则以华南地区所产铅为主④。由于他们的研究反映了两汉王朝对外输出矿料的重要信息，因此对中国的考古学研究，特别是汉代考古学研究也具有参考价值。

①　关于 Smithsonian 小组的文献有：a. Yener, K. A., Sayre, E. V. *et. al.*, Stable lead isotope studies of central Taurus ore soures and related artifacts from eastern Mediterranean Chalcolithic and Bronze AgeSites, *Journal of Archaeological Science*, 1991, 5. b. Sayre, E. V., Yener, K. A., *et. al.*, Statistical evaluation of the presently accumulated lead isotope data from Anatolia and surrounding regions. *Archaeometry*, 1992, 1. c. Sayre, E. V., Yener, K. A., Joel, E. C., Evaluating lead isotope data: comments on E. V. Sayer, K. A. Yener, E. C. Joel and I. L. Barnes, 'Statistical evaluation of the presently accumulated lead isotope data from Anatolia and surrounding regions…', I Reply, *Archaeometry*, 1992. 2. d. Sayre, E. V., Yener, K. A., Joel, E. C., Comments on P. Budd, D. Gale, A. M. Pollard, R. G. Thomas and P. A. Willams, 'Evaluating lead isotope data: further observations…', *Archaeometry*, 1993, 2. e. 其他可参阅文章后的参考文献。

②　Chase, T., Lead isotope ratio analysis of Chinese bronze examples form the Freer Gallery of Art and Authur M. Sackler collections, in *Ancient Chinese and Southeast Asian Bronze Age Cultures*, 2000, Vol. 1, Taiper.

③　山崎一雄、室住正世：《中国古代玻璃与日本弥生时代古墓中出土玻璃之间的关系》，见《中国古玻璃研究——1984 年北京国际玻璃学术讨论会论文集》，中国建筑工业出版社，1986 年。

④　马渊久夫：《据铅同位素比推定青铜器原料的产地》，见《现代自然科学技术在考古学中的应用——日本第三次〈大学与科学〉公开学术研讨会论文集》，西北大学出版社，1992 年。

　　尽管和其他技术相比，铅同位素有无可比拟的优点，但这种技术也存在着一定的缺点和不确定性。比如：1）铅同位素比值在冶炼过程中是否会发生变化。物理化学变化过程中，元素的同位素组成随之发生改变，这种效应被称为同位素的分馏效应。有研究表明，这种效应和元素的原子量密切相关，原子量越小的元素，分馏效应越明显。由于该效应涉及到铅同位素考古的理论基础，因此一旦研究表明铅的这种分馏效应在冶金过程中是不可忽略的，那么铅同位素考古将被全盘否定。2）不同矿山之间可能存在铅同位素比值相同即铅同位素场的重叠效应问题，该问题的存在将导致对结果的分析产生误判，而无法达到铅同位素示踪的目的。3）古代青铜器经常可能会被重熔或者废料被混合熔炼铸做新的器物，导致铅同位素比值为多个矿源比值的加权，该问题被称为铅同位素的混熔效应。

　　从铅同位素考古产生开始，就有学者进行模拟实验研究这些问题。早在 20 世纪 60 年代初，就有学者提出，像铅这样的大原子量元素的同位素比值，在冶炼、提纯、铸造等过程中基本不会发生改变[①]。随着仪器测量精度的提高，一些学者为了确证该结论，纷纷重新进行了相关的模拟实验。结果表明，即使技术水平进步到 20 世纪 90 年代，冶金过程中的铅同位素比值变化仍在仪器的误差范围之内。这方面的研究，以 Barnes. L 等人于 1978 年进行的熔炼铅玻璃和金属铅的模拟实验为先驱。该实验的结果表明在方铅矿－金属铅－密陀僧（氧化铅）－铅玻璃的整个高温熔炼过程中，铅同位素的改变微乎其微，没有超过当时仪器的测量误差范围。结果发表后多为其他研究者所引用。此后包括牛津小组、Mainz－Heidelberg 小组等也做过类似的冶炼实验，得到和 Barnes 等相同的结果。由此，铅同位素技术应用在冶金考古中的最为基础的一个问题在当时得到了所有进行铅同位素考古的科学家们的认同[②]。

　　由于矿山的铅同位素组成和矿山的形成时间密切相关，所以一旦成矿时间相同或者相近，将导致不同矿山之间具有非常相似的同位素组成，这就是铅同位素考古存在的第二个问题——重叠效应。铅同位素技术被用于青铜器矿料来源探索后，亦有不少学者提出了解决重叠效应的方法。Pernicka 等人指出，使用铅同位素技术和微量元素示踪技术相结合的方法，可以将铅同位素组成相互重叠的铜器进行较好的分类，这是较早被提出的解决铅同位素重叠效应的一个方案[③]。Gale 等人则提出仅使用铜器中微量元素金和银

①　根据最新的仪器分析技术的精确度，周期表中原子序数小于 40（即原子序数小于 Ca）的元素的分馏效应才可以被认为是有显著变化的，参见 Jochen Hoefs 著，刘季花、石学法、卜瑞文译：《稳定同位素地球化学》，海洋出版社，2002 年。

②　Gale，N. H.，Zofia Stos－Gale, Lead isotope analyses applied to provenance studies，in *Modern Analytical Methods in Art and Archaeology*，Chicago，2000.

③　Pernicka，E.，*et*，*al*.，On the composition and provenance of metal artifacts form Poliochni on Lemnos，*Oxford Journal of Archaeology*，1990，9.

的含量结合铅同位素比值进行分析，就可以将铅同位素比值重叠的铜器分开①。而在当时，是否使用多元统计分析来解决重叠效应则是被学者们争论最多的问题。这些争论直接导致了国际上铅同位素考古理论上的分歧。尽管在大方向上大家都一致同意铅同位素考古是完全可行的，但是在铅同位素数据的处理方面却无法达成共识，而且这种分歧一直延续至今。关于这方面的讨论主要有三次，共有十余篇文章，分别发表在《科技考古》（Archaeometry）1992 年第 2 期、1993 年第 3 期和《地中海考古杂志》（Journal of Mediterranean Archaeology）1995 年第 8 期上。在这几次讨论之后，又不断有学者发表文章讨论该问题，特别是英国诺丁汉（Nottingham）大学专门做定量考古学研究的数学家 Baxter，他引入了核密度估计（Kernel Density Estimations）这种全新的统计学方法重新对考古数据进行了评估，发现了一些以前学者从来没有注意到的问题②。这个悬而未决的讨论直接影响了铅同位素重叠效应问题的解决。

西方考古学研究表明，在欧洲古代的工匠通常很少废弃或者重熔青铜制品，一般都是磨损后，重新打磨或者锻打后再使用，而使用后将这些铜器大量的埋藏也是很常见的行为，因此对于铅同位素考古的第三个问题——混熔效应问题，研究者往往是一带而过，并不作太深入的分析③。

因此，尽管铅同位素考古工作者已经意识到以上的三个问题，但经过研究，这些问题在当时并没有影响铅同位素技术在考古产源研究上的应用。在这个时期，大量古代器物的铅同位素比值数据被分析发表，并由此帮助解决了考古学上的许多问题。

2.3　大讨论期（1995～1999 年）——国际上对铅同位素考古理论基础的广泛讨论

从 1995 年开始，英国 Bradford 大学的 Paul Budd 等人④连续发表了数篇文章，对上述铅同位素的几个问题提出了新的见解。他们的观点一经提出，立刻激起了学界对铅同位素考古应用价值的重新评估。

Budd 等人的第一篇文章即直指铅同位素的分馏效应这个最敏感的问题⑤。尽管没有进行模拟实验，但他们利用早期地球化学家提出的关于同位素分馏的数学公式，计算了一个假设的具有典型希腊 Laurion 地区铅同位素特征的器物的铅同位素比值，发现在进

---

① Stos－Gale. Z. A., Lead isotope studies of metals and the metal trade in the bronze age Mediternnean, J. Henderson（ed.）, in *Scientific Analysis in Archaeology and its interpretation*, Oxford, 1989.

② Baxter, M. J., Beardah, C. C., and Wrighje, R. V., Some archaeological applications of kernel density estimates, *Journal of archaeological Science*, 1997, 24.

③ 实际上这个问题在铅同位素考古学研究中也极为重要，将另文讨论该问题。

④ 被称为 Bradford 小组。

⑤ Budd, P. *et. al.*, The possible fractionation of lead isotope in ancient metallurgical processes. *Archaoeometry* 37, Part 1, 1995.

行熔炼时，当铅的损失超出原来重量的 40%，就将导致铅同位素的变化超过了 Laurion 地区的铅同位素比值变化的最大范围。他们在《科技考古》（Archaeometry）1995 年第 1 期上发表了文章，并对地球化学上认为重元素同位素的分馏效应可忽略的理论重新进行了评估，使用上述公式分别对铅、锡、铜、锌等冶金中常见的重金属元素进行了同位素分馏效应的分析。根据模拟计算的结果，他们认为当冶金过程中发生元素的烧损时，被冶炼的元素就会发生同位素分馏，因此使用铅、铜、锡等重金属元素的同位素进行古代青铜器的产源研究是不可靠的。欧洲青铜时代早期使用"灰吹法"从银铅矿中提炼银，Brill 最早将铅同位素技术用于探索古代银器矿料的来源。但 Bradford 小组的 Pollard 和 Heron 认为，"灰吹法"技术可以使铅的损失达到 90% 以上，因此可能会导致铅同位素比值大幅度的改变，所以通过理论分析，以前的结论可能都是靠不住的[1]。

1995 年第 8 期《地中海考古杂志》（Journal of Mediterranean Archaeology）以一期专刊的形式，邀请 Bradford 小组发起有关铅同位素混熔效应的讨论。这是铅同位素考古诞生以来的首次关于铅同位素混熔效应的重要讨论。Budd 等人在他们的文章中提出，地中海地区青铜时代晚期特有的牛皮状铜锭（Oxhide Ingots）的铅同位素比值非常均一，都集中在非常小的区域，其原因是由于不同地区的铜矿料被输送到同一地点共同冶炼，导致其铅同位素发生了混合；而并非如 Gale 等人认为是由于所有铜锭都来自相同的铜矿引起的。Budd 等人还指出，过去 Gale 等人认为的一些数据奇异点是由于误测造成的，因此将这些数据从数据库中删去，这是不慎重的，对于以前那些被删除的样品应该重新测量以求验证[2]。

1996 年，Budd 等人在《古物》（Antiquity）上发表了一篇题为《Rethinking the quest for provenance（产源研究再思考）》的文章，该文不仅提出使用微量元素进行青铜产源示踪基本是不可行的，更综合了 Bradford 小组 1995 年以前的所有研究，将铅同位素技术的可行性也完全否定。他们认为基于前述的种种理由，使用现在常用的科学手段来进行青铜器的产源研究无疑都是行不通的。同时他们也指出尽管铅同位素技术不能够被用做产源研究，仍可以根据其混熔效应、分馏效应等研究古代金属加工工艺[3]。

Bradford 小组的这些文章发表后，无疑像数枚重磅炸弹，投向了铅同位素考古甚至是整个考古学界，引起了学者们关于铅同位素比值理论的激烈讨论。反应最为强烈的是以 Gale 为首的牛津小组。由于 Gale 夫妇是最先也是最坚决的倡导铅同位素技术可以应用于青铜冶金考古产源研究的科学家，因此他们反对的也最为激烈。Gale 夫妇和其他

---

① Pollard, A. M., C. Heron, Archaeological Chemistry, RSC Paperbacks, Cornwell, UK, 1996.

② Budd, P. et. al., Oxhide ingots, recycling and the Mediterranean metals trade, *Journal of Mediterranean Archaeology* 8, 1995.

③ Budd, P. et. al., Rethinking the quest for provenance, *Antiquity* 70, 1996.

一些学者合作，分别进行了铜同位素、锡同位素的分馏实验，加上他们以前和其他学者合作的铅同位素分馏的模拟实验，他们认为并不像 Bradford 小组认为的那样这些重金属元素在冶炼过程中同位素会发生较大的分馏。根据他们的实验结果，可以证明在测量误差范围内，这种分馏是可以忽略的。同时他们在上述的《地中海考古杂志》1995 年第8 期中，评论 Budd 等人的观点时指出，尽管 Budd 等人认为牛皮状铜锭具有的统一的铅同位素比值是混熔的结果，这在理论上是可能的，但是实际上除非所有这些铜锭是一批同时铸造而成，否则很难想象有数个矿料来源且生产周期长达 1 千年的时间里会都混熔成几乎完全一样的铅同位素比值。而根据他们多年的研究结果，这些铜锭的矿料来源应该是塞浦路斯岛的 Apliki 铜矿[①]。另外，鉴于 Budd 等人认为他们随意删除数据而缩小了矿山铅同位素场的分布范围，牛津小组于 1997 年又发表了新测量的地中海周围矿山的数百个铅同位素数据，而这些数据的分析结果仍支持他们以前关于地中海地区牛皮状铜锭产地的观点[②]。

如前所述，Smithsonian 小组也参加了上述两个杂志举办的关于铅同位素考古的讨论，他们在讨论中再次申明了使用多元统计分析的方法进行铅同位素数据分析的可行性[③]。

德国的 Mainz – Heidelberg 小组部分支持 Budd 等人的观点，尽管他们并不认为铅同位素分馏效应会影响使用铅同位素考古进行产源研究，但他们同意 Budd 等人指出的使用多元概率统计方法分析铅同位素数据会产生数据的丢失的观点，他们再次强调在处理铅同位素数据的时候，仅需要使用绘图法即可。对于当时铅同位素考古面临的状况，该小组的 Murly 指出铅同位素技术从开始被用来探索古代铜矿矿源的 15 年来，其应用一直处于恶性增长的状态中。而 Pernicka. E 则鼓励从事铅同位素考古的研究者，"即使以前我们由于激情而向前跃进了两步，导致不得不后退一步，我们仍然前进了一步"[④]。

这场持续 5 年之久的广泛讨论，终于在 1999 年，以 Budd 等人对他们自己进行的铅同位素分馏模拟实验结果的宣布而告结束。Budd 等在 Bradford 大学进行了一系列模拟

① Gale , N. H. , and Z. A. Stos – Gale , Comments on 'Oxhide ingots, recycling, and the Mediterranean metals trade', *Journal of Mediterranean Archaeology* 8 , 1995.

② Stos – Gale , Z. A. , G. Maliotis , N. H. Gale , and N. Annetts , Lead isotope characteristics of the Cyprus copper ore deposits to provenance studies of copper oxide ingots. *Archaeometry*, 1997, 2.

③ a. Sayre , E. V. , K. A. Yener and E. C. Joel , Comments on 'Oxhide ingots, recycling, and the Mediterranean metals trade', *Journal of Mediterranean Archaeology* 8 , 1995. b. Sayre , E. V. , *et. al.* , Stable lead isotope studies of Black Sea Anatolian ore sources and related bronze age and Phrygian artifacts from nearby archaeological sites. *Archaeometry* 43 , Part 1 , 2000.

④ a. Muhly , J. D. , b. Pernicka , E. , Comments on 'Oxhide ingots, recycling, and the Mediterranean metals trade', *Journal of Mediterranean Archaeology* 8 , 1995.

古人冶炼过程的实验，最终结果表明铅同位素并没有像预计的那样发生了大的分馏①。Gale 夫妇于 2000 年发表了《Lead Isotope Analyses Applied to Provenance Studies（铅同位素分析在产源研究中的应用)》，总结了铅同位素考古这 40 年的发展成果，证明铅同位素应用于产源研究是完全可行的②。然而 Gale 夫妇于 2002 年离婚，铅同位素考古史上最坚定的小组宣告解散；同时 Smithsonian 小组也停止进行铅同位素考古的研究。目前这些主要的研究小组只有德国的 Pernicka 领导的 Mainz – Heidelberg 小组仍活跃在该领域③。

　　在这个时期，一些地球化学家的参与及一些新方法的引入给人留下深刻印象。如美国地球化学家 Hoseler 和 Macfarlane 将铅同位素地球化学省的概念引入考古学产源研究④，成功探讨了中美洲印第安文化铜器的矿料来源问题，这为以后的铅同位素考古指引了新路，使得几乎无法回避的铅同位素重叠效应的解决看到了一丝曙光。本书将在第三章利用地球化学省的概念和朱炳泉等新近提出的铅同位素矢量填图的方法，探讨中国部分古代青铜器的矿料来源问题。

2.4　持续发展期（2000 ~ 至今）

　　经过了这次几乎使得铅同位素考古走向绝路的讨论，铅同位素考古又开始进入缓慢的发展阶段。由于这次争论的最终结果再次证明，铅同位素考古在铜器产源研究中的地位不可替代，所以目前国际上所有的铜器探源研究的尝试仍以铅同位素技术为主。例如 Mainz – Heidelberg 小组最近发表了他们 20 年来研究安纳托利亚铜器的结果，其中就有

---

① McGill ，R．A．，Budd，P．，Scaife，B．，*et．al.*，The investigation and archaeological applications of anthropogenic heavy metal isotope fractionation，in *Metals in antiquity*，（eds. S．M．M．Young，A．M．Pollard，P．Budd，and R．Ixer．），Bar International Series 792，Oxford，1999，pp．258 −261．

② Gale，N．H．，Zofia Stos − Gale，Lead isotope analyses applied to provenance studies，in *Modern Analytical Methods in Are and Archaeology*，Chicago，2000．

③ 最近他们关于铅同位素考古有代表性的文章包括：a. Begemann，F．，Schmitt − Strecker，S．，Pernicka，E．，On the composition and provenance of metal finds from Beşiktipe（Troia），in Günther Wagner，Ernst Pernicka，Hans − Peter Uerpmann（eds．），*Troia and the Troad − Scientific Approaches*，Springer，2003，pp．173 −202． b. Begemann，F．，Schmitt − Strecker，S．，Pernicka，E．，F．L．Shiavo，Chemical composition and lead isotopy of copper an bronze from Nuragic（Sardinia），*European Journal of Archaeology*，2001，1． c．Niederschlag，E．，E．Pernicka，Th．Seifert，and M．Bartelheim，The determination of lead isotope ratios by multiple collector ICP − MS：A case study of Early Bronze Age artifacts and their possible relation with ore deposits of the Erzgebirge，*Archaeometry*，2003，1．

④ Hosler，D．and Macfarlane，A．，Copper sources，metal production，and metal trade in late Postclassic Mesoamerica．，*Science*，vol．273，1996．

一章专门写了铅同位素技术的应用①。同时也不断有一些新的研究者开始继续使用这种方法来研究古代铜器的产源，比较有代表性的有美国的 L. R. Weeks②，印度的 S. Srini-vasan③ 等人。而包括德国小组在内的诸多研究的共同特点，就是铅同位素技术与微量元素技术的联合分析，两者相辅相成，使得研究的结论更加有说服力。

第三节　铅同位素考古在中国的发展历史

1983 年，金正耀利用铅同位素技术分析了殷墟出土的 12 件青铜器，标志着铅同位素考古在中国的诞生④。这以后，中国学者分析了大量古代器物的铅同位素数据，推进了中国铅同位素考古的发展。

3.1　商代高放射性成因铅的发现

《左传》中记载："国之大事，在祀与戎。"张光直先生认为这充分证明青铜器在夏商周三代政治活动中的至高地位，因此，争夺铜器的矿料产地必然是当时中原王朝频繁向周边用武的最主要目的之一⑤。正因为如此，探索夏、商、周时代的金属矿产地也成为研究三代历史的关键问题之一。

1984 年，金正耀发表了殷墟出土的 12 件青铜器的铅同位素比值，其中 6 件是前述的高放射性成因铅。殷墟铜器中出现的这种高放射性成因铅属于地质中极为罕见的异常铅，其铅同位素比值变化范围非常分散。目前世界范围仅有少数几个铅锌矿区具有类似的铅同位素组成，以美国密西西比河矿区和乔普林矿区最为著名，因此称其为密西西比铅或者 J（乔普林）铅⑥。在中国，当时的研究只发现在云南永善金沙厂地区有铅锌矿床具有这种特征⑦。据此，金正耀提出了"商代青铜矿料西南说"，即认为部分商代青铜矿料的产地来自中国西南的滇、贵、川等省份的交界处⑧。这一说一经提出，即在国内考古学界引起轩然大波。一直以来，无论考古学界还是历史学界，都认为商代疆域没

① Begemann, F., Schmitt − Strecker, S., Pernicka, E., On the composition and provenance of metal finds from Beşiktipe (Troia), in Günther Wagner, Ernst Pernicka, Hans −Peter Uerpmann (eds.), *Troia and the Troad − Scientific Approaches*, Springer, 2003, pp. 173 −202.

② Weeks, L. R., Early metallurgy of the Persian Gulf, Brill Academic Publishets, Inc. 2003.

③ Srinivasan, S., Lead isotope and trace element analysis in the study of over a hundred South India metal icons., *Archaeometry*, 1999, 1.

④ 金正耀：《中国学者的第一篇铅同位素考古文章》，《文物保护与考古科学》2004 年 4 期。

⑤ 张光直：《商代文明》，毛小雨译，北京工艺美术出版社，1999 年。

⑥ 地质部宜昌地质矿产研究所同位素地质研究室：《铅同位素地质研究的基本问题》，地质出版社，1979 年。

⑦ 金正耀：《晚商中原青铜器矿料来源研究》，《科学史论集》，中国科技大学出版社，1987 年。

⑧ 金正耀：《商代青铜业的原料流通与迁都问题》，《二十一世纪》第 69 期，2002 年 2 月。

有跨过长江,而"西南说"则一下将商代能够控制的范围推广至西南地区。这之后,许多学者又陆续分析了包括郑州商城、偃师商城、江西新干大洋洲遗址、湖北盘龙城遗址、四川三星堆遗址、江西清江吴城遗址等商代遗址出土的大量铜器[①],发现这种高放射性成因铅普遍存在于以上这些遗址出土的青铜器当中(图1-3)。另外从分析中也发

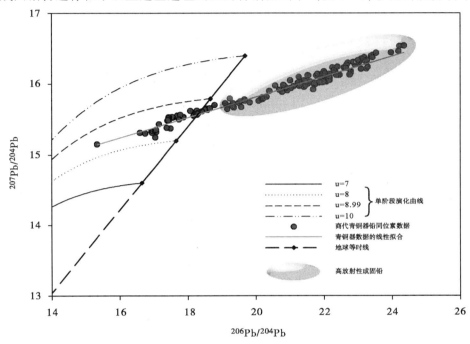

图1-3 已经发表的商代青铜器铅同位素比值图

(其中阴影范围所包括的区域即本书所指商代青铜器的高放射性成因铅的范围)

现了这种异常铅的时空分布规律:该种铅在中原地区最早出现于商代早期的郑州商城和偃师商城的铜器当中,而兴盛于晚商的殷墟一二期,到了殷墟三期就大幅度减少,殷墟四期时已不多见。长江流域商代遗址铜器中该种铅的分布要比中原地区更为普遍,例如相当于二里岗时期的湖北盘龙城遗址有60%以上都属于这种铅,四川三星堆祭祀坑和江西新干大洋洲经过分析的铜器竟完全是这种类型的铅矿。另外美国弗利尔艺术馆和赛

---

① a. 金正耀、马渊久夫、Tom Chase 等:《广汉三星堆遗物坑青铜器的铅同位素比值研究》,《文物》1995 年 2 期;b. 金正耀等:《江西新干大洋洲商墓青铜器的铅同位素比值研究》,《考古》1994 年 8 期;c. 彭子成 等:《赣、鄂、皖诸地古代矿料去向地研究》,《考古》1997 年 7 期;d. 孙淑云、韩汝玢、陈铁梅等:《盘龙城出土青铜器的铅同位素比测定报告》,见湖北省文物考古研究所编著《盘龙城》,文物出版社,2001 年,545~551 页。

克勒博物馆①以及日本泉屋博古馆②收藏的商代青铜器经过分析，也有相当一部分含有这种高放射性成因铅。这种高放射性成因铅在相当于夏代的二里头文化中并没有发现，而西周时期的铜器也仅是零星出现，到了春秋时期，含有这种高放射性成因铅的铜器就基本绝迹了。

自 2000 年开始，朱炳泉、常向阳等一些研究铅同位素地球化学的学者开始加入商代青铜器矿料来源的研究行列③。基于以前学者们研究方法的缺陷，他们指出应该利用 $^{206}Pb/^{204}Pb$—$^{207}Pb/^{204}Pb$ 图重新分析以前所发表的数据，根据地球化学理论，所有这些铜器中的高放射性成因铅都来自一处具有 25 亿年等时取向的矿山（图 1-4）。他们还指出了这些矿铅最有可能的来源，包括滇东北、辽东半岛、华北小秦岭地区、长江中下游多金属成矿区以及天上陨石成矿。而这其中的滇东北永善金沙厂又是最有可能的。常向阳等还论证认为尽管现在的金沙厂矿铅和以上 25 亿年取向的矿铅不完全相同，但是这个矿床本身矿体存在垂直方向的铅同位素变化，因此其上部被开采完的矿铅极有可能和商代青铜器中的高放射性成因铅相同④。值得我们注意的是，除了滇东北，中国地球化学工作者在辽东半岛的青城子地区也发现这种铅矿，而且经过分析，战国时期燕国的刀币中出现了该种铅，研究者认为可能和史书中记载的燕王经营辽东有关⑤。因此可能至迟在战国时期，辽东半岛的这种铅矿就已经被开采，而金沙厂矿床最早的开发记载则是清代，因此如果对辽东半岛进行调查，可能会在冶金考古方面有重要的发现。

彭子成等学者认为，由于在河南、四川、江西以及湖南等地都出现了含有这种高放射性成因铅的青铜器或者铅钡玻璃，结合这种铅自身的特点，他们认为这种铅在上述地区都有出产⑥。而日本学者 Tsutomu Saito（斋腾努）等对已经公布的商代古物的铅同位素数据进行了重新分析。他们根据异常铅的特性，通过作图和数学分析，认为由于在 $^{206}Pb/^{204}Pb$—$^{207}Pb/^{204}Pb$ 的图上，所有已经分析的殷商青铜器的数据都落在一条线性较好的直线上（参见图 1-3），因此无论是放射性成因铅还是正常铅都来自同一矿山，且矿

①　Chase，T.，Lead isotope ratio analysis of Chinese bronze examples form the Freer Gallery of Art and Authur M. Sackler collections，in *Ancient Chinese and Southeast Asian Bronze Age Cultures*，2000，Vol. 1，Taiper.

②　平尾良光、铃木浩子等：《泉屋博古館が所蔵する中国古代青铜器の铅同位体比》，《泉屋博古館紀要》第十五卷拔刷，1999 年。

③　朱炳泉、常向阳：《评"商代青铜器高放射性成因铅"的发现》，见北京大学中国考古学研究中心、北京大学古代文明研究中心编《古代文明（第 1 卷）》，文物出版社，2002 年，278～283 页。

④　常向阳、朱炳泉、金正耀：《殷商青铜器矿料来源与铅同位素示踪应用》，《广州大学学报（自然科学版）》2003 年 8 期。

⑤　金正耀等：《战国古币的铅同位素比值研究——兼说同时期广东岭南之铅》，《文物》1993 年 8 期。

⑥　彭子成等：《赣、鄂、皖诸地古代矿料去向地研究》，《考古》1997 年 7 期。

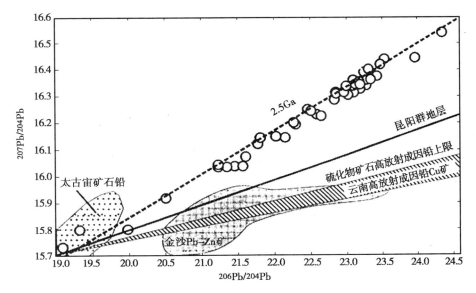

图 1－4　商代铜器高放射性成因铅同位素的 25 亿年等时取向
（据朱炳泉、常向阳 2002 年①）

山很可能位于秦岭地区②。但是就目前的研究看来，以上两种推论还缺乏一定的地球化学证据。

到目前为止，由于考古发现和地质调查等各种原因，使得商代铜器的矿料来源仍旧是未解之谜。但是我们相信，随着考古学和地球化学研究的深入，揭开这个谜底的时间应该不会太远。

为了促进这一谜团的早日破解，我们对云南出土的 80 余件铜器样品进行了铅同位素分析，希望能够对云南的青铜矿料是否在商代就已经输入中原这个问题做出解答。

3.2　铜鼓的起源地

铜鼓作为东南亚和中国云、贵、两广等广大地区各民族的重器和神器，已经有2000 多年的使用历史了。然而其最初的起源地问题却一直是研究东南亚考古的学者们争论的焦点。20 世纪 80 年代中期，中国的一些学者开始从铅同位素技术角度探讨这个问题。他们经过研究，得到了初步的结论：中国铜鼓主要是在本地铸造，特别是早期的

---

①　朱炳泉、常向阳：《评"商代青铜器高放射性成因铅"的发现》，见北京大学中国考古学研究中心、北京大学古代文明研究中心编《古代文明（第 1 卷）》，文物出版社，2002 年，278～283 页。

②　Tsutomu SAITO, Rubin HAN, Shuyun SUN, Congqiang LIU, Preliminary considertion of the source of lead used for bronze objects in Chinese Shang dynasty － Was it really from the boundary among Sichuan , Yunnan and Guizhou provinces? －, in *BUMA －V*, Gyeongju, Korea, 2002. 4.

万家坝型铜鼓和石寨山型铜鼓，其铸造矿料大都来自出土地点附近的矿山①。最近，广西民族学院的学者又分析了 100 多面越南早期铜鼓，发现其中有几面早期铜鼓是传自中国的，而结合以前的数据发现中国也有一面早期铜鼓来自越南②。

3.3　其他古器物的铅同位素检验

最早将铅同位素技术引入考古学的 R. H. Brill，将这种技术主要应用在古代玻璃的产地研究中③。他与合作者分析了数十件流传至美国和加拿大的中国玻璃器，发现这些玻璃器的铅同位素组成和世界其他地区的完全不同，证实中国早期的铅钡玻璃都是中国自己制造的。

R. H. Brill 等还分析了山西太原天龙山石窟和大同云冈石窟壁画的黑色铅颜料的铅同位素组成④，时代分别是北齐和北魏。发现天龙山石窟的颜料非常特殊，这些黑色铅颜料的同位素组成都是密西西比型高放射性成因铅，这是迄今为止中国发现的含有这种高放射性成因铅年代最晚的一批古物，具有重要意义。

一些中国学者还首次将铅同位素技术应用到新石器时代的陶器产地上，取得了一定的成果。张巽等分析了江苏花厅新石器时代遗址具有不同文化风格的陶器⑤。花厅遗址地处大汶口文化最南端，该地区发现了具有不同文化特征的两种陶器。铅同位素结果表明具有大汶口文化特征的陶器都是花厅当地烧造的，而具有良渚文化特色的陶器则来自当时良渚文化南部区域。研究者认为这能够说明花厅地区是大汶口文化控制的范围，而良渚文化在该地区和大汶口文化曾进行过贸易交换；或者大汶口文化曾经占领过良渚文化地区，而后又退回到花厅地区。

综上分析，中外学者多年的科学实践表明，到目前为止铅同位素技术仍是较为适合用来进行青铜器、含铅文物以及其他无机质文物矿料产源研究的方法。

本书在总结前人工作的基础上，针对中国铅同位素考古所存在的问题，在实验方法和理论计算等方面进行了探讨，并将其应用于云南和越南部分铜器的产源研究。

---

① 李晓岑：《中国铅同位素考古》，云南科技出版社，2000 年。

② 韦冬萍、房明惠、万辅彬、叶廷花：《越南铜鼓样品铅的富集与铅同位素测定》，《广西民族学院学报（自然科学版）》2002 年 11 期。

③ I. L. Barnes，R. H. Brill，E. C. Deal：《中国早期玻璃的铅同位素研究》，见《中国古玻璃研究——1984 年北京国际玻璃学术讨论会论文集》，中国建筑工业出版社，1986 年。

④ R. H. Brill, Csilla Felker-Dennis 等著，陈庚龄、卢燕玲译，马清林校：《中国及中亚壁画含铅颜料铅同位素比值分析》，《文物保护与考古科学》2000 年 5 期。关于黑色含铅颜料，文章提到可能是天然的黑铅矿（PbO$_2$），亦或是红色颜料铅丹（Pb$_3$O$_4$）发生变化形成的，说明这是一种氧化铅矿石。

⑤ 张巽、王昌燧等：《花厅新石器时代古陶器产地铅同位素示踪的初步探讨》，《科学通报》1997 年 3 期。

第二章 中国古代青铜冶金过程中铅同位素分馏问题的研究

第一节 青铜冶金过程中铅同位素分馏问题的提出

由于自然界矿石中的铅同位素组成因地而异，因此这种技术被引入到考古学当中，用来探索无机文物特别是金属文物[①]，如青铜器的矿料产源。早在 20 世纪 60 年代，Russel 和 Farquer 指出，金属加工工艺包括冶炼、铸造、提纯以及自然界中金属的腐蚀等过程都不会改变金属原有的铅同位素组成[②]。以上结论一直为铅同位素考古学家们所认同。但到了 1995 年，英国 Bradford 大学的 Budd 等学者认为：古代的冶金过程中，由于蒸发导致的铅大量损失，会使其同位素组成发生较大的改变，即铅同位素会发生相当大的分馏效应[③]，从而对铅同位素考古的理论基础提出了质疑。

所谓同位素分馏效应，指的是在物理或者化学过程中，不同状态的物质富集不同质量数的同位素[④]。一般来说，质量数越小的元素，这种分馏效应越明显，如 H、C、O、S 等元素[⑤]。而像铅这样的质量数为 200 以上的重金属元素分馏效应非常微弱，其变化远小于普通热电离质谱仪（TIMS）的测量误差。在现代一般的工业冶炼过程中，由于铅的质量数和密度相当大，因此大部分蒸发产生的气态铅分子在离开液态表面很近的部

① a. Brill, R. H. and J. m. Wampler, Isotope studies of ancient lead, *American Journal of Archaeology*, 1967, 1, pp. 63 –77 . b. Gale, N. H., Stos –Gale, Z. A., Bronze age copper sources in the Mediterranean : A new approach, *Science* , 1982（vol. 216）, pp. 11 –19. c. 彭子成、邓衍尧、刘长福：《铅同位素比值法在考古研究中的应用》，《考古》1985 年 11 期；d. 马渊久夫：《据铅同位素比值推定青铜器原料的产地》，见日本第三次《大学与科学》公开学术研讨会组委会编《现代自然科学技术在考古学中的应用——日本第三次<大学与科学>公开学术研讨会论文集》，西北大学出版社，1992 年。

② 转引自 Gale, N. H., Zofia Stos –Gale, Lead isotope analyses applied to provenance studies, in *Modern analytical methods in art and archaeology*, Chicago, 2000, pp. 503 –584.

③ Budd, P. *et. al.*, The possible fractionation of lead isotopes in ancient metallurgical processes. *Archaeometry* vol. 37, part 1, 1995, pp. 143 –150.

④ 魏菊英、王关玉编：《同位素地球化学》，地质出版社，1988 年，97～99 页。

⑤ Jochen Hoefs 著，刘季花、石学法、卜瑞文译：《稳定同位素地球化学》，海洋出版社，2002 年。

位，就会重新回到液体中，铅的损失非常少（通常＜5%），即使有铅的损失，对同位素比值的影响也非常小。

Budd 等人认为①，在金属或者矿石的熔融冶炼过程中，一种不平衡（或称为瞬时平衡）蒸发的过程会使金属或者矿石的铅同位素产生大的分馏。这种过程可以表述为在熔融过程中，蒸发产生的气态金属通过冷凝装置从系统中移走，即蒸发后的气态金属并不回到熔炉中。铅的四种同位素^{204}Pb、^{206}Pb、^{207}Pb、^{208}Pb 由于质量的差异，其蒸发速度的顺序为^{204}Pb ＞ ^{206}Pb ＞ ^{207}Pb ＞ ^{208}Pb，因此在蒸发结束后，剩余液态铅中，^{204}Pb 将被更多的移走，从而较大程度的改变了各组比值。Budd 等人还利用 Mulliken 和 Harkins 1922年提出的计算公式对位于希腊 Laurion 地区铅同位素比值范围中心的古器物的铅同位素比值进行了模拟计算，表明当铅损失大于 40% 时，铅同位素组成会超过 Laurion 地区铅同位素场的边界。Pollard 和 Heron 指出最有可能发生铅同位素分馏的冶金过程是"灰吹法"提银，因为在这个过程中铅的损失超过 90%②。

在以上观点被提出之前，有很多的欧美学者都做过模拟古人冶金过程的实验，包括制造铅钡玻璃、冶炼铅矿石、灰吹法提银等，以求测量不同产物和原矿石之间的铅同位素组成的变化（具体的模拟实验和数据请参阅 Gale，Stos – Gale，2000③），模拟实验的结果表明铅同位素的分馏效应并不明显，所有的数据变化都在实验误差的范围内。Gale 等检验了地中海地区的古矿渣和古器物的铅同位素比值，结果表明这些器物之间没有发生铅同位素组成的改变。他们指出：到目前为止，所有的实验工作都表明，在矿石－炼渣－金属，以及矿石－铅金属－密陀僧（氧化铅）－银等工艺过程的各个环节，都不存在可测量范围内的铅同位素比值的变化④。

后来，Budd 等在 Bradford 大学也进行了一系列模拟古人冶炼过程的实验，最终结果表明铅同位素并没有像他们原来认为的那样发生了大的分馏。他们指出，尽管使用 Mulliken 和 Harkins 的经验公式进行模拟计算是没有问题的，但是由于古人在冶炼方铅矿和熔炼金属铅时，直接通过蒸发损失的铅非常少，即使目前的测量技术水平，也测量

---

① Budd, P. *et. al.*, The possible fractionation of lead isotopes in ancient metallurgical processes. *Archaeometry* vol. 37, part 1, 1995, pp. 143 –150.

② Pollard, A. M., C. Heron, Archaeological Chemistry, RSC Paperbacks, Cornwell, UK, 1996, pp. 302 – 340.

③ Gale, N. H., Zofia Stos – Gale, Lead isotope analyses applied to provenance studies, in *Modern analytical methods in art and archaeology*, Chicago, 2000, pp. 503 –584.

④ Gale, N. H., Zofia Stos – Gale, Lead isotope analyses applied to provenance studies, in *Modern analytical methods in art and archaeology*, Chicago, 2000, pp. 503 –584.

不到可能的铅的分馏[①]。由此到了 20 世纪末，欧美学者关于冶金过程中铅同位素分馏的分歧意见又趋于统一。但是到了 21 世纪，一些中国学者重新提出了这个问题，并进行了模拟实验，根据对实验数据的报道，他们认为中国古代的青铜冶铸过程中可能会发生铅同位素的分馏，使用铅同位素技术分析古物的产源将会出现大的问题[②]。但最近已有学者发表文章对该文所做实验及其实验数据进行了讨论[③]。

第二节　铅同位素分馏的热力学理论计算及数学模拟

Budd 等人依据的由 Mulliken 和 Harkins 提出的同位素热力学分馏理论可以由以下的公式表述[④]：

$$\Delta x_\alpha = \frac{x_\alpha \ (S - K_\alpha^l) \ \ln \dfrac{N_0}{N}}{S} \qquad\qquad 公式 2-1$$

其中　　　Δx_α 代表发生分馏的同位素的最终变化

　　　　　x_α 代表铅的四个同位素：^{204}Pb、^{206}Pb、^{207}Pb、^{208}Pb

　　　　　$K_\alpha^l = \sqrt{\dfrac{M_l}{M_\alpha}}$（$M_l$ 代表最轻的同位素的分子量，即 ^{204}Pb 的分子量值；M_α 代表发生分馏的同位素的分子量）

　　　　　$S = \sum x_\alpha k_\alpha^l$

　　　　　$\dfrac{N_0}{N}$ 代表最初液体中包含的分子数和最终分子数之比

　　通过以上公式可以模拟计算出铅在熔融态时由于蒸发损失而导致的同位素组成变化。本文采用了经过分析的三星堆祭祀坑一件铜戈的铅同位素组成[⑤]，根据该公式计算了不同铅含量损失情况下，该器物铅同位素发生分馏后的可能值。如表 2-1 所示。

---

① McGill，R. A.，Budd，P.，Scaife，B.，*et. al.*，The investigation and archaeological applications of anthropogenic heavy metal isotope fractionation，in *Metals in antiquity*，（eds. S. M. M. Young，A. M. Pollard，P. Budd，and R. Ixer.），Bar International Series 792，Oxford，1999，pp. 258 –261.

② 秦颖、王昌燧、朱继平、董亚巍、龚长根：《青铜器铅同位素指示意义的范铸实验研究》，《文物保护与考古科学》2004 年 3 期。

③ 金正耀：《铅同位素考古研究的可行性问题——浅议"青铜器铅同位素指示意义的范铸实验研究"》，《文物保护与考古科学》2005 年 2 期。

④ Budd，P. *et. al.*，The possible fractionation of lead isotopes in ancient metallurgical processes. *Archaeometry* vol. 37，Part 1，1995，pp. 143 –150.

⑤ 金正耀、马渊久夫、Tom Chase 等：《广汉三星堆遗物坑青铜器的铅同位素比值研究》，《文物》1995 年 2 期。

表 2-1　使用 Mulliken 和 Harkins 公式计算三星堆铜戈冶铸时不同铅损失情况下的同位素组成

剩余铅/初始铅	^{204}Pb	^{206}Pb	^{207}Pb	^{208}Pb	^{206}Pb/^{204}Pb	^{207}Pb/^{206}Pb	^{208}Pb/^{206}Pb
1	0.01314	0.2540	0.2076	0.5252	19.325	0.8175	2.0680
0.9	0.01313	0.2539	0.2076	0.5253	19.335	0.8177	2.0691
0.8	0.01312	0.2538	0.2076	0.5255	19.346	0.8179	2.0702
0.7	0.01311	0.2537	0.2076	0.5256	19.359	0.8182	2.0716
0.6	0.01309	0.2536	0.2076	0.5257	19.374	0.8185	2.0731
0.5	0.01307	0.2535	0.2076	0.5259	19.391	0.8189	2.0749
0.4	0.01305	0.2533	0.2075	0.5261	19.413	0.8193	2.0772
0.3	0.01302	0.2531	0.2075	0.5264	19.441	0.8199	2.0801
0.2	0.01298	0.2528	0.2074	0.5268	19.481	0.8207	2.0842
0.1	0.01290	0.2522	0.2074	0.5275	19.549	0.8221	2.0912
0.01	0.01266	0.2505	0.2071	0.5297	19.781	0.8267	2.1147

　　Budd 等人所分析的情况，在同位素地球化学中被称为瑞利（Rayleigh）分馏[1]。这是一种瞬时平衡的热力学状态，即在蒸发的瞬间整个系统是平衡的，但由于气态立刻被移走，这个平衡很快被破坏，而新的瞬时平衡马上建立。分馏后剩余液体中的同位素组成和原始状态液体同位素组成的比值可以由以下方程决定。（公式的推导参见魏菊英、王关玉，1988 年，108～109 页[2]。）

$$R_l = R_{l0} f^{\frac{1}{a}-1} \qquad\qquad 公式 2-2$$

其中　　R_l 是某瞬时状态时液态的同位素比值

　　　　R_{l0} 是初始状态液态的同位素比值

　　　　f 表示瞬时状态时剩余液态占原来液态的百分比，以小数表示

　　　　α 为分馏系数

　　铅的分馏系数 α 目前没有经过测量，根据地球化学的研究[3]，α 值的极限值由所分析的同位素比值的平方根来决定，即

$$\alpha \leqslant \sqrt{\frac{M_h}{M_l}} \qquad （M_h 表示重同位素的质量数，M_l 表示轻同位素的质量数）$$

　　根据计算，可知 ^{206}Pb/^{204}Pb、^{207}Pb/^{206}Pb 以及 ^{208}Pb/^{206}Pb 分馏系数的理论最大值分别为 1.00489、1.00242、1.00484。因此通过瑞利分馏方程可以预计整个蒸发过程任意时

---

①　Macfarlane, A., The lead isotope method for tracing the sources of metals in archaeological artifacts, in *Metals in antiquity*, (eds. S. M. M. Young, A. M. Pollard, P. Budd, and R. Ixer.), Bar International Series 792, Oxford, 1999.

②　魏菊英、王关玉编：《同位素地球化学》，地质出版社，1988 年。

③　Macfarlane, A., The lead isotope method for tracing the sources of metals in archaeological artifacts, in *Metals in antiquity*, (eds. S. M. M. Young, A. M. Pollard, P. Budd, and R. Ixer.), Bar International Series 792, Oxford, 1999.

间剩余液体的同位素组成变化极限值。根据该公式，分析上述三星堆祭祀坑的同一件铜戈，计算了不同铅含量损失情况下，该器物铅同位素的可能极限值，如表 2 - 2 所示。

表 2 - 2　利用瑞利分馏公式计算三星堆铜戈冶铸时不同铅损失情况下的同位素组成的极限值

剩余铅/初始铅	$^{206}Pb/^{204}Pb$	$^{207}Pb/^{206}Pb$	$^{208}Pb/^{206}Pb$
1.0	19.325	0.8175	2.0680
0.9	19.335	0.8177	2.0691
0.8	19.346	0.8179	2.0702
0.7	19.359	0.8182	2.0716
0.6	19.373	0.8185	2.0731
0.5	19.390	0.8189	2.0749
0.4	19.411	0.8193	2.0772
0.3	19.439	0.8199	2.0800
0.2	19.477	0.8207	2.0841
0.1	19.543	0.8220	2.0911
0.01	19.763	0.8266	2.1144

对比两组计算结果，发现其几乎完全一致，说明使用这两个公式进行模拟是等效的，而这种理论值为实际情况的极限值，因此通过铅同位素比值的改变可以反推铅的损失量。

根据以上计算，当铅的损失在 40% 以上时，$^{206}Pb/^{204}Pb$ 的值才会超过一般 TIMS 的测量误差范围（根据目前普通 TIMS 的精度计算）。而铅同位素地质学研究表明，自然界中所谓的普通铅矿（即单阶段成矿的矿石铅同位素组成，其铅同位素组成最为单一）的铅同位素组成的变化范围通常为 0.3% ~ 1%[1]。与之相比，只有在熔炼过程中铅损失超过 90% 时，$^{206}Pb/^{204}Pb$、$^{207}Pb/^{206}Pb$ 以及 $^{208}Pb/^{206}Pb$ 的变化才达到 1.2%、0.6% 和 1.1%，这时才会对分析矿料产地产生影响。

这里我们做一个简单的计算：如果每次铸造时，由于蒸发使得铅的损失量都达到 90%，那么一件 $^{206}Pb/^{204}Pb$ 为 18.0（通常情况下 $^{207}Pb/^{206}Pb$ 的值为 0.86 左右）的铜器经过 9 次铸造过程，其比值将达到 20.0，而此时其所用的铅将是第一次铸造时的 10^8 倍。根据目前的检测情况，很多铜器含铅量都在 10% 以上，例如盘龙城地区检测的青铜器[2]就有相当一部分含铅量大于 10%。若以一件重 100 克含铅 10% 的铜戈计算，则其在第一次时使用的铅将达到 10^9 克即 1000 吨的铅，这是很难令人想象的。此外，若以 $^{206}Pb/^{204}Pb$ 论，比值为 20.0 应该属于密西西比型高放射性成因铅。而 $^{207}Pb/^{206}Pb$ 经过

---

① 地质部宜昌地质矿产研究所同位素地质研究室：《铅同位素地质研究的基本问题》，地质出版社，1979 年，55 ~ 83 页。

② 孙淑云、韩汝玢、陈铁梅等：《盘龙城出土青铜器的铅同位素比测定报告》，见湖北省文物考古研究所编著《盘龙城》，文物出版社，2001 年，545 ~ 551 页。

9 次变化，比值将增加 5.1%，其最终结果为 0.904，但 $^{207}Pb/^{206}Pb$ 大于 0.90 的铅却是含放射性成因很低的普通铅。这显然是自相矛盾的，到目前为止在考古器物中也还没有发现类似数据存在的情况。所以古代青铜冶金过程实际上是不可能发生铅同位素分馏的。

第三节　铅同位素分馏的模拟实验研究

为了进一步验证以上结论，同时获得铅同位素分馏系数的实验值，我们设计并进行了铅同位素分馏模拟实验。

3.1　实验方法

取 10 份工业纯铅样品（标称纯度 99.9%，北京化学试剂公司生产）利用电子天平准确称重（精确到 0.1mg）。将样品置入弯曲呈直角的高纯石英管中，为了防止在加热过程中由于氧化而导致样品质量发生变化，将石英管抽真空后密封。将石英管一端置于自制马弗炉中，另一端伸出炉外。使用热电偶将加热温度控制在 650℃（图 2 – 1a、b）。

为了获得不同损失质量比的数据，共对 9 个样品进行了加热熔融实验，剩余 1 个样品作为样品的原始值。通过控制加热时间来控制样品的蒸发损失率，共获得 10 组数据。需要指出的是，实验温度远低于古代冶金的熔炉温度，古代冶铸青铜时，炼炉的温度一般都可在 1100℃ 以上[①]。而本实验之所以选择控温到 650℃，则是基于以下考虑：由于实验的对象是纯铅，铅的熔点为 327℃，因此只要控制在该温度以上，保证铅在熔化状态能够不断挥发出来，即可达到实验所需的瞬时平衡状态。

实验现象显示，当温度达到铅的熔点后，就有铅的蒸气向马弗炉外的石英管处挥发。铅蒸气在挥发至距离样品 2 ~ 3 厘米处即开始在石英管壁上凝固，图 2 – 1c、d 分别是加热后剩余的铅颗粒形状以及挥发出去的铅蒸气凝固于管壁的情况。说明该实验方法有效的模拟了瞬时平衡的热力学过程。

将蒸发后剩余的铅颗粒准确称重，和样品原重相比求出损失率。将样品送至中国地质科学院地质研究所多接收等离子体质谱实验室，使用 Nu Plasma 多接收等离子体质谱仪进行铅同位素比值测量。为了保证测量的准确度和数据的可靠性，在每次测量蒸发后样品的铅同位素比值前后，都测量原始样品作对比。

---

① 如对于铜绿山春秋时期炼铜炉的复原研究表明，冶炼温度可达 1200℃ 以上。参见卢本珊：《铜绿山春秋早期的炼炉技术》，见中国科学院自然科学史研究所技术史研究室主编《科技史文集·金属史专辑》，上海科学技术出版社，1985 年。

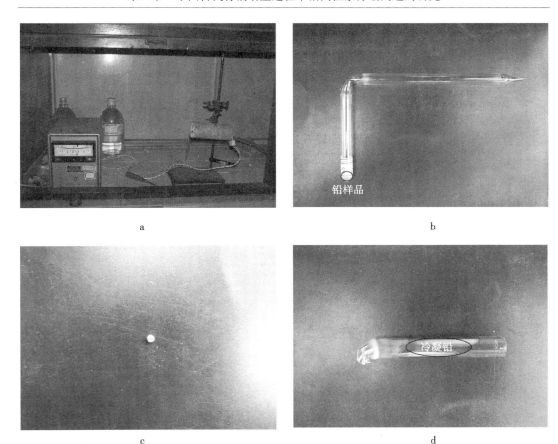

图 2 - 1　铅同位素分馏实验所用设备和样品

（a. 实验装置　b. 未加热前样品　c. 加热后剩余的铅样品　d. 蒸发后冷凝铅）

3.2　实验结果及讨论

3.2.1　铅同位素分馏效应

　　模拟实验结果见附表一及图 2 - 2。从图中可以看出，铅在不平衡蒸发时的同位素分馏情况同理论预测的趋势相一致。即随着液体中铅的不断损失，铅同位素将发生分馏。当铅的损失率超过 20% 时，三组常用铅同位素比值^{206}Pb/^{204}Pb、^{207}Pb/^{206}Pb 以及^{208}Pb/^{206}Pb 的变化可超过 Nu Plasma 多接受等离子体质谱仪的 2σ 实验误差限。当铅的损失率达到 82.8% 时，上述三组同位素比值的变化分别达到 0.04%、0.03%、0.06%。

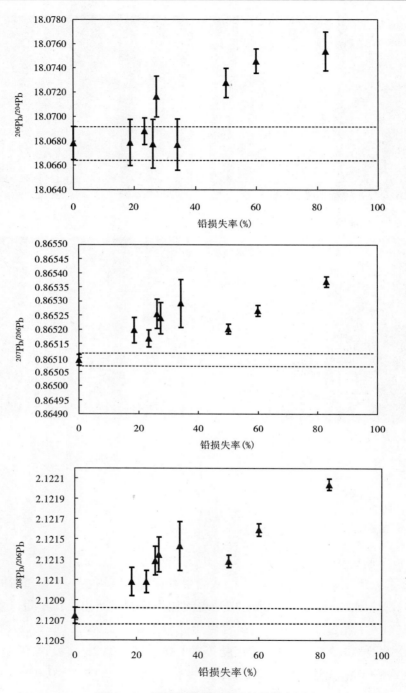

图 2－2　铅同位素分馏实验结果散点图

（由上至下分别为 $^{206}Pb/^{204}Pb$、$^{207}Pb/^{206}Pb$ 以及 $^{208}Pb/^{206}Pb$ 的实验结果散点图）

需要指出的是，由于 Nu Plasma 多接受等离子体质谱仪的精确度非常之高，对上述三组铅同位素比值测量时的 2σ 相对误差分别仅为 0.01%、0.001% 和 0.005%[①]，比普通的 TIMS 高出一个量级（普通商用 TIMS 测量这三组比值时的精确度为 0.1%、0.05% 和 0.05%[②]）。图中所示结果表明，当铅的损失量分别超过 80% 时，普通 TIMS 才可以测量到 ^{208}Pb/^{206}Pb 的变化，而此时 ^{206}Pb/^{204}Pb 和 ^{207}Pb/^{206}Pb 的变化仍在仪器的误差范围内。这也许是以前西方学者在模拟实验中，无法观测到冶金过程中铅同位素发生变化的原因。而目前的研究情况表明，中国古代的青铜冶炼技术不可能使铅的损失达到 20%，更不用说 80%。因此，自然界中矿山之间的铅同位素比值差异，要远远超过由于冶金过程中铅烧损而导致的铅同位素变化，所以冶金过程中铅同位素的分馏，并不能影响使用铅同位素技术进行青铜器产源研究。

Pollard 和 Herron 认为，在使用"灰吹法"从铅银矿中提炼金属银的过程中，由于铅的损失超过 90%，将会导致铅同位素可能会发生较大的分馏效应[③]。但根据我们的模拟实验，其同位素比值（^{206}Pb/^{204}Pb）的变化也不能达到 0.1%。对于铅同位素均一的"普通铅"矿山来说，这种变化不能够超出矿山的同位素比值变化范围。因此像"灰吹法"这样的铅大量损失的冶金过程，应用铅同位素进行产源研究也不会有问题。

模拟实验结果表明：古代冶金过程中的铅同位素分馏微乎其微。当铅烧损超过 80% 时，铅同位素的变化仍在商用 TIMS 的测量误差范围内。因此，在使用铅同位素进行青铜器产源研究的时候，由于冶炼导致的铅同位素变化完全可以忽略。

3.3.2　铅同位素分馏系数实验值

目前为止，铅同位素的分馏系数的实验值未见报道，这主要是由于普通商用 TIMS 的测量精度无法达到实验所需的精度要求。而此次我们使用的 Nu Plasma 多接受等离子体质谱仪其测量精度远远超过了普通的 TIMS，使我们利用模拟实验的数据计算得到铅同位素的分馏系数成为可能。

根据本章的公式 2-2 推导出蒸发后液相相对于气相的分馏系数 $\alpha_{液-气}$ 的基本计算公式：

$$\alpha_{液-气} = \frac{\ln f}{\ln\left(f\frac{R_l}{R_{l0}}\right)} \qquad\qquad 公式 2-3$$

根据测量得到的数据，公式 2-3 中 $\frac{R_l}{R_{l0}}$ 的值由以下公式求得：

① 以本次测量的最大实验误差计。

② 21 世纪初的实验水平，据 Gale, N. H., Zofia Stos-Gale, Lead isotope analyses applied to provenance studies, in *Modern analytical methods in art and archaeology*, Chicago, 2000, pp. 503-584.

③ Pollard, A. M., C. Heron, Archaeological Chemistry, RSC Paperbacks, Cornwell, UK, 1996.

$$\frac{R_l}{R_{l0}} = \frac{2R_l}{R_{l0前} + R_{l0后}}$$ 公式 2 - 4

通过上述公式计算后得到的 α 值结果列于表 2 - 3。

表 2 - 3 　　　　　　　　　　　　　铅在不同损失率情况下的 α 值

序号	损失率（%）	$^{208}Pb/^{204}Pb$	$^{207}Pb/^{204}Pb$	$^{206}Pb/^{204}Pb$	$^{207}Pb/^{206}Pb$	$^{208}Pb/^{206}Pb$
2	18.5	1.0008	1.0007	1.0002	1.0005	1.0007
3	23.3	1.0009	1.0005	1.0003	1.0002	1.0006
4	26.1	1.0012	1.0009	1.0002 *	1.0009	1.0012
5	27.3	1.0019	1.0014	1.0010	1.0005	1.0009
6	34.1	1.0011	1.0008	1.0003 *	1.0008	1.0011
7	50.0	1.0011	1.0008	1.0006	1.0002	1.0005
8	59.9	1.0012	1.0009	1.0007	1.0002	1.0005
9	82.8	1.0007	1.0005	1.0003	1.0002	1.0004
平均值		1.0011	1.0008	1.0004	1.0004	1.0008
$(M_h/M_l)^{1/2}$		1.0098	1.0073	1.0049	1.0024	1.0048

（ ＊液相的铅同位素比值出现异常，小于原值，由蒸发值计算得到①。）

从表 2 - 3 中可以看出，所有样品中测得的 $^{206}Pb/^{204}Pb$、$^{207}Pb/^{206}Pb$ 以及 $^{208}Pb/^{206}Pb$ 分馏系数最大值分别是 1.0010、1.0009、1.0012，平均值为 1.0004、1.0004 和 1.0008；这三个值均较前述用来计算的理论最大值 $(M_h/M_l)^{1/2}$ 要小得多。

图 2 - 3 是利用理论值、实验平均值计算的不同铅损失时 $^{206}Pb/^{204}Pb$ 比值。

从该图可以看出，由模拟实验平均值得到的结果远远低于使用理论最大值进行计算的结果。当铅损失超过 25% 时，铅同位素的变化范围可以超出仪器的测量误差限。由于 Nu Plasma 多接受等离子体质谱仪的精确度非常之高，在测量 $^{206}Pb/^{204}Pb$ 时，其 2σ 的相对误差仅为 0.01%，比普通的 TIMS 高出一个量级（普通商用 TIMS 测量 $^{206}Pb/^{204}Pb$ 时的精确度为 0.1%），所以在使用普通的 TIMS 进行测量时，以实验求得的分馏系数的平均值估算，只有当铅的损失超过 80% 的时候，仪器才可能测定到明显的铅同位素比值的变化。而如前所述，以中国古代的青铜冶金技术水平，通常在加铅冶炼时烧损不会超过 5%。

由此可知，如果在冶炼过程中发生了铅的损失，那么铅同位素比值将发生如理论预测一样的变化。而模拟实验的结果表明，这种变化非常的小，使用高灵敏的多接收等离子质谱仪测量，也只有在铅损失超过 30% 以上时才能测量出其变化，而对于商用的 TIMS，当铅的损失超过 80% 时才能够测量到同位素的变化。

---

① 该样品由于实验时误操作，导致部分铅在取出时流失，但蒸发的铅由于全部附着于管壁，因此数据计算时使用蒸发的铅计算。

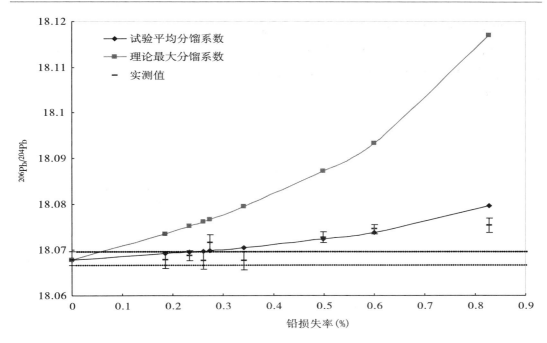

图 2-3　铅同位素分馏系数的实验值和理论最大值

第四节　小结

通过以上分析，可以对铅同位素分馏问题得出以下几点结论：

青铜冶铸过程中，如果由于金属熔液蒸发导致铅的损失，青铜器的铅同位素组成将会发生改变，即发生铅同位素的分馏效应。但分馏的结果并不是随意的，其变化趋势遵循 Mullikin/Harkins 公式或者瑞利分馏公式。

冶金过程中的分馏导致铅同位素的变化与自然界中铅同位素的变化趋势不同。由于在自然界中 ^{204}Pb 是非放射性成因的，其丰度基本不随时间发生改变；而瑞利分馏则不同，^{204}Pb 的改变速度高于其他三个同位素的改变速度，所以和自然铅同位素组成正好相反，在 $^{206}Pb/^{204}Pb$ 对 $^{207}Pb/^{206}Pb$ 图上，二者呈现正相关。

有效地模拟了铅的瞬时平衡热力学过程，即瑞利分馏过程。实验结果表明，由于铅的蒸发导致的铅同位素变化非常微小，即使当铅损失超过 80% 时，铅同位素的变化也没有超过商用 TIMS 的测量误差范围。因此在古代冶金过程中，铅同位素的分馏效应完全可以忽略不计。

在国际上首次得到了铅同位素的实验分馏系数。在 650℃ 时，$^{206}Pb/^{204}Pb$、$^{207}Pb/^{206}Pb$

以及 $^{208}Pb/^{206}Pb$ 分馏系数最大值分别是 1.0010、1.0009、1.0012，平均值为 1.0004、1.0004 和 1.0008，这三个值均较前述用来计算的理论最大值（M_h/M_l）$^{1/2}$要小得多。

综上所述，到目前为止铅同位素方法在判断古代金属器物特别是铅的矿料产地方面依然有效。

第三章　先秦青铜器铅同位素比值的地球化学省矢量填图研究

20 多年来，中外学者分析了大量属于夏、商、周时期青铜器的铅同位素比值，这些数据对于研究先秦时代矿产开发和青铜贸易活动等考古学问题起到了重要的作用。但到目前为止，相关讨论主要集中在 $^{207}Pb/^{206}Pb < 0.8$（$^{206}Pb/^{204}Pb > 20.0$）的特殊的高放射性成因铅[①]的来源问题。

实际上三代青铜器所含铅主要是在地球化学中被称作"普通铅"的铅，即一般文献中所指出的 $0.84 < ^{207}Pb/^{206}Pb < 0.86$ 以及 $^{207}Pb/^{206}Pb > 0.87$ 的矿铅。由于具有这种铅同位素组成的铅矿在中国是非常普遍的，并且其数据往往重叠在一起，很难从中总结出有效信息，故此一般学者通常将其弃而不用。但是具有这种普通铅同位素特征的铅矿或铜矿被青铜时代的人们广泛采用，代表了当时矿产资源的主流，对于这部分铅同位素数据的分析和应用应该引起更大程度的重视。

因此在我们得到了大量的铅同位素数据之后，如何将这些铅同位素数据进行有效地分析和应用，并与已知的矿产资源信息进行合理匹配，对于解决中国青铜器矿料产源问题具有重要意义，并能够对解决高放射性成因铅的来源这一学界目前普遍关注的问题提供重要帮助。

鉴于上述原因，我们对铅同位素比值地域分布的理论模式和铅同位素数据的计算处

---

① a. 金正耀等：《商代青铜器中的高放射性成因铅：三星堆器物与赛克勒博物馆藏品的比较研究》，见《"走向二十一世纪的中国考古学"学术讨论会论文集》，文物出版社，2002 年，169～194 页；b. 彭子成、王兆荣、孙卫东等：《盘龙城商代青铜器铅同位素示踪研究》，见湖北省文物考古研究所编著《盘龙城》，文物出版社，2001 年，552～558 页；c. 孙淑云、韩汝玢、陈铁梅等：《盘龙城出土青铜器的铅同位素比测定报告》，见湖北省文物考古研究所编著《盘龙城》，文物出版社，2001 年，545～551 页；d. 金正耀、马渊久夫、Tom Chase 等：《广汉三星堆遗物坑青铜器的铅同位素比值研究》，《文物》1995 年 2 期；e. 金正耀等：《江西新干大洋洲商墓青铜器的铅同位素比值研究》，《考古》1994 年 8 期；f. Tsutomu SAITO, Rubin HAN, Shuyun SUN, Congqiang LIU, Preliminary considertion of the source of lead used for bronze objects in Chinese Shang dynasty – Was it really from the boundary among Sichuan, Yunnan and Guizhou provinces? –, in *BUMA – V*, Gyeongju, Korea, 2002. 4；g. 金正耀：《论商代青铜器中的高放射性成因铅》，见考古杂志社编《考古学集刊·15》，文物出版社，2004 年；h. 金正耀：《商代青铜器高放射性成因铅原料的产地问题——答斋腾努博士等》，《中国文物报》2003 年 4 月 22 日。

理方法等进行了梳理和总结，并采用铅同位素地球化学省的理论模型和铅同位素高分辨率矢量填图的计算方法对已发表的中国青铜器铅同位素数据进行了实际计算和分析。结果显示，上述研究方法可以使中国铅同位素矿料产源的研究结果更加明确、合理。在此基础上，我们将该方法应用在了云南青铜器矿料产源的研究当中，并结合考古学的研究成果进行了分析，得出了一些有价值的结论。在后面的章节中，将对上述研究过程一一阐述。

第一节　地球化学省的基本概念和铅同位素高分辨率矢量填图的基本原理

地球化学省的建立基于以下原理：对于大的地质块体来说，无论是岩石铅还是矿石铅的同位素组成都具有和别的地质块体相区别的共性，而对于矿床中所含金属的种类没有要求[1]。地球化学省的这一特点在判断青铜矿料产源方面非常重要。一直以来，关于铅同位素究竟指征了铜器中的铅还是铜，是中国学者最为关心却无法解决的问题之一。但地球化学省概念的引入，使得这个问题的解决出现了希望。由于即使矿床中金属的种类不同，位于同一个地球化学省内的矿山也具有近似的铅同位素特征或者趋势[2]，这就大幅度缩小了搜索矿山的范围。

Hostler 和 Macfarlane 首先将铅同位素地球化学省（在其文章中称为铅同位素省）的概念引入铅同位素考古当中，成功地研究了中美洲出土的古代印第安铜器的矿料产地。他们指出尽管由于重叠效应等因素，使用地球化学省的方法可能也同样无法确切的找到古物的矿源，但是却提供了一种强有力的区分古器物矿源的方法，同时缩小了器物矿源的可能范围[3]。

朱炳泉等利用矿山铅同位素比值将中国划分为华北、扬子、华夏等地球化学省（图 3 - 1），并进一步研究了这些地球化学省的铅同位素特征[4]。

---

① a. Macfarlane, A., The lead isotope method for tracing the sources of metals in archaeological artifacts, in *Metals in antiquity*, (eds. S. M. M. Young, A. M. Pollard, P. Budd, and R. Ixer.), Bar International Series 792, Oxford, 1999: 310 -316. b. Zhu B. Q., The Mapping of geochemical provinces in China based on Pb isotopes, *Journal of Geochemistry Exploration*, 1995, 55.

② 在宏观范围内，地球化学省具有以上特点，但不排除在一个地球化学省中有个别的铅矿山存在。关于这一点，Macfarlane 有较为详细的讨论，具体参见 Macfarlane, A., The lead isotope method for tracing the sources of metals in archaeological artifacts, in *Metals in antiquity*, (eds. S. M. M. Young, A. M. Pollard, P. Budd, and R. Ixer.), Bar International Series 792, Oxford, 1999, pp. 310 -316.

③ Hosler, D. and Macfarlane, A., Copper source, metal production and metals trade in late Postclassic Mesoamerica, *Science*, vol. 273, 1996, p27.

④ 朱炳泉：《地球化学省与地球化学急变带》，科学出版社，2001 年。

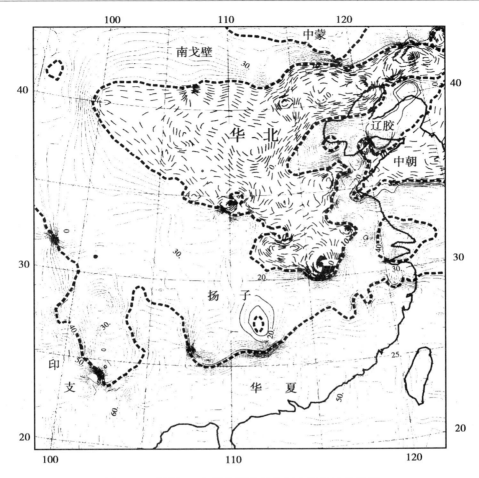

图 3 - 1　根据 V2 矢量值划分的中国大陆地球化学省

（其中虚线和琐线为 V2 等值线，引自朱炳泉 2001 年[①]27 页图 3 - 2）

　　对于具有"普通铅"铅同位素组成的数据来说，通常在没有"重叠效应"存在的情况下，使用两组同位素比值即可以定义矿山[②]。但由于两组铅同位素组成近似的铅矿广泛存在于中原地区，因此直接分析铅同位素比值无法避免"重叠效应"，通常会引起数据处理方面不必要的麻烦。

　　近年来一些地球化学家在使用铅同位素进行矿床成因和成矿物质来源研究时发现，由于铅由四种同位素组成，因此必须至少使用三组同位素比值才能完全确定一个矿床的

　①　朱炳泉：《地球化学省与地球化学急变带》，科学出版社，2001 年。

　②　Pernicka, E., Evaluating lead isotope data: comments on E. V. Sayer, K. A. Yener, E. C. Joel and I. L. Barnes, 'Statistical evaluation of the presently accumulated lead isotope data from Anatolia and surrounding regions…', I, *Archaeometry*, 1992. 2.

性质，而仅使用二维同位素平面图解经常会出现相互矛盾的情况，有时也会由于其铅同位素数据所处平面本身相互平行，使得数据在二维平面的投影存在重叠，无法相区别[1]。为了避免以上情况的发生，同时增加铅同位素作图的分辨率，并使三组同位素比值都能够充分被利用，朱炳泉等学者采用将铅同位素比值转化为矢量 V1、V2，然后进行填图的方法来处理铅同位素数据[2]，在铅同位素数据处理和同位素地球化学省研究方面取得了重要的进展。

矿石铅和岩石铅的同位素研究表明，钍铅的变化（^{208}Pb）以及钍铅和铀铅（^{206}Pb、^{207}Pb）的相互关系，可以反映出地质过程与成矿物质来源方面的信息，因此将矿石的铅同位素数据表示成为与同时代的地幔值（即铀铅比最小的铅同位素比值，在中国为 $\mu = 7.8$ 时计算得到的铅同位素值，其中 $\mu = ^{238}$U$/^{204}$Pb）的相对偏差值，则可以更清楚的反应矿床的铅同位素比值信息。通过对其相对偏差的比较可以揭示不同时代铅的成因意义。其基本计算方法请参阅 Zhu（1995）的文献[3]以及附表二。

该方法的优点是消除了成矿时间 t 的影响，提高了数据的分辨率；同时能够在二维平面上处理三维数据。通过使用计算得到铅同位素矢量 V1、V2，可以在较高分辨率的情况下将具有不同铅同位素特征的地质体明晰地反映出来。

本书在总结前人工作的基础上，利用朱炳泉等提供的高分辨率矢量作图的方法，结合铅同位素地球化学省的概念重新分析了已发表的夏商周三代青铜器的铅同位素数据，主要是被称为"普通铅"的铅同位素数据值，在推进中国青铜器矿料产源研究方面作出了有意义的尝试。

---

① 朱炳泉：《地球科学中同位素体系理论与应用：兼论中国大陆壳幔演化》，科学出版社，1998 年。

② 朱炳泉：《地球化学省与地球化学急变带》，科学出版社，2001 年。

③ Zhu B. Q., The Mapping of geochemical provinces in China based on Pb isotopes, *Journal of Geochemistry Exploration*, 1995, 55.

第二节　夏商西周时期中原地区青铜器的铅同位素矢量填图研究

此次分析所采用的数据分别来自注解所引文献[①]。数据分析方法采用铅同位素矢量填图方法，请参阅朱炳泉（1998）文献[②]及附表二。同位素年代计算采用查表法，所据年代表参见地质部宜昌地质矿产研究所编著的《铅同位素地质研究的基本问题》[③] 一书之附录一表五。其他参数均使用朱炳泉著的《地球化学省与地球化学急变带》[④] 一书中提供的数据。原始数据及计算得到的数据参见附表二。

利用计算得到的铅同位素矢量 V1、V2 进行二维作图，见图 3－2。

2.1　所有已发表的夏商和西周时期青铜器的铅同位素矢量 V1－V2 图解分析

图 3－2 可以被划分为 4 个区域，即图中三个椭圆代表的 I、II、III 区和 I 区上方的 IV 区。根据与朱炳泉等利用铅同位素矢量绘制的中国大陆矿石、新生代火山岩与中生代花岗岩 V1－V2 图解相比较，可以看到这三个区域分别代表了：I 区扬子省、II 区扬子省和华夏省边界扬子省一端、III 区华夏省、IV 区华北省。位于这些区域当中的古器物，其矿料来源应和这些地球化学省相对应。

从图中我们可以看到夏、商和西周三代的器物大都来自扬子省，且有超过 60% 以上的数据集中在扬子省和华夏省数据交界扬子省一端，基本集中于 40 < V1 < 60，30 < V2 < 40 的小区域内（参见图 3－3 对 V 矢量值的统计频次直方图）。由此表明夏、商和西周时期中原王朝矿床开发地域可能比较集中。

---

① a. 金正耀：《中国古代文明をちぐる－鉛同位体比法にとぇる研究を中心に》，见馬淵久夫、富永健编《考古学と化学》，東京大学出版会，2000 年；b. 金正耀：《晚商中原青铜器矿料来源研究》，《科学史论集》，中国科技大学出版社，1987 年；c. 金正耀、Chase，W. T.、平尾良光、马渊久夫：《天马－曲村遗址西周墓地青铜器的铅同位素比值研究》，见邹衡主编《天马－曲村・三》，科学出版社，2000 年；d. Jin Zhengyao, Zheng Guang, Yoshimitsu Hiral et. al., Lead isotope study of early Chinese bronze objects, in *The Fourth International Conference on the beginning of the use on metals and alloys*, 1998；e. 彭子成等：《赣、鄂、皖诸地古代矿料去向地研究》，《考古》1997 年 7 期；f. 孙淑云、韩汝玢、陈铁梅等：《盘龙城出土青铜器的铅同位素比测定报告》，见湖北省文物考古研究所编著《盘龙城》，文物出版社，2001 年；g. Chase, T., Lead isotope ratio analysis of Chinese bronze examples form the Freer Gallery of Art and Authur M. Sackler collections, in *Ancient Chinese and Southeast Asian Bronze Age Cultures*, 2000, Vol. 1, Taiper；h. 齋藤努：《西周瑠璃河燕国墓地出土遗物および千家店銅鉱山試料の鉛同位体比分析》，见研究报告《日中古代青铜器および土器の产地する自然科学的研究》（研究课题番号：11691040），研究代表者，今村峯雄，2001 年。

② 朱炳泉：《地球科学中同位素体系理论与应用：兼论中国大陆壳幔演化》，科学出版社，1998 年。

③ 地质部宜昌地质矿产研究所同位素地质研究室：《铅同位素地质研究的基本问题》，地质出版社，1979 年。

④ 朱炳泉：《地球化学省与地球化学急变带》，科学出版社，2001 年。

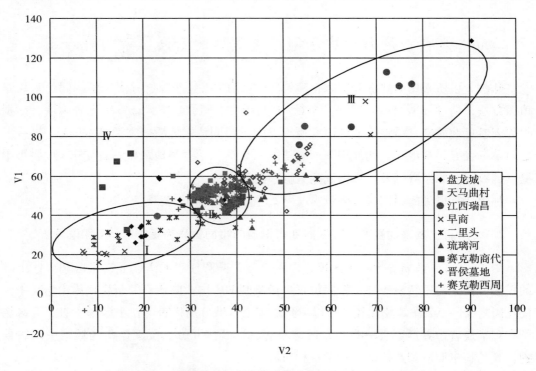

图 3-2　夏商和西周时期青铜器的铅同位素 V 矢量填图

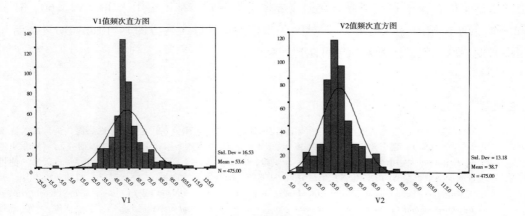

图 3-3　夏商和西周时期青铜器的铅同位素 V 矢量频次直方图

2.2　赛克勒馆藏商代和西周青铜礼器的铅同位素矢量填图分析

　　美国赛克勒博物馆收藏的商代和西周青铜器的数据分析结果令人感兴趣。这些铜器是美国赛克勒博物馆收藏的来自商和西周两代的青铜礼器，由于礼器在先秦时期主要为中原王朝所使用，因此这些数据更能代表商和西周两个王朝的青铜矿料来源的情况。这些铜器的数据被绘在图 3 - 4 中。

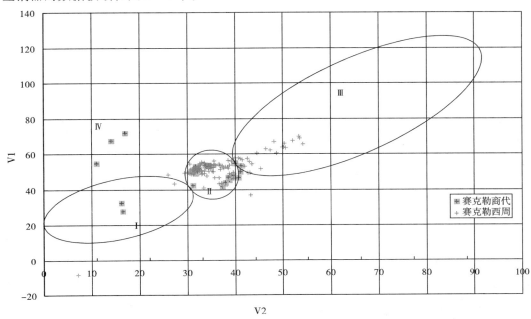

图 3 - 4　美国赛克勒博物馆馆藏商代和西周青铜器的铅同位素 V 矢量填图

从图中可以看出，赛克勒馆藏的商代青铜礼器多达 90% 以上铅同位素数据集中在上述的 II 区之内。值得注意的是，如果仔细的划分，在这个区域内集中的商代数据可以分成两个小组，一部分青铜器的 V 矢量集中在 V1 = 50、V2 = 31 附近（本书称为 II a 区域）；另一部分的矢量值则集中在 V1 = 46、V2 = 39 附近（本书称为 II b 区域）。这充分表明商代中原王朝除了开发具有高放射性成因铅的矿山外，可能还开发使用了两个铜铅矿山的矿料；由于两组比值如此的接近（特别是 V1 的值），因此这两个值也有可能代表了一个大矿区的两个不同的矿山。这一点比较重要，大大缩小了寻找商代矿产资源的可能范围，如果和已经发表的矿山的铅同位素数据资料进行比对，找到具有这两个 V 矢量值的矿山应该并不困难。

另外有三件商代的器物出现在 IV 区，这个区域为 V1 > V2 的区域，是典型的华北块体的铅同位素比值。商代的疆域主要位于黄河和长江之间的中原地区，即华北块体，这几件铜器的出现，说明具有典型华北省铅同位素比值的矿山在商代时可能已经被开发。这些值也许代表了当时某个北方方国的矿产地。

还有两件铜器落入 I 区，从图 3 - 2 可以看出，这两件铜器的 V 矢量值和盘龙城铜器的 V 矢量值非常近似，因此这两件铜器的矿料可能和盘龙城出土青铜器的矿料是同源的。考古学研究表明盘龙城遗址可能是商代最南部的方国，一些学者认为盘龙城遗址是商王朝为了控制江南的铜锡铅矿资源而建立的①。从铜器的铅同位素矢量值看来，盘龙城遗址可能的确开发了当地的矿产资源，而且不但供自己使用，还向中原王朝有所输入。当然盘龙城遗址还有大量的具有高放射性成因铅同位素比值的青铜器物，这和中原商王朝青铜器中大量的与之有类似比值的高放射性成因铅应该是同源的。

赛克勒馆藏西周青铜礼器的铅同位素矢量分析也显示出较为重要的结果。有相当大的一部分青铜器的矢量值和上述商代开发的一个主要铅矿床（V1＝50、V2＝31）的矢量值几乎完全近似，而只有极少数青铜器具有和商代另一处主要的矿山相重叠的铅同位素矢量值。这说明在被商代开发的两座矿山中，只有一个在西周时期被大规模利用。另一处可能由于二里头时期和商代时大量开发，以西周当时的矿业开发技术水平，已经无法继续大量供给矿料。

西周时期也有相当一部分铜器的铅同位素矢量值落入了华夏省所处的区域（Ⅲ区），这表明西周时期江南地区的矿山可能得到了大量开发。如今在长江以南已经发现了一系列古矿山遗址，如安徽铜陵、江西铜岭、湖北铜绿山等，落入华夏省的数据可能正是这些矿山的反映。但需要指出的是，对山西曲沃晋侯墓地的铅同位素矢量填图研究表明，晋侯墓地青铜器中也有相当一部分的铜器其铅同位素矢量落入华夏块体，且和赛克勒馆藏青铜器的数值范围几乎重叠（参见图3-2），表明两处具有位于该区域的矢量值的矿料，可能来自相同的矿山，且在西周时期相当稳定地供应了西周王朝中心和北方的方国，因此这类铅同位素矢量值所代表的矿山仍需进一步的研究。关于这一点的深入探讨，详见下文。

对赛克勒馆藏青铜礼器的铅同位素矢量分析，给了我们一个重要的提示，即在商和西周时期，中原王朝的矿产资源相对稳定，中原地区的商代可能主要开发利用了两处大矿山，已经发现的大量中原商代青铜器证明这两处矿山的规模应该是相当大的。其中的一处可能在商代已经接近采空，而到了西周时期，只剩一处可以大规模开采。如果根据对已经公布的矿山铅同位素数据进行同样的矢量填图分析，也许可以找到这两处矿山现在的位置。

2.3　夏代二里头遗址和西周晋、燕两国的青铜器铅同位素矢量填图分析

二里头遗址和西周时期的晋、燕两国的铅同位素矢量填图的分析结果见图3-5。

---

① 俞伟超：《长江流域青铜文化发展背景的新思考》，见高崇文、安田喜宪主编《长江流域青铜文化研究》，科学出版社，2002年，1~7页。

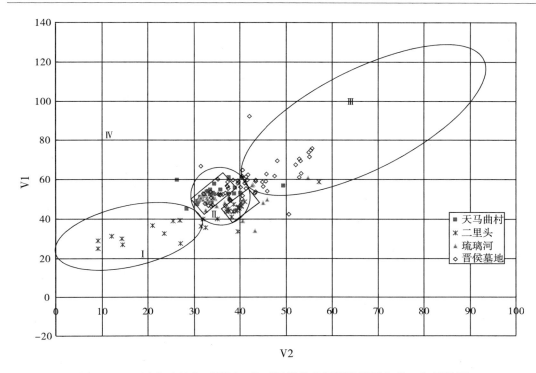

图 3 – 5 二里头遗址和西周晋、燕两国部分青铜器的铅同位素 V 矢量填图

根据金正耀等报道①的相当于夏代的二里头遗址出土的几十件器物的铅同位素矢量填图，发现这些器物的 V1 矢量值集中于 35 ~ 45 之间，但 V2 的值在 10 ~ 40 之间分散分布。其中有将近一半器物的比值集中于前述的 Ⅱb 小区域内，而二里头遗址没有出现具有 Ⅱa 类型铅同位素矢量值的青铜器。与前面的分析结果比较表明，二里头遗址曾经开发的矿山，到了商代仍在开发使用。到了殷墟时期，在当时的采矿水平的限制下，已经无法继续利用，所以可能又开发了新的矿山 Ⅱa。根据上述分析，说明 Ⅱb 矿山规模较大，曾经先后供给了两个王朝的铜铅矿料。另外也证明夏、商王朝在矿产资源开发上面可能具有承继关系。

二里头遗址的青铜器铅同位素矢量值有另一半落入了 Ⅰ 区，且较为分散，粗略划分，可以分为两个组，可能说明至少还有两个矿山资源被利用。这表明当时除了对 Ⅱb 代表的矿山的大规模开采利用外，还有其他的矿源可被利用。另外需要说明的是，尽管这些比值落入 Ⅰ 区，但并没有和盘龙城的比值相重叠，说明和盘龙城遗址所开发的矿山并不是一处。

---

① Jin Zhengyao, Zheng Guang, Yoshimitsu Hirai *et. al.*, Lead isotope study of early Chinesse bronze objects, in *The Fourth International Conference on the beginning of the use on metals and alloys*, 1998.

　　在分析山西天马 – 曲村和北京房山琉璃河两个西周遗址出土青铜器的铅同位素矢量值时，发现有相当多的青铜器铅同位素矢量值落入了前述的Ⅱa区域，这和赛克勒馆藏西周青铜器的铅同位素矢量值的情况基本相同。特别是晋侯墓地出土的青铜器，除了相当部分落入Ⅱa小区域，还有一部分落入了Ⅲ区，落入Ⅲ区的数据范围和赛克勒西周青铜器落入Ⅲ区的范围几乎完全重叠。但已经分析的西周青铜器的铅同位素比值没有一件落入Ⅰ区。

　　天马—曲村和琉璃河两个遗址在西周时期分别是北方诸侯国晋国和燕国的遗址，其出土青铜器中相当部分的矿料都来自同一矿山Ⅱa，这表明在西周时期，两国曾经共同开发过同一处矿山。这两个诸侯国在当时都位于整个王朝疆域的最北部，说明Ⅱa这处矿山不大可能是南方的矿山；而且该处矿山在殷墟时期就已经被较大程度的开发。通过对现代发表铅同位素数据进行大范围矢量填图比较，应该能够确定这个古矿的位置。

　　关于晋侯墓地那些铅同位素比值落入Ⅲ区的铜器，上文曾述及它们和赛克勒博物馆馆藏的落入Ⅲ区的西周铜器一样，应该都是使用南方的矿料铸造的。晋侯墓地出土了相当多的具有南方风格的青铜器，例如著名的"晋侯苏钟"、"楚公逆钟"等。另外，著名的传世"晋姜鼎"用长篇铭文记载了晋侯亲自用晋国的特产盐换取南方铜料的事件。这些都说明当时地处北方的晋国和南方诸侯国如楚国的文化贸易交流是相当频繁的，而这些铅同位素比值落入Ⅲ区的晋国铜器则正是这种经济、文化背景的体现。

2.4　商代金属（以铅为主）原料产地的变迁

　　我们对商代不同时期和不同地区的青铜器的铅同位素比值进行了 V 矢量填图（图3 – 6），结果清楚的反映出商代青铜矿料来源的变化情况。

　　早商：

　　到目前为止，属于商代早期和早中期（二里岗期）分析的铜器铅同位素数据较少，仅见到彭子成等分析的十多个数据，本书所有的数据均采自该文①。在除去所谓的高放射性成因铅数据后共使用矢量填图处理了 10 个数据，如图中的"×"号所示。这些数据的处理结果表明 10 件中仅有 1 件铜器落入本书所指的Ⅱb 区域，而其他均落入Ⅰ区和Ⅲ区。落入Ⅰ区的共有 6 件，这 6 件铜器显示其矿料来源是一致的，表明在中原地区商代早期开发的金属矿源可能比较单一。另外尽管夏代的比值也有落入Ⅰ区的，但是从图中观察，可以认为夏代在Ⅰ区的矿山共有两处，但却和早商以及盘龙城遗址的矿山并不重叠，说明早商的矿铅和夏代以及晚商的都不完全一致。如前所述，同属于商代早期的盘龙城遗址所使用的矿铅可能有少部分运至中原，但当时中原所使用的大部分矿料仍

---

　　①　彭子成等：《赣、鄂、皖诸地古代矿料去向地研究》，《考古》1997 年 7 期。

和盘龙城来源不同。可能表明商代早期开发了规模较小的矿山，而到了商代中期由于某种原因而逐渐被废弃。

中商和晚商：

对赛克勒馆藏商代青铜礼器按照时代划分后进行填图，可以发现到了殷墟一、二期①所开发的矿山主要是Ⅱa区域。这个区域是夏代和早商所没有出现的，这表明当时可能由于对青铜矿料的大量需求而积极寻找新的矿料来源。商代在盘庚迁殷后的第二代商王武丁时期进入了最鼎盛的时期，同时中国的青铜时代也达到了最鼎盛的时期，此时铸造了大量的青铜器。这一点早已为考古发现所证实，例如殷墟 M5 武丁的夫人妇好的墓葬就发现了四百余件青铜器；另外重达 875 公斤的司母戊鼎也是此时铸造的。如此大规模的青铜铸造需要大量的矿料来支持，因此这可能是新的矿源被发现的主要原因；同时为了获得更多的矿料，武丁王还四处征伐，《诗经·商颂·殷武》② 记载："挞彼殷武，奋伐荆楚……"，而这个时期也是"高放射性成因铅"主要被使用的时期。根据分析，这种高放射性成因铅在商代早期的二里岗期已经出现，而到殷墟一、二期在铜器铅同位素比值中所占比例都超过 50% 以上，到了殷墟三期有所减少，到了殷墟四期则基本消失了③。这和Ⅱa区域所代表矿料的情况一样，都是由于青铜矿料不足而积极开拓新来源的结果。因此Ⅱa区域代表的矿山的确定是了解夏商周青铜矿产开发的一个关键所在。Ⅱa区域的矿料到了殷墟晚期仍在使用，并一直延续到西周时期，这说明Ⅱa区域矿山的储量是相当丰富的。

从图 3-6 中还可以观察到，到了殷墟晚期又重新使用了在二里头遗址中曾被大规模开发的Ⅱb区域的矿产，这个现象可能反映了商代采矿和冶炼技术的进步，说明在夏代已经被认为无法开采的矿产，到了殷墟晚期由于技术的更新而又重新被开发。对Ⅱb区域指征的矿山的地球化学研究是了解夏商周青铜矿料资源开发和流通的另一处关键。如果通过对现有矿山的铅同位素进行大范围的矢量填图研究，相信会对解开夏商周三代青铜矿料资源的开发和利用之谜有所帮助。

其他地区的商代遗址：

前已述及，盘龙城地区的矿料和商代主要矿料的来源不同，但该地区的矿料可能的确有部分输入中原。另外盘龙城遗址也有铜器铅同位素比值落在Ⅱb区域，这表明两地

---

① 由于原文数据表后所列根据器形判断的年代仅有公元前 15 世纪、公元前 13 世纪、公元前 12～11 世纪以及公元前 11 世纪四种，因此为方便起见，本书按照考古学分期方法将公元前 13 世纪和公元前 12～11 世纪定义为殷墟一、二期。

② 金启华译注：《诗经全译》，江苏古籍出版社。

③ a. 平尾良光、鈴木浩子等：《泉屋博古館が所蔵する中国古代青铜器の鉛同位体比》，《泉屋博古館紀要》第十五卷拔刷，1999 年；b. 金正耀：《中国古代文明をちぐる－鉛同位体比法にとぇる研究を中心に》，见馬淵久夫、富永健編《考古学と化学》，東京大学出版会，2000 年。

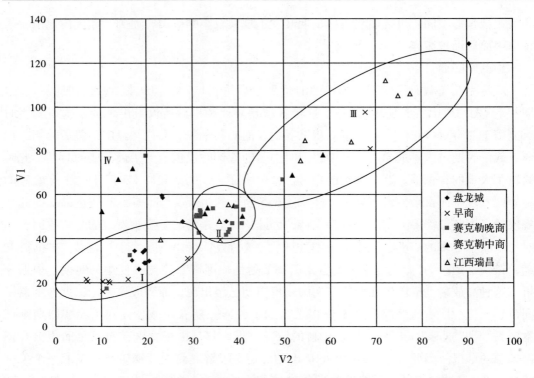

图 3－6　商代青铜器的铅同位素 V 矢量填图

之间曾有经济文化往来。江西瑞昌等地出土的商代青铜器的铅同位素矢量值的分析，显示出这些地方铜器的铅同位素矢量值主要位于Ⅲ区，且要比西周时期的大部分北方铜器的矢量值更偏上，表明江西等地出土的青铜器的矿料来源也区别于中原地区。笔者认为，Ⅲ区的主要区域（特别是图中靠近右上的位置）应该代表了江南古矿的铅同位素矢量值，该地区目前已经发现了江西铜岭、湖北大冶铜绿山等古矿山，说明在先秦时期金属矿山开发技术已经非常高超。但由于和中原王朝青铜器铅同位素矢量值重叠区域较少，可能并不像如今大部分学者认为的那样，江南的矿料大量输入了商王朝，而应是主要供本地青铜文化使用。当然在江西出土的青铜器中也发现具有位于Ⅱb区域矢量值的青铜器，但这只能表明两地之间存在着文化交流。

第三节　三代王都迁徙和矿料来源变迁

下面我们将对夏商周三代开发的主要矿山：位于Ⅱ区的Ⅱa和Ⅱb区域在不同时代的开发情况进行一下粗略的总结。

表 3-1　　　　**不同时代对 Ⅱa 和 Ⅱb 矿山的开发情况**（阴影表示该时代开发了这处矿山）

时代 \ 矿山	二里头	商			西周
		商早	殷前	殷后	
Ⅱa			▨	▨	▨
Ⅱb	▨	▨	▨	▨	▨

　　从表 3-1 可以看出，中原地区自夏而商而周矿料来源相对稳定。除了一些小的矿山外，长期稳定供应三代大量青铜器的铜铅矿料的可能只有两座特大型矿山。但这两座矿山的开发顺序有先后，Ⅱa 矿山的开发晚于 Ⅱb 矿山，且开发时间正当商王朝将国都迁往殷墟的时候，开发原因可能是由于对矿料的大量需求而积极开拓资源空间。这两座矿山是夏商周三代大量青铜礼器铸造的坚实物质基础，它们从原料上保证了以"礼治"为中心的中原文化的绵延不绝。

　　著名考古学家张光直先生在论及夏商周三代频繁迁都的原因时，创见性地提出追求青铜矿源是王都屡徙的重要原因。他指出："这样看来，中国古代的青铜器是统治者的必要工具，而铜锡矿不免乃是三代各国逐鹿的重要对象"，"王都屡徙的一个重要目的——假如不是主要目的——便是对三代历史上的重要政治资本即铜矿与锡矿的追求。"[①]这正符合了对铜器铅同位素数据进行矢量填图后所揭示的信息。从上文的分析可以看出，自夏而早商，自早商而殷墟时期，自殷墟而西周时期，王都的变迁和朝代的更替都导致青铜矿源发生了变化，但矿源的变化也是有限的，在一千五百多年的历史里，实际上被这些王朝大规模开发的矿山仅有数处，最重要的也可能只有两处。根据张光直先生的总结，三代（尤其是夏商两代）都城的地理位置实际上最为密集的分布区域只有两处（图 3-7），即晋南、豫北的黄河沿岸以及晋冀豫三省交界的地区。从图 3-7 还可以发现铜锡矿山最密集之区域，亦为两处，且在都城密集之两处范围的附近，即中条山地区和太行山地区，这个结果很耐人寻味，是否 Ⅱa 和 Ⅱb 所代表的矿山可以在这两个区域寻找。

　　除此之外，需要我们注意的是尽管三代都城位于地球化学省中华北省的范围之内，但是经过以上分析，近五百件青铜器的铅同位素比值除了有零星的十余件肯定落在华北省的范围内，其他均落在扬子省和华夏省当中，尤其以扬子省为最多。我们认为，这并不代表在当时就没有开发华北块体的铜铅矿，而是表明可能在华北块体存在着和扬子型

---

　　①　张光直：《夏商周三代都制与三代文化异同》，见张光直著《中国青铜时代》，生活·读书·新知三联书店，1999 年。

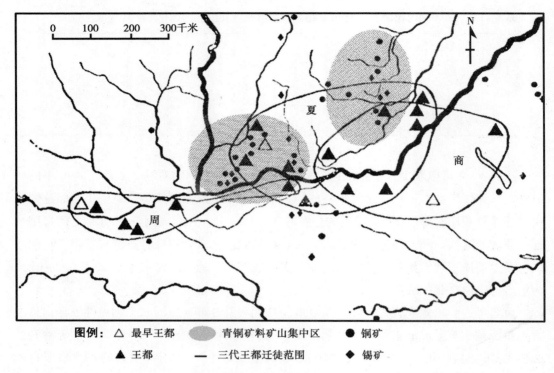

图 3-7　三代都城与铜锡矿之间的地理分布关系

（据张光直 1999 年[①]57 页图 4 改绘）

以及华夏型相类似的铅，这种铅在古代得到开发。之所以这样认为，其理由至少可以举西周两个位于最北部的诸侯国燕国和晋国的所有矿铅都是扬子型甚至是华夏型为例。这两个位于华北块体的诸侯国使用的大量矿料至少应该是就近范围内开采的，如果从南方运来，其困难可想而知。因此，有理由相信这两个诸侯国开采的矿铅很可能是具有扬子型甚至是华夏型铅同位素的华北块体的铅。当然这一点并不意味着将问题复杂化，相反这种具备扬子型铅同位素比值而位于华北省范围内的铅矿床却能大幅度的缩小我们的寻找范围。然而囿于时间和资料的限制，笔者并没能深入地进行研究，实在不能不说遗憾。

---

① 张光直：《夏商周三代都制与三代文化异同》，见张光直著《中国青铜时代》，生活·读书·新知三联书店，1999 年。

第四节　已经发现的部分先秦古铜矿的铅同位素矢量填图

欧美的学者指出，进行铅同位素考古的至关重要的一步不是分析大量的铜器的铅同位素比值，而是分析古代可能已经开发的矿山以及古代的冶金遗物例如炼渣、熔渣等的铅同位素比值，这样才能使得对器物的分析结果有据可查，而不成为无本之木、无源之水的胡乱猜测[①]。但有关这一点，中国的工作做的还相当少，铅同位素考古工作者仍处在大量分析古器物的阶段，因此以后的研究重点可能需要发生改变，即由分析器物转而多分析一些冶金遗物和古矿样品。

目前已经经过考古发掘或者调查证实的先秦古铜矿共包括以下几处：湖北大冶铜绿山、湖南麻阳、安徽铜陵、江西瑞昌、江西铜岭、山西中条山、内蒙古赤峰林西大井以及新疆尼勒克奴拉赛等。其中为考古学家和冶金史研究者认为的最有可能提供三代中原王朝铜矿资源的，包括长江中下游的几处矿山和山西中条山地区的古矿。本文根据目前所能搜集到的这些铜矿的铅同位素数据特别是这些铜矿已经分析过的古代冶炼遗物的数据进行矢量填图[②]，以求能够观察到古代矿山开发的一些蛛丝马迹。

从图 3－8 可以看出，这些矿山的矢量填图[③]很少有落入 Ⅱ 区这个重点区域的，当然亦不排除可能数据搜集不全的原因。大部分江南的古矿数据都落入了 Ⅲ 区，这表明笔者前述的关于 Ⅲ 区可能代表了长江中下游古矿的推断是合理的；也验证了先秦时期长江中下游矿山得到大量开发的考古事实，同时表明这些地区的矿料在当时可能输入中原的较少。但是由于所搜集铜矿数据的每个矿区都包含了数个铜矿，如山西中条山矿就包括铜矿峪、篦子沟等三座矿山的值；而安徽的数据则有铜陵、贵池、南陵等数处；江西的则包括铜岭、瑞昌、九江等处。这一点反映在图上是同一省份的数据可以分为数个小组，如安徽的铜矿明显的可以分为三组，而江西的则可以大略分为四组，所以这实际上并不能完全的反映出每个矿山的真实矢量值。一些铅同位素考古学家认为，要想完整的

[①] Gale, N. H., Zofia Stos – Gale, Lead isotope analyses applied to provenance studies, in *Modern Analytical Methods in Art and Archaeology*, Chicago, 2000.

[②] 实际上如前所述，如果能够找到古代开发铅矿样品的铅同位素比值进行研究则更有说服价值，但遗憾的是先秦时期开发的铅矿资源至今仍未找到。

[③] 古铜矿数据分别引自：a. 朱炳泉、常向阳：《评"商代青铜器高放射性成因铅的发现"》，见北京大学中国考古学研究中心、北京大学古代文明研究中心编《古代文明（第 1 卷）》，文物出版社，2002 年，278 ～ 283 页；b. 徐文炘、郭新生、李树屏、冀树楷：《横岭关铜矿床地球化学研究》，《矿产与地质》1996 年 4 期；c. 于津生等编：《中国同位素地球化学研究》，科学出版社，1997 年；d. 徐文炘、郭新生、冀树楷、路九如、李树屏：《铜矿峪铜矿床地球化学研究》，《矿产与地质》1995 年 2 期；e. 地质部宜昌地质矿产研究所同位素地质研究室：《铅同位素地质研究的基本问题》，地质出版社，1979 年。

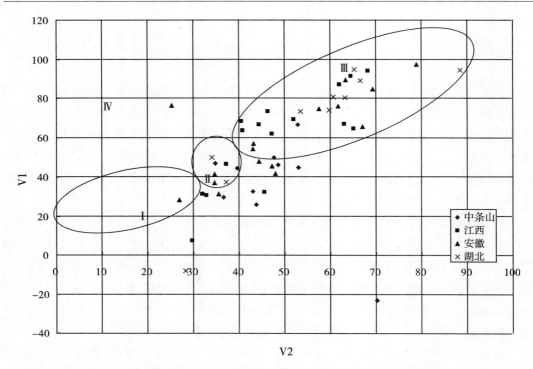

图 3 - 8　部分先秦时期已经开发矿山的现代矿铅同位素比值 V 矢量填图

定义一座矿山的铅同位素分布，根据统计学原理，通常需要 20 个样品左右[1]。

但是山西中条山矿区和安徽铜矿的部分数据有少部分落入 II 区。特别是中条山矿区，有两个样品落入了 II 区，一个样品落入 III 区。而大部分数据都处于三个区域之外，晋侯墓地和琉璃河燕国遗址有几个数据却落在了中条山这些处在三个区域之外的数据组成的范围之内（参见图 3 - 5）。这表明中条山铜矿可能是前述的那种位于华北省而具备扬子型和华夏型矿铅的铜矿床，因此中条山矿成为中原地区先秦金属矿床来源有较大的可能性。关于中条山铜矿，地质学家和地球化学家们进行了广泛的研究，结果表明该矿区各种类型的铜矿都广泛存在于前寒武系的不同地层中[2]。这个矿区的几个经过分析的矿床包括铜矿峪、篦子沟以及横岭关等，均富含具有高放射性成因铅组成的矿石，研究者认为这与地层中铀含量高有关，在中条山矿区地层中已经发现了含铀矿物的存在[3]。其中根据铜矿峪矿石铅同位素计算的铅 - 铅等时线年龄为 21 亿年左右，与朱炳泉、常

① Reedy . J. and Reedy. L, Statistical analysis of lead isotope data in provenance studies. in P. B. Vandiver, J. Druzik, G. S. Wheeler（eds）, Materials issuses in art and archaeology II, *Materials Research Society*, 1991.

② 《中条山铜矿地质》编写组：《中条山铜矿地质》，地质出版社，1978 年。

③ 陈民扬、庞春勇、肖孟华等：《铜矿床同位素地球化学》，见于津生等编《中国同位素地球化学研究》，科学出版社，1997 年。

向阳计算的"殷商青铜器高放射性成因铅"的具有近 25 亿年的铅－铅等时线年龄相近，相比云南永善金沙厂铅锌矿铅同位素的铅－铅等时线年龄更为接近殷商青铜器的铅同位素比值。因此就目前的研究情况看，中条山矿区成为高放射性成因铅的来源有更大的可能性①。

　　同时，中条山铜矿作为二里头遗址主要的铜矿料来源地还有一个重要的证据，即一件二里头遗址出土的含有特殊高放射性成因铅的铜器。目前经过铅同位素分析的二里头遗址青铜器共有 62 件，其中有 61 件是所谓的普通铅，这些青铜器的铅同位素在前面已经给予讨论。而只有 1 件编号为 84YLVT8（2C）的铜残片，这件铜残片的 ^{206}Pb/^{204}Pb、^{207}Pb/^{206}Pb、^{208}Pb/^{204}Pb 分别为 28.378、0.5883 和 38.520。研究者没有报道其具体的合金成分，但说明这是一件铜锡合金，铅含量很低，因此其铅同位素比值指征铜矿的可能性最大②。一些学者在总结二里头遗址青铜器研究时，曾认为这件铜器的铅同位素的异常原因不明③。金正耀则认为这件铜器可能代表了使用硫化矿炼铜的结果④。

　　从铅同位素比值看，该铜器炼制时使用的铜矿石明显极富铀铅（即 ^{206}Pb 和 ^{207}Pb），而贫钍铅（即 ^{208}Pb），说明其赋存环境的地层中富含铀。在中国具备这种铅同位素特征的铜矿最主要的两个矿区是云南东川铜矿区和山西中条山铜矿区，特别是中条山的篦子沟铜矿。根据分析，篦子沟铜矿矿石的铅同位素比值的特点就是富含高铀放射性成因（其 ^{206}Pb/^{204}Pb 可达到 300 以上）而贫钍放射性成因的铅，并具有和二里头遗址这件铜器相似的铅同位素比值的矿石⑤。以上的这些证据都表明二里头遗址这件含特殊铅同位素组成的残铜片的铜矿来源有可能来自篦子沟铜矿。此外彭子成等最近在中条山铜矿峪矿区亦曾检测到比值较接近商代高放射性成因青铜器的矿石⑥。而从考古学调查来看，二里头文化东下冯类型正位于中条山山麓；而在中条山谷地发现的垣曲商城，又发现早商冶炼遗迹。从这些迹象来看，中条山铜矿应该是探索三代铜矿资源的重中之重。

　　综上所述，我们可能需要将日后的研究重点转移到对中条山和长江中下游这两个大铜矿区的田野调查和铅同位素研究上面来。

---

① 然而中条山公布的数据为铜矿硫化矿石的数据，尚不能肯定其矿山中铅矿和氧化矿的数据也和硫化矿相似。需要在以后进行数据调研。

② 金正耀：《论商代青铜器中的高放射性成因铅》，见考古杂志社编《考古学集刊·15》，文物出版社，2004年。

③ 梁宏刚、孙淑云：《二里头遗址出土铜器研究综述》，《中原文物》2004 年 1 期。

④ 承金正耀先生面告。

⑤ 陈民扬、庞春勇、肖孟华等：《铜矿床同位素地球化学》，见于津生等编《中国同位素地球化学研究》，科学出版社，1997 年。

⑥ 彭子成、王兆荣、孙卫东等：《盘龙城商代青铜器铅同位素示踪研究》，见湖北省文物考古研究所编著《盘龙城》，文物出版社，2001 年。但该文没有提到所分析的矿石是铜矿石还是铅矿石，且该矿石的 ^{208}Pb/^{206}Pb 普遍低于商铜器，说明钍铅丰度较低。

第五节　浅议"铅同位素指征青铜中何种合金成分"问题

在讨论铅同位素应用于青铜器矿料产源研究的可行性问题的时候，中国学者还注意到一个问题，即铅同位素指征何种矿料的问题。这个问题的提出是由中国青铜时代青铜器合金组成的具体情况决定的。

在讨论该问题之前，首先要明确一点，根据当前的研究情况，除非分析的是纯锡器或者锡锭，否则铅同位素无法被用来寻找青铜合金中锡料的来源。还需要指出的是，根据研究，古代冶锡的主要矿物——锡石，通常仅含有很少量的杂质，因此青铜合金中由锡引入的铅微乎其微，所以由锡引入的铅带来的铅同位素变化完全可以忽略不计[1]。由此在当前的情况下，根据古代青铜器铅含量的高低，铅同位素只能被用来指征铜矿或者铅矿的来源。

欧洲青铜时代被划分为早期（EBA）和晚期（LBA）两个阶段，这两个时期划分的一个重要标志，就是青铜器中铅的加入[2]。欧洲青铜时代早期，铜器的主要合金材质包括红铜、砷铜和锡青铜，工匠在配制合金时没有故意加入铅。到了青铜时代晚期，含铅量高的青铜才普遍出现，这时铅的出现才被认为是人为加入的。因此欧洲学者在使用铅同位素研究青铜器产源的时候，可以根据器物所属时代以及器物的含铅量，比较容易的确定铅同位素比值指征的是何种矿料。但中国的情况则完全不同，从目前来看，中国青铜时代最发达的夏商周三代的青铜器普遍使用的合金材质为红铜、锡青铜和铅锡青铜三种，而定义这几种合金材质的含量界限至今仍没有统一。国外一些学者认为铜器中含铅 50ppm－4% 都可以被看做是由铜矿带入的，因此这种含铅量的青铜其铅同位素比值实际上指征的是铜矿的来源[3]。而我国通常人为定义以 2% 或者 3% 为界，当大于 2% 或者 3% 时，这种合金元素就是人为加入的，小于这个界限则被认为是由铜矿或者其他矿石引入的。然而最近这种定义受到了一些学者的批评[4]。

笔者认为这一点并不成为使用铅同位素技术分析青铜器产源的重要问题。尽管 2% 或者 3% 这种含铅量的铜器并不少见，但是对于中国古代青铜器特别是夏商周三代青铜器来说，含铅量低于 1% 和高于 5% 的则占据大多数。合金元素的含量低于 1%，学术

① Gale, N. H., Zofia Stos－Gale, Lead isotope analyses applied to provenance studies, in *Modern Analytical Methods in Art and Archaeology*, Chicago, 2000.

② Tylecote, R. F., A History of Metallurgy (Second Edition). The Institute of Materials, 1992, pp. 41－42.

③ Gale, N. H., Zofia Stos－Gale, Lead isotope analyses applied to provenance studies, in *Modern Analytical Methods in Art and Archaeology*, Chicago, 2000.

④ 王昌燧、邱平等：《文物断源研究之成果、心得和思考》，见王昌燧等编《科技考古论丛（第三辑）》，中国科技大学出版社，2003 年。

界都认为这些元素是铜矿带入的无疑，而高于5%的则被认为肯定是人为加入的。因此对于含铅在1%～5%之间的青铜器的铅同位素比值分析不会在很大程度上影响夏商周三代青铜矿料产源的研究。尽管在先秦时期工匠们对铜、锡、铅三种金属的特性已经熟练的掌握，能够分别冶炼出这三种纯的金属并用来配制合金。但根据目前的铅同位素分析结果来看，这种担忧可能是不必要的。以发现的中国殷墟出土器物中的"商代高放射性成因铅"为例，含有这种高放射性成因铅的铜器的铅含量从基本不含铅到纯铅的器物都有。例如含这种高放射性成因铅的器物既发现有含铅达99%的纯铅锭①，也有几乎不含铅的铜矿石——孔雀石②。这就说明这种高放射性成因铅的来源很可能是一类铜和铅的共生矿床，古人在采铜的同时也获得了铅。此外，根据金正耀的研究，天马—曲村晋国墓地青铜器的铅同位素比值并不随着合金元素所占比例的变化而变化③。根据国外铅同位素考古学家的研究，多金属共生矿的铅同位素比值是比较一致的④。因此可以认为这种高放射性成因铅指征的是一个铜铅多金属矿床。

地球化学省概念的引入也为我们解决上述问题提供了便利，无论是高铅含量还是不含铅的铜器的铅同位素比值，如果完全落入了一个地球化学省的范围之内，那么说明其指征的不论是铜矿还是铅矿都来自同一地球化学省。而如果所有铜器的铅同位素比值近似，那么可以肯定的是所指征的铜矿和铅矿的地理位置应该非常接近；而如果完全相同，则很有可能是来自同一个铜铅多金属共生矿。

这从赛克勒收藏的西周和商代青铜器的铅同位素矢量中可以观察到（图3-9，附表二），具有上述的Ⅱa和Ⅱb这两座矿山矢量值的铜器含铅量的变化范围在0%～40%之间。说明这些铜器的铅同位素比值无论指征的是铜还是铅都只能来自两处矿山。由此表明这些铜器中的铅和铜很有可能是共生的。

关于铜铅共生矿在古代的开发情况，明代宋应星《天工开物》中就有记载："一出

①　Chase，T. Lead isotope ratio analysis of Chinese bronze examples form the Freer Gallery of Art and Authur M. Sackler collections，in *Ancient Chinese and Southeast Asian Bronze Age Cultures*，2000，Vol. 1，Taiper.

②　金正耀：《中国古代文明をちぐる－鉛同位体比法にとぇる研究を中心に》，见馬淵久夫、富永健编《考古学と化学》，東京大学出版会，2000年。

③　金正耀、Chase，W. T.、平尾良光、馬淵久夫：《天马－曲村遗址西周墓地青铜器的铅同位素比值研究》，见邹衡主编《天马－曲村·三》，科学出版社，2000年。

④　a. Macfarlane，A.，The lead isotope method for tracing the sources of metals in archaeological artifacts，in *Metals in antiquity*，（eds. S. M. M. Young，A. M. Pollard，P. Budd，and R. Ixer.），BAR International Series 792，Oxford，1999：310－316. b. Begemann，F.，Straoker，S. S.，Pernicka，E.，Isotopic composition of lead in early metal artifacts. Results，possibilities and limitations，in A. Hauptmann，E. Pernicka，G. Wagner（eds）. *Old World Archaometallurgy*，Selbstverlag des Deitscjem Bergbau－Museums，Bochum，1989. c. Gale，N. H.，Zofia Stos－Gale，Lead isotope analyses applied to provenance studies，in *Modern Analytical Methods in Art and Archaeology*，Chicago，2000.

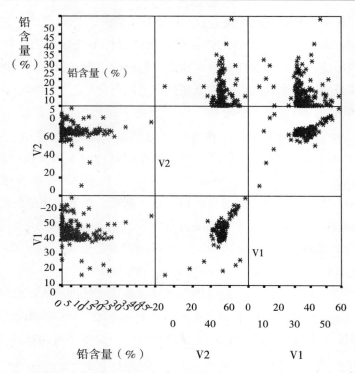

图 3 - 9   赛克勒博物馆收藏的西周青铜器铅含量 - V1 - V2 矩阵散点图

铜矿中，入洪炉炼化，铅先出，铜后随，曰铜山铅"[1]。李时珍在《本草纲目》中亦曾记载："信（信州）铅杂铜，是赤金祖也。"[2] 考古发现的一些早期的冶铸遗址中出土的遗物，也表现出用来冶铸的铅可能是来自铜。例如江苏金坛县西周墓葬中发现了由铜饼打碎的 230 多块碎铜块，经过分析表明这些铜块为含铅 20% ~ 30% 的铜铅合金[3]。张世贤认为这些合金块是冶炼铜铅共生矿形成的，是用于铸造的"经过处理的原料"[4]。另外，山西侯马铸铜遗址中出土的铅锭中含有高量的铜，研究者认为这些铅锭是由于当时冶炼的是铜铅锡共生矿，在冶炼这种矿石的时候，会同时得到铜锭和铅锭[5]。由这些情况，结合铅同位素分析，我们可以推测在青铜时代青铜器中铅的主要来源可能是与铜矿共生的铅矿[6]，即宋应星所指的"铜山铅"。那么，这种铅的铅同位素则同时指征了铅矿和铜矿。

① ［明］宋应星著，钟广言注释：《天工开物》，广东人民出版社，1976 年。
② ［明］李时珍著：《本草纲目》校点本第一册，人民卫生出版社，1977 年。
③ 镇江市博物馆、金坛县文化馆：《江苏金坛鳖墩西周墓》，《考古》1978 年 3 期。
④ 张世贤：《从中国古铜器的化学成分谈起》，见吴嘉丽、叶鸿洒编《新编中国科技史演讲文稿选辑·下》，台湾银禾文化事业公司，1989 年。
⑤ 山西省考古研究所：《侯马铸铜遗址·上》，文物出版社，1993 年。
⑥ 关于古代开发铜铅共生矿的问题，非本书讨论范围，详细情况可参阅上引张世贤的文章。

第六节　小结

　　本书首次尝试将铅同位素矢量填图结合地球化学省的研究方法引入古代青铜器矿料产源研究领域，分析了已经发表的我国古代青铜器的铅同位素比值数据。结果表明这种方法大大缩小了矿料产地寻找的范围。结合已有的矿产资源信息来分析，可以肯定地说这种研究方法必将成为我们解决中国古代青铜器矿料产源问题的有效手段。

　　利用铅同位素矢量填图对我国夏商周三代青铜器的铅同位素比值进行了分析，结果发现整个夏商周三代，中原王朝至少大规模开发了两座大矿山。根据目前的数据估算，这两处矿山供给了夏至西周时期中原青铜器一半以上的矿料，因此在以后的研究中，借助地球化学研究和田野考古调查寻找这两处矿山的遗址，应该成为我国夏商周三代青铜矿料产源研究的一个重点。

　　铅同位素矢量填图结果还表明，我国三代青铜文化之间在矿业开发这个技术层面上具有传承关系。李伯谦先生指出："夏商周文化成为中国青铜文化的中心不是偶然的，……夏商周王朝的更替没有割断原有文化传统"[①]。铅同位素矢量填图结果提供的Ⅱa和Ⅱb两处矿山可以被称为支持中原青铜文明不断发展的重要物质基础。

　　研究结果还显示出长江中下游地区古代矿山在很早就得到开发，这和被发现的先秦古矿多数位于长江中下游地区的考古实际互相印证。同时证明尽管早于东周的时代该地区就有矿料被输入到中原，但在该处被开发的古矿山产出的矿料大部分还是被本地文化所使用。

　　结合已经发现的部分古矿山的铅同位素矢量填图研究结果表明，在当前的地球化学背景下，比较有可能提供中原王朝矿料的矿山可能位于山西中条山矿区。结合中条山矿区具有高放射性成因铅矿山的实际，我们推测中条山矿区可能在二里头文化时就得到开发，并一直作为中原地区的主要铜矿资源而延续至今。

---

　　①　李伯谦：《中国青铜文化结构体系研究》，科学出版社，1998年。

第四章 古代青铜器铅同位素分析的实验方法

通过前述各章的分析研究，基本可以确定铅同位素技术仍是目前青铜器矿料来源研究中最有效的一种手段。基于这一点，我们利用目前国际上较先进的多接受电感耦合等离子质谱（MC – ICP – MS）技术分析了云南和越南出土的部分古代青铜器的铅同位素比值，进而通过对这些铜器铅同位素比值进行矢量填图分析，并结合地球化学省的研究探索云南和越南青铜时代铜铅矿料的来源以及与之相关的一些考古学问题。

第一节 ICP – MS 技术在铅同位素考古中的应用及发展

ICP – MS 技术（Inductively Coupled Plasma – Mass Spectrum，电感耦合等离子质谱）是一种新型的化学分析测试手段，被引进进行铅同位素分析是在 20 世纪 80 年代以后的事情。其最重要的优点是能够同时进行元素含量和同位素组成的分析测定，这是其他任何化学分析仪器所不具备的。而 ICP – MS 分析技术被引进考古学研究中则是最近的事情[①]，最初仅被小范围的使用，但随着样品前处理技术的提高及仪器自身的进步，其测量精度大幅度的提高，越来越受到科技考古学家们的重视，应用前景也越来越广阔。

稳定同位素示踪是考古产源研究的重要方法，O、C、Pb、Sr、Nd 等稳定同位素被广泛地应用到考古学产源研究中，其中金属器矿料来源研究中最常用的稳定同位素是 Pb 同位素。

早期的四级杆（Quadrupole）ICP – MS 对重元素稳定同位素的分析精度较低。以铅同位素为例，在操作非常仔细的情况下，在 $\pm 2\sigma$ 水平内，$^{207}Pb/^{206}Pb$ 测量精度可以到

---

① a. Pollard, A. M., C. Heron, Archaeology Chemistry, RSC Paperbacks, Cornwell, UK, 1996. b. Tykot, R. H., S. M. M. Young, Archaeological applications of inductively coupled plasma – mass spectrometry, in *Archaeological chemistry*: *organic*, *inorganic and biochemical analysisi*, ed. Mv. Orna, Am. Chem. Soc., Washington DC., 1996.

0.2%，^{208}Pb/^{206}Pb 可以到 0.5%，^{206}Pb/^{204}Pb 可以到 0.7% ~ 1.5%[①]。由于自然界铅的同位素中 ^{204}Pb 的丰度最低，因此通常会由于样品中其他更重的铅同位素的富集，而使 ^{204}Pb 的含量超出仪器的最佳探测范围，导致结果非常不理想，这一点通常是无法避免的[②]。这和传统的分析铅同位素的仪器——热电离质谱（TIMS）方法根本无法相比，如今在世界任一使用 TIMS 的实验室对以上的三组铅同位素的分析精度都可以在 ±2σ 水平内达到 0.05% ~ 0.08%[③]。

随着技术的进步，一种被称为 MC – ICP – MS（Multiple Collector – Inductively Coupled Plasma – Mass Spectrum，多接收电感耦合等离子质谱）的新型 ICP – MS 的出现改变了这种现状，它使用高分辨多接收的扇形磁极质谱代替四级杆质谱，这种装置使分析铅同位素比值的精度大幅度提高。如 Niederschlag 等使用 VG Elemental 型 MC – ICP – MS 分析了美国国家标准局 SRM981 标样，结果表明在 ±2σ 水平内，^{207}Pb/^{206}Pb、^{208}Pb/^{206}Pb、^{206}Pb/^{204}Pb 的精确度分别为 0.02%、0.04%、0.09%[④]。这样的精确度完全可以和 TIMS 相媲美。

相对于 TIMS 来说，MC – ICP – MS 具有以下优点：随着技术进步，测量精度大幅度提升，目前已经达到甚至超过 TIMS 的测量精度；测量周期大幅度缩短；样品用量大幅度减少；样品要求简单，只需铅含量达到仪器要求而无需制备纯铅样品；同时可以和激光烧蚀系统联用，简化了样品的前处理，甚至可达基本无损分析；可以同时分析微量元素含量。所以目前 MC – ICP – MS 有逐渐取代 TIMS 的趋势。

第二节　ICP – MS 铅同位素分析样品的制备

热电离质谱（TIMS）分析铅同位素时对样品的要求比较严格，需要纯铅或者纯的氧化铅，因此要求样品前处理也比较复杂。但对于 MC – ICP – MS 测量来说，由于其检测限低，所以要求样品前处理并不是很严格。

---

① Young, S. M. M., P. Budd, R. Harrerty and A. M. Pollard, Inductively coupled plasma – mass spectrometry for the analysis of ancient metals. *Archaeometry* 1997, 39, 2.

② Young, S. M. M. and A. M. Pollard, Atomic Spectroscopy and spectrometry, in *Modern Analytical Methods in Art and Archaeology*, ed. E. Cliiberto, G. Spoto, A John Wiley and Sons, Inc., Publication, New York, 2000.

③ Gale, N. H., Zofia Stos – Gale, Lead isotope Analyses Applied to Provenance Studies, in *Modern Analytical Methods in Art and Archaeology*, Chicago, 2000.

④ Niederschlag, E., E. Pernicka, Th. Seifert and M. Bartelheim, The determination of lead isotope ratios by multiple collector ICP – MS: a case study of Early Bronze Age artifacts and their possible relation with ore deposits of the Erzgebirge, *Archaeomertry*, 2003, vol. 45. 2.

2.1　直接酸溶解法

Niederschlag 等指出当溶液中不溶物的含量小于 0.1%，如果溶液中含有 100ng/ml 的铅时，ICP – MS 的接收信号就已经非常的强，当原来的金属中含有大于 0.1% 的铅时，即可直接酸溶进行测量[1]，这一点对于古代青铜样品来说尤为方便。由于古代的青铜合金，特别是中国古代青铜合金中往往加入铅作为合金元素，铅含量通常超过 0.1%，因此这种方法非常适用于中国青铜器产源研究当中。

早川泰弘等在分析中国二里头出土青铜器微量元素组成时使用的方法[2]可以同时用于分析微量元素和铅同位素，基本方法如下：

选择 20～30mg 金属基体，使用丙酮用超声波清洗，超纯水清洗干净，60℃干燥 1～2 小时，称量，使用 0.5ml 浓硝酸和 1ml 浓盐酸的混合酸在 60℃加热的情况下溶解，加入 20ml 去离子水，稀释至溶液中金属离子的浓度为 1000ppm，即可待测。而后只需将最终的溶液分为两份，一份用于成分分析，而一份再稀释 1000 倍即可进行 ICP – MS 铅同位素分析。

当无需分析微量元素含量时，可使用 Niederschlag 等的方法[3]：

稀硝酸溶液清洗表面，然后加入半浓缩的硝酸中，使用超声波振荡在 70℃的水浴中溶解几个小时，将不溶物从溶液中过滤出来。使用高纯去离子水稀释至铅含量 200ppb，同时硝酸的浓度为 2%，加入 50ppb 含量的铊（Tl）标准作为内标，待测溶液即制备完成。

2.2　铅的分离提取

ICP – MS 和 TIMS 一样，如果分析的样品是纯铅时效果会更好，而当样品仅含微量铅时，就需要单独分离铅。因此也有学者借鉴并发展了 TIMS 制样的方法，利用不同的分离技术提出样品中的铅进行测量。

2.2.1　电沉积法

---

① Niederschlag, E., E. Pernicka, Th. Seifert and M. Bartelheim, The determination of lead isotope ratios by multiple collector ICP – MS: a case study of Early Bronze Age artifacts and their possible relation with ore deposits of the Erzgebirge, *Archaeomertry*, 2003, vol. 45, 2.

② 早川泰弘、平尾良光、金正耀、郑光：《ICP – AES/MS にょる中国二里頭遺跡出土青銅器の多元素分析》，《保存科学》2000 年第 38 号。

③ Niederschlag, E., E. Pernicka, Th. Seifert and M. Bartelheim, The determination of lead isotope ratios by multiple collector ICP – MS: a case study of Early Bronze Age artifacts and their possible relation with ore deposits of the Erzgebirge, *Archaeomertry*, 2003, vol. 45, 2.

Iliev 等使用自制的电解槽[①]成功的从一些标准物质中提取了铅，其铅的提取率基本达到 100%。例如在电解沉积国家标准局标准 SRM－398（纯铜，认证含铅量 9.90 ± 0.06ppm），Iliev 等电解得到铅的折算含铅量为 9.5 ± 0.3ppm，其产率几乎是 100%[②]。

沉积方法为：首先将样品放入电解槽中，使用 20% 的硝酸溶解，每 10mg 样品使用 0.2～0.3ml 该硝酸，并使用控温加热装置，加热溶液，直至样品完全溶解，然后使用二次去离子水将溶液稀释至 3～4ml。在 80℃ 水浴条件下，即可通电电解。电解完毕将阳极取出，使用二次去离子水清洗后，使用 1mlHNO$_3$/H$_2$O$_2$（10% HNO$_3$ 混合 3% 的 H$_2$O$_2$）溶液溶解表面的 PbO$_2$ 后，即可直接用于分析。电解沉积的速度和效率受到电流密度、反应时间、温度、电解液体积等因素的制约，最佳电解条件请参阅原文。研究表明，通常在 80℃ 恒温条件下，电解 30 分钟其产率即可达到 100%。

这种铅分离方法亦可应用到矿渣、陶瓷、石玉器、玻璃等类地质样品中，但需改变电解槽的材料，通常使用聚四氟乙烯制成的电解槽。另外电解液的选择、电解条件等可以参阅 Arden 和 Gale 的文献[③]。

2.2.2　离子交换柱法

Gale 将地质样品铅同位素分析中的离子交换色谱方法引入到考古样品的分析中，其基本方法是[④]：

对于青铜样品使用 2M 的盐酸溶解，同时加入几滴浓硝酸，蒸干，然后重新使用 2M 的盐酸溶解，酸量以恰好溶完为宜。将溶液置于交换柱中，使用 2M 的盐酸调平衡，使浸入的柱和树脂平面等高，然后使用 0.5ml 2M 的盐酸清洗交换柱两次，接着使用 2ml 的 2M 的盐酸清洗一次。使用两份 0.5ml 6M 的盐酸剥离铅，接着使用相同的 1ml 6M 的盐酸两份将铅载带进入聚四氟乙烯反应罐中，蒸干，加入 0.1ml 浓硝酸转变为硝酸盐后即可用于测量。这种方法的优点是改进了以前的离子交换方法，大幅度缩短了制样时间。如需分析矿渣、陶瓷等样品时需要改变溶解的酸，并使用聚四氟乙烯反应罐等

①　其基本构成为焊有两根铂电极的玻璃试管，电解阳极是 10 厘米长的螺旋状铂丝，断口截面为圆形，直径 0.5 厘米，螺距 0.2 厘米；电解阴极为长方形铂片，表面积 1×0.5 厘米，厚 0.01 厘米。整个电解装置由电解槽、伏安计、可变电阻和电源以及进气泵组成，电路图请参阅该文献图 1 和图 2。具体文献参见：Il-iev, I., I. Kuleff, J. Adam and E. Pernicka, Electrochemical lead separation from copper, copper alloy, silver and silver alloy for isotope ration determination in archaeometric investigations, *Analytica Chimica Acta*, 2003, 497.

②　Iliev, I., I. Kuleff, J. Adam and E. Pernicka, Electrochemical lead separation from copper, copper alloy, silver and silver alloy for isotope ration determination in archaeometric investigations, *Analytica Chimica Acta*, 2003, 497.

③　Arden, J. W. and N. H. Gale, New electrochemical technique for the separation of lead at trace levers from natural silicates, *Analytical Chemistry*, 1974, 46, p1.。

④　离子交换柱方法有很多种，染色剂也需根据实际情况选择，本文仅简单介绍 Gale（1996）为提高提取效率而改进的方法，具体请参阅该文及其所引参考文献。具体文献参见：Gale, N. H., A new method for extracting and purifying lead from difficult matrices for isotopic analysis, *Analytica Chimica Acta*, 1996, 332.

装置，可参阅上文成分分析时的方法。

当然这种方法和电沉积方法一样，可以同时被应用于 TIMS 和 ICP – MS 的测量。但由于需要染色剂、不同浓度的酸等较为复杂的分离介质以及离子交换柱等用于分离的设备，目前在考古学中的应用不太广泛。

2.2.3　高周波（高频率）快速加热分离铅方法

这种方法是日本学者齋腾努等发明的[①]，主要应用于含铅的青铜合金中。其基本原理是由于铅在青铜合金中不和任何其他合金元素发生固溶，而以软夹杂的独立相存在，同时由于铅的熔点较低，当使用高频电磁炉加热样品时，铅被很快从样品表面汽化蒸发，通过在样品台上方加装冷凝装置，使铅蒸汽冷凝沉积在冷凝装置表面后，用硝酸溶解形成溶液，即可用于测量。这种方法快速简单，但需要高频电磁炉等设备。目前尚未普遍推广。

2.3　激光烧蚀系统

激光烧蚀系统被设计用来进行微区成分分析，由于其所选光斑面积小，因此使用该装置可以达到近乎无损分析。一些学者也将其引入进行铅同位素组成分析。由于铅同位素比值是非常均一的，即使在铸造过程中产生了铅的比重偏析也不会影响铅同位素比值的测定[②]，所以微区的铅同位素比值可以代表整个器物的铅同位素值，因此该方法可以做到几乎无损分析而测量器物的铅同位素比值。Habicht – Mauche 等比较了激光烧蚀方法和酸溶方法制样后进行 ICP – MS 铅同位素分析的精确度，证明激光烧蚀方法的精确度要低于酸溶方法的精确度[③]。但由于该技术的低成本、无需样品前处理以及近乎无损的优点，随着技术的进步当可更广泛地用在铅同位素考古研究中。例如在最近的研究当中，Ponting 等通过加大光斑的面积（直径 400μm），在 ±2σ 水平下，使 $^{207}Pb/^{206}Pb$、$^{208}Pb/^{206}Pb$ 的测量精度分别达到了 ±0.015%，±0.023%，甚至超过了普通 TIMS 的测量精度[④]。

---

①　齋藤努：《西周瑠璃河燕国墓地出土遗物 および千家店銅鉱山試料の鉛同位体比分析》，见研究报告《日中古代青銅器 および土器の产地する自然科学的研究》（研究课题番号：11691040），研究代表者，今村峯雄，2001 年。

②　Begemann, F., Straoker, S. S., Pernicka, E., Isotopic composition of lead in early metal artifacts. Results, possibilities and limitations, in A. Hauptmann, E. Pernicka, G. Wagner (eds). *Old World Archaometallurgy*, Selbstverlag des Deitscjem Bergbau –Museums, Bochum, 1989.

③　Habicht –Mauche, J. A., S. T. Glenn, M. P. Schmidt, R. Franks, A. R. Flegal, Stable lead isotope analysis of Rio Grande glaze paints and ores using ICP –MS: a comparison of acid dissolution and laser ablation techniques, *Journals of Archaeological Science*, 2002, 29.

④　Ponting, M., J. A. Evans and V. Pashley, Figerprinting of Roman mints using laser ablation MC –ICP –MS lead isotope analysis, *Archaeometry* 2003, vol. 45. 4.

第三节　实验方法

本实验所使用的仪器是北京大学地球与空间学院造山带与地壳演化教育部重点实验室的 VG Axiom 型多接收高分辨等离子质谱仪（MC－ICP－MS），其分析精确度在 2σ 误差范围内（即 95% 的误差范围），$^{207}Pb/^{206}Pb$ 和 $^{208}Pb/^{206}Pb$ 小于 0.01%，$^{206}Pb/^{204}Pb$ 小于 0.1%，这种精确度一般等同于甚至优于普通商用 TIMS 的精度。本实验是目前国内首次使用 ICP－MS 进行铅同位素考古分析。由于该仪器并不像 TIMS 那样测量时需要纯铅样品，只需当溶液中离子总浓度小于 50ppm，而铅含量在 250ppb～1000ppb 时（合样品中铅含量 0.5%～2%），即可以达到铅同位素分析的最佳状态，因此在样品的前处理时我们选用了 Niederschlag 等人的方法，即省去提纯铅的步骤，使用强酸将样品完全溶解，然后直接上机进行测试。但该仪器测量时，铅含量最低限为 100ppb，即样品中含铅量为 0.2% 时，仪器精确度将降低一个数量级，$^{207}Pb/^{206}Pb$ 和 $^{208}Pb/^{206}Pb$ 小于 0.1%，$^{206}Pb/^{204}Pb$ 小于 1%。尽管精确度降低，但此时 $^{207}Pb/^{206}Pb$ 和 $^{208}Pb/^{206}Pb$ 的精确度仍基本可以达到普通商用 TIMS 的精度要求。

根据本实验所使用仪器的特点，我们制定以下的实验步骤进行测试溶液的制备：

使用北京大学考古文博学院的 QuanX 型 X 射线荧光光谱（XRF）测定全部铜器样品的主元素（包括铜、锡、铅）含量。取铅含量大于 0.5% 的样品称量 5mg 左右置于聚四氟乙烯溶样罐中，加入 1ml 超纯硝酸和 2ml 超纯盐酸，在 80℃ 加热盘上密闭加热溶解。待样品完全溶解（需要加热过夜），使用超纯水定容至 100ml，铅含量在 0.5%～2% 的样品可以直接上机测试，而铅含量大于 2% 的样品则根据其含量再次稀释并定容以达到铅浓度 250ppb～1000ppb 的要求。实验中大部分的样品含铅量均可以达到仪器所需最佳含铅量的要求。另外有少数几件早期样品，XRF 检测表明其铅含量低于 0.5%，但由于其较为重要，所以仍进行了分析，结果表明这几件器物的 $^{207}Pb/^{206}Pb$ 和 $^{208}Pb/^{206}Pb$ 的精确度完全可达到分析要求，而 $^{206}Pb/^{204}Pb$ 的精确度较差，但由于在考古学中 $^{207}Pb/^{206}Pb$ 和 $^{208}Pb/^{206}Pb$ 两组比值较为重要，因此在进行数据分析时这几件器物的 $^{206}Pb/^{204}Pb$ 仅做参考，主要使用另外两组比值进行分析。

古丽冰、邵宏翔提出了使用 VG Axiom 型多接收高分辨等离子质谱仪进行铅同位素分析测量时仪器分馏校正的方法[①]。测试时取 5ml 待测溶液加入 1ml 1ppm 的国际标准铊（Tl）溶液作为内标，同时测量过程中每间隔 8 个样品测量 1 次国际铅标准 NBS981 进行仪器校正。所测量的 NBS981 与国际认证值见表 4－1。由表 4－1 数据可知本仪器

---

① 古丽冰、邵宏翔：《多接收双聚焦等离子质谱法测定高精度同位素比》，《质谱学报》2004 年 11 期。

测量结果与国际标准认证值的相对偏差小于 0.1%。在这样的双重国际标准的监控下，所测结果完全可以和国际仪器测量结果进行比较。

表 4 - 1　23 次测量国际铅同位素标准 NBS981 的平均结果及与国际标准认证值的比较

铅同位素比值	$^{207}Pb/^{206}Pb$	$^{208}Pb/^{206}Pb$	$^{206}Pb/^{204}Pb$	$^{207}Pb/^{204}Pb$
测量值	0.914365	2.16532	16.9368	15.4864
相对误差（2σ）	0.0025%	0.003%	0.01%	0.01%
国际标准认证值	0.914585	2.16701	16.9356	15.4891
与国际标准之间的相对偏差	− 0.024%	− 0.078%	7.24E − 03%	− 0.017%

具体分析结果及精确度见附表三。其中每个样品第一行为测量值，其下一行为不同比值相应在 2σ 误差范围内的精确度。同时我们还选择了 10 个样品送至中国地质科学研究院地质研究所使用 Nu Plasma 多接收等离子质谱仪进行了平行测试，以观察实验数据的可重复性，结果见表 4 - 2。

表 4 - 2　　　　　　使用两台仪器及不同制样方法的测量结果比较

样品序号	$^{207}Pb/^{204}Pb$	$^{206}Pb/^{204}Pb$	$^{208}Pb/^{206}Pb$	$^{207}Pb/^{206}Pb$
3#	15.722	18.419	2.1041	0.8536
3	15.699	18.402	2.1018	0.8531
9#	15.561	18.209	2.1378	0.8546
9	15.521	18.143	2.1357	0.8554
33#	15.746	20.150	2.0224	0.7814
33	15.747	20.078	2.0240	0.7844
48#	15.716	18.593	2.0924	0.8453
48	15.699	18.560	2.0919	0.8461
53#	15.558	17.742	2.1653	0.8769
53	15.550	17.744	2.1630	0.8763
59#	15.729	18.636	2.0934	0.8440
59	15.729	18.645	2.0911	0.8436
59 *	15.730	18.636	2.0935	0.8441
63#	15.737	18.470	2.1046	0.8521
63	15.675	18.396	2.1038	0.8521
63 *	15.734	18.463	2.1048	0.8522
74#	15.697	18.396	2.1180	0.8533
74	15.636	18.335	2.1162	0.8528
77#	15.514	17.542	2.1686	0.8844
77	15.510	17.537	2.1677	0.8844
104#	15.738	18.490	2.1037	0.8512
104	15.703	18.456	2.1020	0.8508

续表 4 − 2

样品序号	$^{207}Pb/^{204}Pb$	$^{206}Pb/^{204}Pb$	$^{208}Pb/^{206}Pb$	$^{207}Pb/^{206}Pb$
109#	15. 698	18. 417	2. 1160	0. 8524
109	15. 697	18. 429	2. 1137	0. 8518
109 *	15. 698	18. 416	2. 1161	0. 8524
119#	15. 696	18. 405	2. 1176	0. 8529
119	15. 717	18. 433	2. 1162	0. 8527
119 *	15. 694	18. 400	2. 1175	0. 8529
125#	15. 706	18. 487	2. 1080	0. 8495
125	15. 687	18. 477	2. 1053	0. 8491
160#	15. 659	18. 672	2. 0906	0. 8386
160	15. 636	18. 656	2. 0881	0. 8381
Yue06#	15. 701	18. 429	2. 1151	0. 8520
yue06	15. 681	18. 417	2. 1123	0. 8515
Yue06 *	15. 699	18. 427	2. 1149	0. 8519
Yue08	15. 704	18. 171	2. 1237	0. 8643
Yue08	15. 689	18. 164	2. 1212	0. 8637

\# 中国地质科学院使用阴离子交换柱提纯铅，然后在该院的 Nu Plasma 型 MC − ICP − MS 上进行测试的结果。

* 中国地质科学院未进行铅的提纯，直接溶解后在该院的 Nu Plasma 型 MC − ICP − MS 上进行测试的结果。

　　两种测量及制样方法获得的所有铅同位素比值的数据相对偏差在 2σ 仪器误差内，均小于 0.5% 。由此表明，我们所测量数据的结果是可靠的。

第五章　云南青铜时代早期遗址出土青铜器的铅同位素比值研究

第一节　遗址出土青铜器简介

　　大理剑川县海门口遗址和昆明西郊王家墩遗址是云南省内属于青铜时代早期且时代较早的两处遗址。根据^{14}C 年代测定，海门口遗址所处时代为商代末年，是已知的滇西地区最早的青铜时代遗址之一[①]；而考古学研究表明，王家墩遗址为滇池地区最早的青铜时代遗址，很多学者倾向于该遗址的年代为公元前 12 世纪[②]，因此王家墩遗址的年代和海门口遗址近似，也属于商末。同时这两个遗址都出土了炼渣，海门口遗址还出土了和出土器物基本同型的石范，王家墩遗址则出土了纯铅弹丸等器物。

　　海门口遗址出土青铜器是云南地区目前经过发掘的时代最早的青铜器，共出土 26 件。本次共取样 10 件，均进行了主量元素分析（附表四），并对其中 5 件做了金相检验。这些铜器除了 1 件是含砷铅的青铜外，其余都含有或多或少的锡。锡含量从 1% 左右变化到 19%，并且可以根据器物的大小分为两组。根据分析结果，可以看出海门口遗址出土铜器具有种类简单、铸造技术相对原始、使用石范铸造、小件器物成型以锻造加工技术为主、合金配比不稳定等特点。这些特点和经过检验的中国西北地区青铜时代早期文化如马家窑文化、四坝文化等的青铜制作技术非常相似，说明该文化的青铜技术可能是西北地区少数民族沿着所谓"半月形文化传播带"[③]（图 5 - 1）迁徙而进入云南的；同时证明了此时期海门口遗址已经进入了青铜时代。这肯定了一些考古学家的研究

[①]　a. 云南省博物馆筹备处：《剑川海门口古文化遗址清理简报》，《考古通讯》1958 年 6 期；b. 云南省博物馆：《云南剑川海门口青铜时代早期遗址》，《考古》1995 年 9 期。

[②]　a. 李永衡、王涵：《昆明市西山区王家墩发现青铜器》，《考古》1983 年 5 期；b. 王大道：《滇池区域的青铜文化》，见《云南青铜论丛》编辑组编《云南青铜论丛》，文物出版社，1981 年。

[③]　童恩正：《试论中国从东北至西南的边地半月形文化传播带》，见童恩正著《中国西南民族考古论文集》，文物出版社，1986 年。

结果[①]。另外在海门口遗址还发现了一件铜砷铅合金的铜器制品，这件铜器是云南地区目前发现的最早的一件含砷较高的铜器，我们认为砷是在冶炼时由于冶炼铜砷共生矿或者加入了含砷铜矿而混入的。在产源研究方面，我们共对 9 件样品进行了铅同位素分析。结果参见附表三。

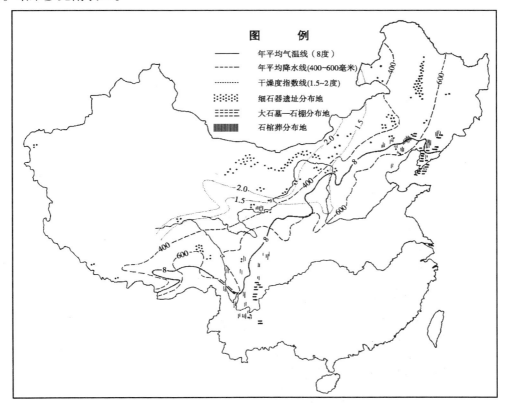

图 5 - 1　中国从东北至西南边地半月形文化传播带示意图

（据童恩正 1986 年[②]254 页图 1）

　　1977 年云南省文物商店发现一件铜锛和一件铜戈，均形制古朴，后来对出土这两件器物的王家墩遗址进行了考古发掘。大多数学者根据考古学研究都认为该遗址应是属于商末的遗址，基本和海门口遗址同时。对这两件铜器我们也做了主成分分析和金相检验。结果表明一件是含铜超过 98% 以上的红铜器，另一件则是含铅 12%、含锡 3% 左

① ａ. 马长舟：《剑川海门口古文化遗址的几个问题》，见云南省博物馆编《云南省博物馆建馆三十周年纪念文集》，1981 年；ｂ. 肖明华：《剑川海门口 1978 年发掘所获铜器及其有关问题》，见云南省博物馆编《云南青铜文化论集》，云南人民出版社，1991 年。

② 童恩正：《试论中国从东北至西南的边地半月形文化传播带》，见童恩正著《中国西南民族考古论文集》，文物出版社，1986 年。

右的高铅锡青铜（附表四）。在中国青铜时代早期，高铅含量的青铜合金较为罕见。目前见诸报道的仅有山东泗水尹家城岳石文化青铜时代早期的青铜器，经分析表明在该处也使用含铅较高的铅青铜。研究者认为高铅青铜的存在是尹家城遗址青铜技术的一个特点[1]。另外据发掘简报，在王家墩遗址还发现了铅质的弹丸，这说明当时已经掌握了铅的冶炼技术。在欧洲的青铜时代早期，已经有了纯铅器的使用，而且也铸造红铜器，但是并没有发现使用铅作为铜的合金元素，直到青铜时代晚期，才开始将铅加入到青铜当中，因此青铜加铅被作为进入青铜时代晚期的标志之一[2]。综上分析，王家墩遗址的青铜冶铸技术具有典型的地域特征，既具有青铜时代早期的特征，也有青铜时代晚期的特征。另外对王家墩遗址8号红铜戈的金相观察表明，该铜戈的显微组织中存在大量的硫化物夹杂（图5-2），这种情况在中原地区的青铜器中也比较少见，表明其矿料来源具有特殊性。本次对两件器物均进行了铅同位素分析。但由于海门口1号铜钺和王家墩8号铜戈基本不含铅，导致其$^{207}Pb/^{204}Pb$、$^{206}Pb/^{204}Pb$的精确度较低，但其他两组比值的精确度则完全符合TIMS的精度要求，可以被用来进行分析讨论。

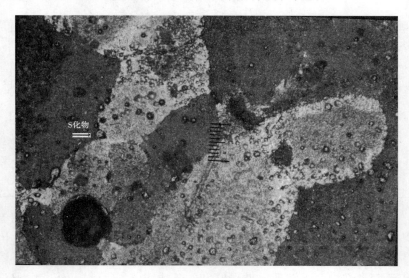

图5-2　王家墩8号铜戈金相照片（200×）

（箭头所指为一处硫化夹杂）

① 孙淑云：《山东泗水尹家城遗址出土岳石文化铜器鉴定报告》，见柯俊主编《中国冶金史论文集·二》，北京科技大学出版社，1994年。

② Northover, J. P., Non‐Ferrous Metallurgy in British Archaeology. In J. Henderson (ed.), *Scientific Analysis in Archaeology and Its Interpretation*. Oxford, 1989, 226.

第二节　两遗址青铜器铅同位素比值分析

图 5-3 是这 11 件青铜器的铅同位素比值图，其中图 5-3b 的 $^{207}Pb/^{204}Pb$ - $^{206}Pb/$ ^{204}Pb 不包括海门口 1 号铜钺和王家墩 8 号铜戈。

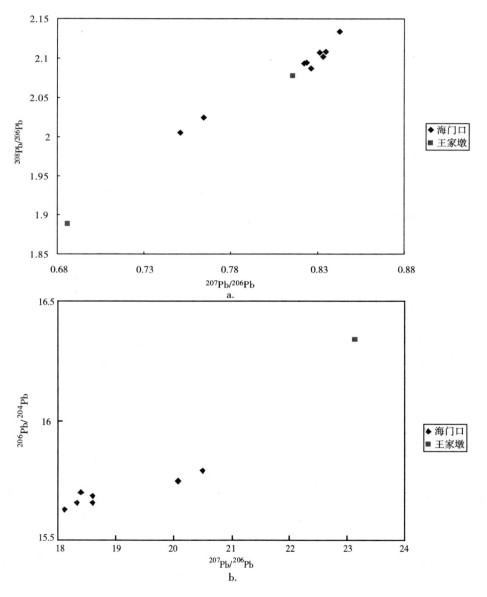

图 5-3　海门口和王家墩遗址出土青铜器的铅同位素比值图

由图 5 - 3 可知，剑川海门口出土青铜器有 6 件属于普通铅的铅同位素组成范围，其 $^{207}Pb/^{206}Pb$ 在 0.842～0.862 之间，变化幅度为 2.3%，$^{208}Pb/^{206}Pb$ 则从 2.093 变到 2.133，变化幅度为 1.9%。这种变化幅度超过了普通铅矿的变化范围（根据地球化学研究，普通铅矿整个矿体的变化幅度为 0.3%～1.0%[1]）。因此如果这几件器物来自同一矿床，则该矿床当属于异常铅的矿床。另外从图中可以看出，这些青铜器的铅同位素比值可以分为三个小的组，而一些分别是两次发掘出土的铜器都落在同一个小组中，这说明发掘者对这些青铜器的地层判断没有错误。根据前述的成分和金相分析的结果，海门口遗址出土的青铜器有可能和中国西北地区少数民族的南迁有关，因此这些铅同位素分别在不同小组的器物亦有可能有些是南迁的少数民族直接带入的，是直接输入器物的结果。而另一小组可能是就地取材铸造的。但据铅同位素矢量填图结果，所有青铜器的铅同位素比值矢量值都位于华夏省和扬子省地球化学边界矢量值的周围，而大理地区正位于两个地球化学省的边界地区，这说明这些青铜器的矿料很可能是产自云南本地的。关于这一点，将在第八章予以详细讨论。

海门口 1 号铜钺和王家墩 8 号铜戈由于含铅量太低，所以其 $^{206}Pb/^{204}Pb$ 和 $^{207}Pb/^{204}Pb$ 的精确度较低，但其 $^{207}Pb/^{206}Pb$ 和 $^{208}Pb/^{206}Pb$ 的精确度在 2σ 误差范围内，都小于 0.05%，这仍处在普通商用 TIMS 测量最大误差范围内，因此这两组比值仍是可以使用的。从这两件器物的 $^{207}Pb/^{206}Pb$ 和 $^{208}Pb/^{206}Pb$ 比值看，它们所含铅也属于普通铅范围，其中海门口 1 号铜钺的比值落在其余 6 件普通铅同位素组成范围内，分别为 0.8512 和 2.1069；王家墩 8 号铜戈的比值则落在海门口普通铅范围的右下方，两组比值分别为 0.8355 和 2.0774，表明两者矿源可能并不相同。

经过检测的这些海门口青铜器的铅含量普遍都比较低，绝大多数使用 XRF 都无法测到，因此这些青铜器中的铅是由铜矿或者锡矿引入的，或者是二者的加权。根据欧美一些学者的研究，锡的主要矿物二氧化锡（锡石）是含杂质非常少的矿物[2]，加之其在青铜合金中所占比例远远低于铜，因此锡青铜中铅同位素主要指征了铜矿的来源。

王家墩 8 号铜戈基本为红铜器，因此其铅同位素比值应该代表了铜矿的产源信息。

值得注意的是，在这两个同属云南最早的青铜时代遗址出土的青铜器中，都发现了地球化学中所谓的异常铅，这种铅富含放射性成因的同位素，其基本特征如前所述，$^{207}Pb/^{206}Pb < 0.80$，$^{206}Pb/^{204}Pb > 20.0$。含有这种铅的青铜器分别是王家墩 7 号铜锛和海门口 30 号铜镰及 33 号铜弯状器，特别是王家墩出土的 7 号铜锛，其 $^{207}Pb/^{206}Pb$ 为

① 地质部宜昌地质矿产研究所同位素地质研究室：《铅同位素地质研究的基本问题》，地质出版社，1979 年。
② Gale，N. H.，Zofia Stos - Gale，Lead isotope analyses applied to provenance studies，in *Modern Analytical Methods in Art and Archaeology*，Chicago，2000.

0. 7062，$^{208}Pb/^{206}Pb$ 为 1. 8879，$^{206}Pb/^{204}Pb$ 为 23. 1326，在国内已经发表的青铜器铅同位素数据中，其 $^{207}Pb/^{206}Pb$ 和 $^{208}Pb/^{206}Pb$ 数据处于偏低的范围。尽管海门口的 30 号铜镰含锡仅为 0.5% 左右，而 33 号铜弯状器含锡量却大于 4%，但两者同为异常铅，因此这两件器物的铅很可能指征的是铜矿的铅同位素信息。王家墩 7 号铜锛含铅量为 12%，明显当是人为加入的，所以该器物的铅同位素代表了当时开发的一种铅矿的地球化学信息。

　　在中国目前发现的中原地区和长江流域的商代遗址中普遍出土了含这种铅的青铜器，但是根据检测结果，这种铜器从西周开始就逐渐消失了[①]。图 5-4 表示了本次检验的三件青铜器在上述各商代遗址出土含高放射性成因铅的青铜器铅同位素比值分布范围中所处的位置。由图可知，这三件青铜器正好落在已经发表的商代高放射性成因铅分布的范围内。又据朱炳泉和常向阳的研究，这些铜器的铅同位素比值在 $^{206}Pb/^{204}Pb$ — $^{207}Pb/^{204}Pb$ 图上可以拟合形成线性非常好的直线，这条直线在地球化学中称为铅—铅等时线。通过计算表明，这些青铜器中的铅都位于具有 25 亿年铅—铅等时取向的直线上[②]，因此可能这些青铜器中的铅都来自同一座具有这种地球化学特征的矿山。而此次检验出的这三件青铜器亦处在该等时线上（图 5-4b），因此这三件青铜器中的铅也应该来自具有这样地球化学特征的矿山，这一点非常重要。一直以来，考古学界和科技史学界关于商代青铜器的矿料来源都存在不同的意见。金正耀和其他学者从商代铜器中发现了这种高放射性成因铅，而到目前为止发现的最具开采价值的高放射性成因铅铅矿是位于滇东北的永善金沙厂铅锌矿，因此金正耀提出了云南早在商代就成为中原地区和长江流域的一个矿产基地的假设[③]。但是以往学者们分析的数据都是来自中原和长江流域的青铜器，而作为假设目标的云南地区，古代青铜器的铅同位素数据发表的非常少。并且到目前为止，仍没有考古学证据证明云南地区和长江流域以及中原地区的殷商文明有任何文化关联。

　　根据地球化学工作者的研究，金沙厂铅锌矿的等时取向和商代青铜器矿铅的等时取向仍稍有不同，因此常向阳等提出金沙厂铅锌矿已经开采过的部分可能会具有以上的 25 亿年等时取向的特征[④]。本次检验出的这三件云南地区最早的青铜器，特别是含铅高达 12% 的王家墩 7 号铜锛，证明至少在商末云南地区的先民曾经利用过和中原地区使用的特殊铅矿特征相同的含高放射性成因铅的异常铅矿。因此本次检出的这三件具有高

①　金正耀：《论商代青铜器中的高放射性成因铅》，见考古杂志社编《考古学集刊·15》，文物出版社，2004年。

②　朱炳泉、常向阳：《评"商代青铜器高放射性成因铅"的发现》，见北京大学中国考古学研究中心、北京大学古代文明研究中心编《古代文明（第1卷）》，文物出版社，2002年。

③　金正耀：《商代青铜业的原料流通与迁都问题》，《二十一世纪》第69期，2002年2期。

④　常向阳、朱炳泉、金正耀：《殷商青铜器矿料来源与铅同位素示踪应用》，《广州大学学报（自然科学版）》2003年8期。另见本书第一章所引图1-4。

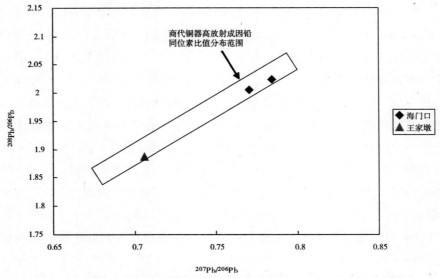

a. 海门口和王家墩含高放射成因铅青铜器的^{207}Pb/^{206}Pb – ^{208}Pb/^{206}Pb 关系图

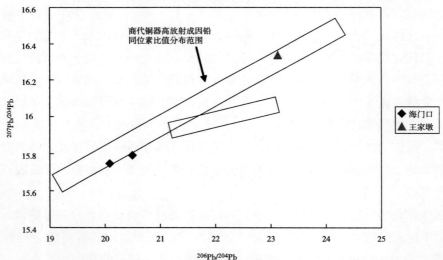

b. 海门口和王家墩含高放射成因铅青铜器的^{206}Pb/^{204}Pb – ^{207}Pb/^{204}Pb 关系图

图 5 – 4　海门口和王家墩含高放射性成因铅青铜器的铅同位素比值

（图中古代青铜器高放射性成因铅范围依据金正耀等 2002 年[①]绘出）

放射性成因铅的青铜器，从铅同位素分析的角度给予了"西南说"一定的支持。当然是否这几件青铜器所使用的矿铅就是来自和中原地区以及长江流域商代青铜器矿铅相同

① 金正耀等：《商代青铜器中的高放射性成因铅：三星堆器物与赛克勒博物馆藏品的比较研究》，见《"走向二十一世纪的中国考古学"学术讨论会论文集》，文物出版社，2002 年。

的矿山，仍需要进一步论证。从考古学和冶金学的角度来说，这些铜器本身丝毫没有任何受到中原以及长江流域高度发达的青铜文化和青铜技术影响的痕迹。因此如果接受"西南说"，则只能解释为云南先民开发的铜、铅矿是中原王朝已经停止开采的矿山，在开采时间上不存在交错，这种假设关系只能期望考古学上有新的发现予以证明。而我们接下来需要解决的是结合地球化学研究这种矿山的分布情况。到目前为止，仍没有发现具有 25 亿年铅同位素等时取向的铜铅矿山。但根据海门口和王家墩遗址发现时的情况，这两个遗址的先民仍处于刚从新石器时代过渡而来的青铜时代早期阶段，生产力相对低下，且遗址规模小，不大可能从相距很远处运输矿石来冶炼，因此当时使用矿料应该出自距离遗址不远的矿山，这使得找到其采矿遗址的希望大大增加。如果真能发现这两处矿山，不但对于云南青铜时代考古研究、商代考古研究甚至对于地球化学研究都具有极其重要的意义。

　　然而前曾述及，这三件青铜器的铅同位素特征代表的是不同矿种的信息，其中海门口的两件指征了铜矿的信息，而王家墩 7 号铜锛则代表了铅矿信息，因此两遗址应该并非开采相同的矿山。这表明在当时开采的云南矿山中，具有高放射成因铅的矿山至少有两处。这从铅同位素比值上也可以看出，海门口两件青铜器的 $^{207}Pb/^{206}Pb$、$^{208}Pb/^{206}Pb$ 比值远远高于王家墩青铜器的比值，可见两者不同源。但由于这种高放射成因铅同位素具有特殊性，其比值变化范围异常大，但在 $^{206}Pb/^{204}Pb$ – $^{207}Pb/^{204}Pb$ 图上呈直线分布[①]，根据前述其分布情况，这三件青铜器的矿料也有可能来自同一个铜铅多金属矿，两地开发了不同的矿种或者开发了一个大矿区的不同矿山。但这两处遗址的距离也并不是很近，是否会处于同一矿脉上，则需要借助地球化学的研究成果再进行深入研究。值得注意的是，在李晓岑分析的云南铜鼓当中，有一面属于万家坝型的早期铜鼓——昌宁鼓，经过分析该铜鼓的铅同位素比值 $^{206}Pb/^{204}Pb$、$^{207}Pb/^{206}Pb$ 和 $^{208}Pb/^{206}Pb$ 分别为 19.919、0.78546 和 2.0249[②]，这同海门口两件铜器特别是 33 号铜弯状器的铅同位素比值非常接近。根据分析这件铜鼓的铅含量也比较低，说明其中含有的铅来自铜矿。这件铜鼓的出土地点昌宁同样位于滇西地区，这也许可以证明在早期的滇西地区，靠近剑川海门口的地方具有一个铅同位素组成为高放射成因铅的铜矿，其开采年代从商末一直延续到战国早期。李晓岑认为昌宁铜鼓的矿料来自新平[③]，但新平位于滇中偏南地区，距离昌宁和剑川都较远。所以要探索这种高放射成因铅的来源，必须进行更广泛的地质调查。云南省境内目前发现的具有这种高放射成因铅的铅锌矿包括永善、元谋以及

①　Gulson, B. L., Lead isotopes in mineral exploration, *Elsevier, Amsterdam – Oxford – New York – Tokyo*, 1986.

②　李晓岑:《中国铅同位素考古》，云南科技出版社，2000 年。

③　李晓岑:《中国铅同位素考古》，云南科技出版社，2000 年。

新平等几处①，而经过铅同位素分析的矿山并没有类似昆明王家墩铜锛铅同位素组成的高放射性成因铅铅矿，所以王家墩铜锛的来源尚不能确定。

最后需要指出的是，尽管目前尚未找到这几件含高放射性成因铅的青铜器的产源，但是前曾述及，在云南多有类似的铜矿和铅矿，因此，这三件青铜器特别是剑川海门口两件高放射性成因铅的青铜器的矿料很可能都出自云南本地出土遗址附近的矿山，舶来的可能性非常小。剑川海门口遗址青铜器的来源一直是一些学者争论的焦点。Murowchick②和Higham③从铜器的形制上考虑，认为海门口的青铜器可能传自湄公河谷地的青铜时代遗址；中国的一些学者，如童恩正④、杨帆⑤等则从陶器的形制上认为海门口的青铜技术可能来自中国的西北部；还有一些学者则从青铜器的形制和本地的石器形制相似，认为海门口遗址的青铜技术可能是根植于云南本地的新石器时代文化而自主发展起来的⑥。基于前述分析，这几件具有高放射性成因铅的青铜器的矿料来自云南省内，因此当时的海门口先民应该掌握了铜矿的开采、冶炼、铸造、加工的技术。从对制作工艺的分析上看，我们更倾向于海门口的青铜技术来自于中国西北地区早期的青铜文化，青铜器在本地制作，使用的矿料则来自海门口附近矿山。

第三节　小结

我们共分析了11件属于青铜时代早期的青铜器的铅同位素比值。结果表明，大理州剑川海门口遗址的青铜器中有7件是普通铅，2件是高放射性成因铅；昆明王家墩遗址两件青铜器中1件是普通铅，1件是高放射性成因铅。

根据铅同位素矢量填图的结果（参见本书第八章），海门口遗址普通铅的矿料来源都应该是本地。而基于考古学的研究和冶金学的调查，可以推断青铜器的铸造技术受到了外来影响，而青铜器都是本地铸造的。昆明王家墩遗址的一件红铜戈的铅同位素比值

① 最新的研究结果又发现多处具有类似铅同位素比值的矿山，例如云南东川－易门铜矿带存在大量的高放射性成因铅，又如比新平更靠近昌宁的大红山铜多金属矿，就测定到方铅矿的$^{206}Pb/^{204}Pb$、$^{207}Pb/^{206}Pb$ 和 $^{208}Pb/^{206}Pb$ 分别为20.57、0.752、2.054。具体参阅陈好寿、冉崇英等著：《康滇地轴铜矿床同位素地球化学》，地质出版社，1992年。

② Murowchick, R. E., The political and ritual significance of bronze production and use in ancient Yunnan, *Journal of East Asian Archaeology*, 2002, 3.

③ Higham, C., The Bronze Age of Southeast Asia, Cambridge University Press, 1996.

④ 童恩正：《试论中国从东北至西南的边地半月形文化传播带》，见童恩正著《中国西南民族考古论文集》，文物出版社，1986年。

⑤ 杨帆：《滇青铜文化的起源、年代及其崇拜》，见安田喜宪编《神话、祭祀与长江文明》，文物出版社，2002年。

⑥ 马长舟：《剑川海门口古文化遗址的几个问题》，见云南省博物馆编《云南省博物馆建馆三十周年纪念文集》，1981年。

完全不同于海门口遗址青铜器的铅同位素比值，说明其矿料来源不同于海门口遗址青铜器的矿料来源。而另一件高铅锡青铜器则具有放射性成因较高的铅同位素比值，这种比值代表了铅矿的铅同位素比值，其铅同位素比值和两件具有高放射性成因铅的海门口青铜器都位于所谓的中国"殷商高放射性成因铅的25亿年等时取向"上，这一点比较重要，为研究中国殷商青铜器矿料的来源提供了重要的线索，也为铅同位素地球化学研究提供了一定帮助。

第六章　铜鼓的铅同位素比值研究

第一节　铜鼓研究简介

　　铜鼓是一种特殊的打击乐器，主要流行于中国西南少数民族地区和东南亚各国，已经有至少 2500 年的历史了。铜鼓的起源地研究一直是铜鼓研究的热点问题，也是进行中国西南考古和东南亚考古研究的学者们最为感兴趣的问题。目前学术界认为铜鼓最可能的起源地有两处：云南西部和越南北部①。中国、欧美和日本的学者大多数都承认铜鼓是在中国云南起源的，而越南的铜鼓研究学者坚持认为铜鼓的起源地在越南北部。

　　另外与铜鼓起源相伴随的一个主要问题是铜鼓的最早类型问题。目前关于铜鼓的分类亦存在着两种不同的方法，中国学者使用了根据标型器出土地点命名的方法将铜鼓分为万家坝型、石寨山型等 8 个类型（图 6-1）②；越南学者则坚持了奥地利学者黑格尔的分类方法，将铜鼓分为 4 种类型③。这两种分类方法最大的区别是：中国的学者根据考古发现认为，以楚雄万家坝春秋时期墓葬群中出土的 5 面铜鼓为标型器的一类铜鼓，是铜鼓的最原始类型，并称之为万家坝型铜鼓，即所谓的先黑格尔 I 式铜鼓，这种观点基于考古类型学和 ^{14}C 年代学等多重科学分析的研究成果；但越南的学者则认为，发现于越南东山文化的纹饰繁复、制作相对精美的东山铜鼓（即黑格尔 I 式铜鼓，相当于中国学者分类的石寨山型铜鼓）是最原始类型，而万家坝型铜鼓则是东山铜鼓向云南传播后的退化类型，是东山铜鼓的最晚期类型。

　　而关于万家坝型铜鼓的发源地也随着考古学研究的深入而有所进展。由于在云南滇中偏西的楚雄和大理等地发现的万家坝型铜鼓最多，因此中国大多数学者都认为云南滇中偏西地区是万家坝型铜鼓的起源地。随着考古学研究的进展，位于云南东南部的文山州逐渐引起铜鼓研究者的注意。这里共发现了 6 面万家坝型铜鼓，且包括了万家坝型铜

---

① 中国古代铜鼓研究会编：《中国古代铜鼓》，文物出版社，1986 年，25~27 页。
② 蒋廷瑜：《古代铜鼓通论》，紫禁城出版社，1999 年，46~104 页。
③ 黄春征［越南］：《东山铜鼓的类型》，见中国古代铜鼓研究会编《铜鼓和青铜文化研究》，贵州人民出版社，2001 年。

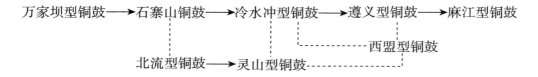

图 6 - 1　铜鼓的类型及其发展演变序列

（据《中国古代铜鼓》[①]109 页）

鼓的从早期到晚期的所有类型。因此一些学者认为文山州可能是铜鼓起源的另一个中心[②]。

自 20 世纪 90 年代初开始，铅同位素技术被引进到考古学当中进行铜器的产地判别，万辅彬、彭子成、李晓岑、姚舜安等学者开始使用这种技术探讨铜鼓的起源地，并取得了一定成果[③]。李晓岑等于 1992 年分析了云南省出土的 10 面早期万家坝型铜鼓和石寨山型铜鼓的铅同位素组成，并结合已有的云南矿山铅同位素数据和他们自己分析的部分矿石的铅同位素数据进行了对比讨论，得到的结论是云南早期铜鼓的矿料均来自滇西至滇中的滇池一带；石寨山型铜鼓和万家坝铜鼓的矿料产地绝大部分相互重叠，说明两种类型铜鼓的矿料来源地相同或相近，可以证明石寨山型铜鼓是直接承继万家坝铜鼓而来的；石寨山型铜鼓的矿料产地就是云南本地，而不是从越南东山文化传入的。万辅彬、彭子成、李晓岑等学者还分析了大量其他类型的铜鼓，包括北流型铜鼓、冷水冲型铜鼓、遵义型铜鼓以及麻江型铜鼓，并借助铅同位素数据对这些铜鼓进行了产地研究。结果表明各种铜鼓的主要矿料来源都是相当有限的，基本上都来自这种铜鼓出土最密集的地区。韦冬萍、万辅彬等学者于 2002 年分析了越南东山文化的 56 面铜鼓和 14 件青铜器的铅同位素数据[④]，结果表明越南东山铜鼓以及东山文化的遗物的矿料是就地取材，基本都不来自中国的矿山。另外根据铅同位素作图分析，表明云南铜鼓和越南铜器的铅同位素分布场的区分明显，从而说明滇文化和东山文化分别主要开发使用本文化聚

① 中国古代铜鼓研究会编：《中国古代铜鼓》，文物出版社，1986 年。

② a. 李昆声：《云南文山在世界铜鼓起源研究中的地位》，见文山壮族苗族自治州文化局编《文山铜鼓暨民族历史文化国际学术研讨会论文集》，云南人民出版社，2005 年；b. 黄德荣：《关于万家坝型铜鼓研究中的几个问题》，见文山壮族苗族自治州文化局编《文山铜鼓暨民族历史文化国际学术研讨会论文集》，云南人民出版社，2005 年。

③ 以上学者关于铜鼓的铅同位素研究的文章，均收录于以下两书当中：a. 万辅彬等：《中国古代铜鼓科学研究》，广西民族出版社，1992 年；b. 李晓岑：《中国铅同位素考古》，云南科技出版社，2000 年。

④ 韦冬萍、房明惠、万辅彬、叶廷花：《越南铜鼓样品铅的富集与铅同位素的测定》，《广西民族学院学报（自然科学版）》2002 年 4 期。

居地内的青铜矿料①。

　　为了研究铜鼓源流问题以及后期演变过程，本次共选取了 30 件铜鼓的样品，其中进行了铅同位素分析的共 25 件，包括除了西盟型以外的所有类型。对这些铜鼓进行了 X 荧光光谱主成分分析、金相观察以及铅同位素比值分析等多手段的科学分析。主成分分析和金相观察结果表明，万家坝型铜鼓的铸造技术相对原始，大部分使用红铜或者低锡青铜铸造；合金配比技术也并不稳定，一些早期的万家坝铜鼓的合金配比显示出技术进步的特征，而一些晚期的万家坝型铜鼓却又有退化的表现，表明万家坝铜鼓流行时期仍处于铸造技术的探索阶段；而从石寨山型中期开始，铜鼓的合金配比技术逐渐趋向稳定，锡含量固定在 14% 左右，从工艺和技术发展的角度证明了万家坝型铜鼓可能是最早的类型，而从石寨山中后期开始，铜鼓的发展进入了成熟期②。下面对铜鼓铅同位素比值分析结果进行相关讨论。

第二节　万家坝型、石寨山型和东山铜鼓的铅同位素比值研究

　　一直以来，关于铜鼓的起源问题就是中国和越南两国铜鼓研究学者争论的焦点。中国学者根据形制、花纹以及对发掘品伴出物年代的测定，认为万家坝型铜鼓是铜鼓的最原始类型③。但越南一些学者则认为东山铜鼓才是最原始类型，而万家坝铜鼓是东山铜鼓一种退化了的地方类型④。前曾述及，李晓岑等学者利用铅同位素比值的方法证明，万家坝型铜鼓是最早类型，且直接发展为石寨山型铜鼓。而万辅彬等学者也通过分析越南铜鼓证明万家坝铜鼓是最早类型，然后分别在滇池地区和越南北部发展为石寨山型铜鼓和东山铜鼓。

　　本次在总结以上两次实验结果的基础上，加入了我们分析的 12 件早期铜鼓的铅同位素比值，特别是 1 件越南出土的万家坝型铜鼓的比值，做成以下的二维图（图 6 - 2），初步得到了关于铜鼓起源的信息。

---

① 万辅彬、房明惠、韦冬萍：《越南东山铜鼓再认识与铜鼓分类新说》，《广西民族学院学报（哲学社会科学版）》2003 年 11 期。

② 崔剑锋、吴小红：《云南古代铜鼓的合金成分和显微结构分析》，见文山壮族苗族自治州文化局编《文山铜鼓暨民族历史文化国际学术研讨会论文集》，云南人民出版社，2005 年。

③ 李昆声、黄德荣：《试论万家坝型铜鼓》，《考古》1990 年 5 期。

④ 目前越南的学者关于万家坝型铜鼓的所处位置也存在两种观点，参阅：a. 黄春征［越南］：《东山铜鼓的类型》，见中国古代铜鼓研究会编《铜鼓和青铜文化研究》，贵州人民出版社，2001 年；b. Pham Minh Huyen：Recent Dong Son Drum discoveries in Vietnam: some issues of significance，见文山壮族苗族自治州文化局编《文山铜鼓暨民族历史文化国际学术研讨会论文集》，云南人民出版社，2005 年。

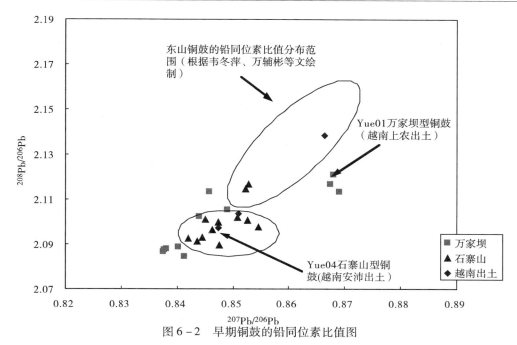

图 6 - 2 早期铜鼓的铅同位素比值图

(图中的东山铜鼓的数据范围根据韦冬萍等文数据绘制①，万家坝型铜鼓和石寨山型铜鼓
中除本文分析的数据外还包括李晓岑文中的数据②。)

由图 6 - 2 可以看到，以不同文化命名的早期铜鼓的铅同位素比值分布范围之间相互差别十分明显。其中越南东山文化铜鼓的铅同位素比值范围较广，其 $^{207}Pb/^{206}Pb$ 基本都位于 0.85 ~ 0.88 之间，$^{208}Pb/^{206}Pb$ 则位于 2.11 ~ 2.17 之间；而石寨山型铜鼓的分布范围较为集中，$^{207}Pb/^{206}Pb$ 位于 0.84 ~ 0.85 之间、$^{208}Pb/^{206}Pb$ 则位于 2.09 ~ 2.11 之间；二者之间基本没有重叠。这表明两个民族铸造铜鼓所使用的铜铅矿料并不相同，证明两种铜鼓之间渊源关系不大，这一点和万辅彬等学者的研究成果完全相同。而万家坝型铜鼓较为分散，主要集中在三个区域，表明其矿源并不唯一，亦即铸造使用万家坝型铜鼓的地区可能并不止一处。且从这些数据的分布和出土地点之间的关系可以看到其流动性较大，因此可能说明的是这种铜鼓似乎为一个分布地域范围较广的文化所使用。同时，尽管分布分散，万家坝型铜鼓的三个主要分布区却和石寨山型铜鼓以及东山铜鼓的分布范围基本不重合。

从铅同位素比值分析的结果可以得到以下初步结论：这三种以所属文化命名的铜鼓

---

① 韦冬萍、房明惠、万辅彬、叶廷花：《越南铜鼓样品铅的富集与铅同位素的测定》，《广西民族学院学报（自然科学版）》2002 年 4 期。

② 李晓岑：《中国铅同位素考古》，云南科技出版社，2000 年。

类型可能为不同地域的先民所使用，从铅同位素比值反映的矿料产地看，只有较为明显的差别，只能体现出三种文化之间的差异，而不能说明它们之间具有渊源关系。早在1993年，云南博物馆的张增祺先生曾提出"万家坝型铜鼓"和"石寨山型铜鼓"之间是"平行发展关系，而不是一方派生另一方嬗变的关系"[1]，而三种铜鼓的铅同位素比值分布范围似乎可以成为这个结论的佐证。当然目前这还是一种推测，仍需以后对石寨山型和万家坝型铜鼓做更多的科学分析工作，才能最终得到科学的结论。

2.1　万家坝型铜鼓

由图6-2可知，11面万家坝型铜鼓的铅同位素比值主要集中于三个小的范围，分别为 $^{207}Pb/^{206}Pb$ 为 0.84，$^{208}Pb/^{206}Pb$ 为 2.09；$^{207}Pb/^{206}Pb$ 为 0.87，$^{208}Pb/^{206}Pb$ 为 2.11；以及 $^{207}Pb/^{206}Pb$ 位于 0.845~0.850，$^{208}Pb/^{206}Pb$ 位于 2.10~2.11 之间。其中第一组和第二组的变化幅度非常的小，显示出这些组中铜鼓的矿料来源非常接近。根据现在的考古学发现，万家坝型铜鼓虽然发现数量较少，但却广泛分布。从云南西部到东南部，以及越南北部、泰国北部等广大的地域内[2]都有万家坝型铜鼓出土，其分布范围远较石寨山型铜鼓和东山铜鼓为广，铅同位素数据的分析结果也支持了这一点。从铅同位素的分析结果可以看出，这种类型的铜鼓可能至少有三个主要的制作中心，确定这三个中心的具体地域需要作进一步的工作。同时这个结果也是对一些学者的最新研究成果的一种肯定和证明。前曾述及，最近一些学者提出除了以前普遍认为的那样，滇西偏中地区是万家坝型铜鼓的起源地以外，文山州也可能是这种铜鼓的一个起源地[3]，而铅同位素的分析结果也揭示了万家坝型铜鼓这种多铸造中心的特点。考古发现表明，文山州的古句町国和滇西地区青铜时代的文化面貌有较多相似之处，研究者认为两地区在当时主要民族都是西南夷中的"濮人"[4]，因此两地都使用万家坝型铜鼓，这一点从铅同位素分析角度也得到了证实。

本次分析了一面越南出土的万家坝型铜鼓——Yue01，其铅同位素比值和李晓岑等分析的祥云大波那19号铜鼓以及弥渡苴力大铜鼓非常接近，表明这三面铜鼓矿料的来源可能一致。后两面铜鼓均出土自滇西地区，因此越南上农出土的这面万家坝型铜鼓可能是随着濮人的迁徙从滇西带入越南的。此次还分析了一面楚雄万家坝 M23:160 铜鼓，

---

① 张增祺：《"万家坝型"铜鼓与"石寨山型"铜鼓的关系》，见中国古代铜鼓研究会编《铜鼓和青铜文化的新探索》，广西民族出版社，1993年。

② 中国古代铜鼓研究会编：《中国古代铜鼓》，文物出版社，1986年。

③ 李昆声：《云南文山在世界铜鼓起源研究中的地位》，见文山壮族苗族自治州文化局编《文山铜鼓暨民族历史文化国际学术研讨会论文集》，云南人民出版社，2005年。

④ 中国古代铜鼓研究会编：《中国古代铜鼓》，文物出版社，1986年。

其铅同位素比值和李晓岑等学者分析的同一墓葬出土的 M23:159 铜鼓几乎完全相同，说明这两面铜鼓不但矿料来源一致，而且极有可能是同时铸造的。另外一面出土自大理弥渡青石湾的万家坝型铜鼓的铅同位素比值和上述两面铜鼓也基本完全相同，其形制和 M23:159 也有诸多相似之处，例如两鼓鼓足都有折边①。李昆声和黄德荣将这两面铜鼓分在不同的式②，是否青石湾铜鼓是铸造好后流传到大理去的，亦或是和 M23 这两面铜鼓一起铸造后流传至大理被当地民族重熔后铸造的，当然根据目前的分析结果只能表明这面铜鼓的矿料来源和楚雄万家坝 M23 的两面铜鼓的铅矿来源完全一致，这三面铜鼓的铅同位素比值代表了相当于春秋晚期至战国早期铜鼓铸造的一个矿料中心。这三面铜鼓之间肯定有非常密切的关系，需要进一步深入的分析研究。根据最近的考古发现，在弥渡合家山首次发现了一批属于春秋至战国中期的石、陶范③，这表明弥渡地区很可能是万家坝时期青铜器的一个铸造中心，万家坝 M23 的两面铜鼓和弥渡青石湾铜鼓可能是从这里铸造的。另外本次分析的一面 102 号出自文山州丘北县的草皮村鼓以及李晓岑等分析的弥渡苴力小铜鼓其比值也和这三面铜鼓非常的近似，因此这五面铜鼓的矿料来源应该比较一致。需要指出的是，文山地区位于云南省的东南部，大理及楚雄则位于滇西偏中，但这些同类型铜鼓的铅同位素比值如此的相近，说明万家坝型铜鼓的使用和铸造民族——古"濮人"分布地域的广泛性或流动性。

我们还分析了两面出自文山州广南县的 124 号沙果 I 号铜鼓和 125 号者偏铜鼓。这两面铜鼓的铅同位素较为接近，且和李晓岑等分析的楚雄万家坝 M23:161 的比值近似，表明三者矿源可能相同，但这两面铜鼓的铅同位素比 M23:161 更靠近石寨山型铜鼓的范围，且更接近石寨山型铜鼓的矿料范围，所以亦不排除这两面铜鼓的矿料来源和后期石寨山型铜鼓的相同。如果的确如此，则此结果非常重要，直接表征了万家坝型铜鼓和石寨山型铜鼓的承继关系，说明这两面铜鼓的矿料产地很可能就是以后的石寨山型铜鼓的产地，即石寨山型铜鼓的出现很可能和这个矿料产地相关。

由上述分析可以得到一个主要的结论：万家坝型铜鼓的铸造（矿料产地）和使用中心都非常分散，表现出使用这种铜鼓的古"濮人"在青铜时代分布地域广泛的特点，该民族在不断的进行迁徙扩张。正是这种流动性使得铜鼓文化得以广泛的传播，以至铜鼓成为万家坝以后的文化诸如滇池和越南北部青铜文化中最重要的礼器和神器。

---

① 两面铜鼓的形制可以参阅：a. 中国古代铜鼓研究会编：《中国古代铜鼓》，文物出版社，1986 年；b. 李昆声、黄德荣：《试论万家坝型铜鼓》，《考古》1990 年 5 期。
② 李昆声、黄德荣：《试论万家坝型铜鼓》，《考古》1990 年 5 期。
③ 张昭：《云南弥渡合家山出土古代石、陶范和青铜器》，《文物》2000 年 11 期。

2.2 石寨山型铜鼓和东山铜鼓

石寨山型铜鼓和东山铜鼓的形制非常近似，因此国内外的研究者都同意两者是同一种类型的铜鼓。但近年来，一些学者提出了异议。例如越南学者阮文好认为尽管两者的形制相同，但表面所装饰的花纹却表现出不同文化之间的差异[①]。万辅彬等学者通过对越南出土的东山铜鼓铅同位素的分析以及和已有的中国出土铜鼓的铅同位素的比较，证明这两种铜鼓的矿料产地并不相同，从而推断这两种铜鼓可能是万家坝型铜鼓传播到不同地域后发展出来的不同类型的铜鼓[②]。因此这些学者主张将这两种铜鼓分别定名，本文即采用"石寨山型铜鼓"和"东山铜鼓"来区分两者。

我们共分析了6面云南出土的石寨山型铜鼓。另外有1面越南东山文化时期的铜鼓（Yue04），出土于越南安沛省，提供样品的越南考古学家阮文好先生认为是石寨山型而不是东山型。这些铜鼓的铅同位素比值加上原来由李晓岑等学者分析的5面铜鼓的铅同位素比值构成了一个石寨山型铜鼓的铅同位素比值分布范围（除了两面落入了东山铜鼓的分布范围内）。我们还根据万辅彬等学者分析的56面铜鼓确定了东山铜鼓的铅同位素比值分布范围，发现尽管有极少部分的重叠，但两者的区分相当明显（参见图6-2）。这一点反映出两种文化之间有显著的差异。和以前学者的研究结果相同，再次表明这两种铜鼓尽管形制相同，但仍分属于不同的亚型，两者之间应该是并列共存而非谁继承谁的关系。这一点并不像以往学者认为的那样：在万辅彬和阮文好等发表文章之前，无论是中国学者还是越南学者都认为这种类型的铜鼓只能是从一个中心传播到另一个中心去的。

这种类型铜鼓的起源地到底在哪里？需要结合上文我们对于万家坝型铜鼓的铅同位素比值以及其在地域上的广泛分布加以讨论。比较容易理解的是，万家坝型铜鼓被传播到滇池和越南等地后，分别在当地发展起来了新的铜鼓文化。当然两种文化之间并非不存在任何的关系，如我们此次分析的出自越南的编号为Yue04铜鼓的铅同位素比值落入到了石寨山型铜鼓的铅同位素比值分布范围内，证明阮文好的判断是正确的。也充分说明了两种文化之间尽管相对独立，但一直存在广泛交流，包括铜鼓这样重要的礼器也被传输到对方的地方去。

值得注意的是出自文山富宁县的105号孟梅II号铜鼓以及李晓岑等学者分析的出自广西贵县的鼓土1611号铜鼓，这两面铜鼓铅同位素落入了东山铜鼓的分布范围，因

---

① 阮文好［越南］：《试论东山式铜鼓和石寨山式铜鼓》，《民族艺术》1997年增刊。

② 万辅彬、房明惠、韦冬萍：《越南东山铜鼓再认识与铜鼓分类新说》，《广西民族学院学报（哲学社会科学版)》2003年11期。

此它们可能属于东山铜鼓而不是石寨山型铜鼓，通过某种途径流入云南富宁县和广西贵县。但需要指出的是，这两面铜鼓的出土地的地望在战国至西汉时期，属于介于滇池的滇文化和越南的东山文化之间的句町国。现在考古学的发现和研究表明，这个古国和滇文化与东山文化同时进入了发达的青铜时代，其控制范围包括今云南的东南文山州和广西西北西林、百色等地区。一些考古学家认为，句町国在当时也铸造和使用铜鼓，并将之称为句町铜鼓，而句町铜鼓则包括石寨山型和万家坝型两种[①]。根据研究，相对于石寨山型铜鼓和东山铜鼓来说，一些句町铜鼓的表面花纹非常特殊，如本次分析的105号孟梅Ⅱ号铜鼓，其面上主晕纹为瘤牛纹和翔鹭纹，这种主晕纹有瘤牛纹的铜鼓是石寨山型铜鼓和东山铜鼓所没有的，石寨山型铜鼓的瘤牛纹多饰于腰部，而东山铜鼓则很少饰瘤牛纹；根据最新的研究成果，文山出土的石寨山型铜鼓和滇池周围出土的石寨山型铜鼓在大小、纹饰等方面也多有差异[②]。另外我们此次还分析了两件出土于文山州马关县的铅青铜的铜锄，这两件铜锄的铅同位素比值和上述两件铜鼓的比值几乎完全相同，这些现象更有可能说明的是古句町国在当时开采了具有落入了东山铜鼓的铅同位素比值分布范围的矿料的铅矿，而当地的先民使用这种矿料制作了具有本民族特点的石寨山型铜鼓。这一点至关重要，说明在当时存在着第三个铸造和使用石寨山型或者东山型铜鼓的地区——句町。因此我们也许有必要在石寨山型铜鼓和东山铜鼓之间加入一个新的铜鼓种类——句町铜鼓。当然目前由于数据较少，仍然需要进一步的分析以求确证。此外这两面铜鼓的铅同位素比值非常的近似，而其出土地点却相距较远，是否说明在古句町时期，铜鼓的铸造是受到统治阶层控制的大事，铸造铜鼓需要使用特定的矿山运来的矿料。这一点和所分析的滇文化的铜器有相似之处，滇文化的铜器铅同位素比值除了铜鼓等铜礼器的较为集中外，诸如铜剑、铜镯等小件器物的则比较分散（参见本书第七章）。从这一点上看，铅同位素比值研究可能对考古学文化中的社会阶层的研究提供一定的帮助。这需要我们以后对不同种类的青铜器的铅同位素比值进行大量的分析后才可以下肯定的结论。

　　综上所述，这三种类型铜鼓可能分属不同族属的先民，从铅同位素数据来看，三者之间似乎并没有太大的联系。此外还需要指出的是，地望在今云南文山以及广西西林等地的古句町国，可能亦是除滇文化和东山文化以外的另一个重要的铸造和使用石寨山型铜鼓的中心。

---

① 蒋廷瑜、彭书琳：《试论句町铜鼓》，见文山壮族苗族自治州文化局编《文山铜鼓暨民族历史文化国际学术研讨会论文集》，云南人民出版社，2005年。

② 文山壮族苗族自治州文化局编：《文山铜鼓》，云南人民出版社，2004年。

第三节 文山州出土不同类型铜鼓的铅同位素比值

文山州地处云南省东南端，分别与中国广西壮族自治区和越南相邻，古代属于句町国，是战略上较为重要的地域。该州各县都出土铜鼓，所出土的铜鼓类型在整个西南乃至整个东南亚都是最全的，从最早期的万家坝型铜鼓到晚期的西盟型铜鼓都有出土[①]。此次分析了除西盟型铜鼓以外的其他各类型铜鼓共 16 件。

其铅同位素比值图如图 6－3 所示：

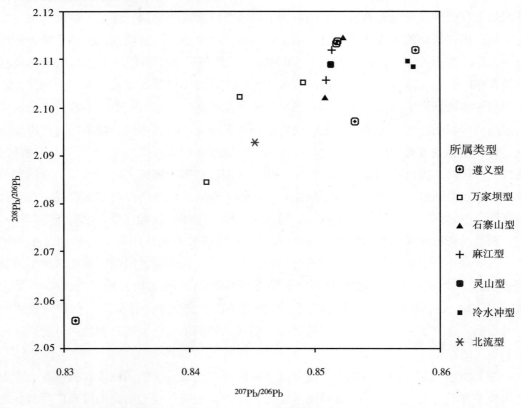

图 6－3 文山州出土的不同类型铜鼓的铅同位素比值图

从图 6－3 来看，随着时代的推移，铸造铜鼓所使用的矿料产地变得越来越分散。这表明随着技术的进步，越来越多的民族掌握了铸造铜鼓的技术，铜鼓也逐渐为西南地区越来越多的少数民族所尊崇。

---

① 文山壮族苗族自治州文化局编：《文山铜鼓》，云南人民出版社，2004 年。

上面已经分析了万家坝型铜鼓和石寨山型铜鼓，以下分析其他类型铜鼓的铅同位素比值。

本次共分析冷水冲型铜鼓 2 面，这两面铜鼓虽然出自不同的县城，但是其铅同位素比值却非常接近，且和以前由万辅彬等学者分析的广西冷水冲型铜鼓的铅同位素比值分布的第Ⅲ组几面鼓的同位素比值基本相同[①]，其 $^{207}\mathrm{Pb}/^{206}\mathrm{Pb}$ 都在 0.858、$^{208}\mathrm{Pb}/^{206}\mathrm{Pb}$ 都在 2.108、$^{206}\mathrm{Pb}/^{204}\mathrm{Pb}$ 都在 18.30 左右。根据 XRF 元素组成的分析，这两面铜鼓的成分也非常近似，其铜、锡、铅的含量都在 60%、14%、25% 左右（参见附表四），表明这两面铜鼓很有可能是在同一地点铸造的。根据万辅彬等学者的分析，落入冷水冲型铜鼓铅同位素分布场第三组的铜鼓矿料可能来自出土这些铜鼓的地区，即广西的冷水冲型铜鼓都是本地铸造的。另外根据目前的考古发现，广西壮族自治区是冷水冲型铜鼓的最主要分布区域[②]，由此我们认为这两面鼓在广西铸造好后传入文山的可能性较大。

分析灵山型铜鼓 1 面、北流型铜鼓 1 面，并和以前学者分析的这两种铜鼓的铅同位素比值分布范围进行了比较。结果表明其中灵山型铜鼓的铅同位素比值落入广西灵山型铜鼓的铅同位素比值分布范围内，其铅同位素比值和广西灵山出土的几面铜鼓几乎完全相同，$^{207}\mathrm{Pb}/^{206}\mathrm{Pb}$ 都在 0.851、$^{208}\mathrm{Pb}/^{206}\mathrm{Pb}$ 都在 2.11、$^{206}\mathrm{Pb}/^{204}\mathrm{Pb}$ 都在 18.45 左右，由此可以认为我们分析的这面灵山型铜鼓和以前学者分析的广西灵山出土的灵山型铜鼓矿料来源一致。根据以前学者的研究，灵山型铜鼓的分布地点没有超过两广地区[③]。在目前为止文山州也仅发现了这一面，因此可以推断云南文山的这面灵山型铜鼓的确是从广西传入的，其矿料产地和广西灵山出土的几面灵山型铜鼓相同。

另外分析的一面北流型铜鼓的 $^{207}\mathrm{Pb}/^{206}\mathrm{Pb}$ 为 0.8452、$^{208}\mathrm{Pb}/^{206}\mathrm{Pb}$ 为 2.0928、$^{206}\mathrm{Pb}/^{204}\mathrm{Pb}$ 为 18.63，和以前学者分析的北流型铜鼓比较，$^{207}\mathrm{Pb}/^{206}\mathrm{Pb}$、$^{208}\mathrm{Pb}/^{206}\mathrm{Pb}$ 和其中的几面近似，但 $^{206}\mathrm{Pb}/^{204}\mathrm{Pb}$ 存在差别，只有一面北流型的陆川鼓 – 56 的三组比值都和我们分析的比较接近，其 $^{207}\mathrm{Pb}/^{206}\mathrm{Pb}$ 为 0.8466、$^{208}\mathrm{Pb}/^{206}\mathrm{Pb}$ 为 2.1059、$^{206}\mathrm{Pb}/^{204}\mathrm{Pb}$ 为 18.642，这表明两面铜鼓之间产地存在一定的联系。考古学研究表明，北流型铜鼓和灵山型铜鼓的关系比较密切，两者的分布区域非常近似，都没有出两广地区[④]，因此可能表明这面铜鼓也是从广西传入的。但由于我们分析的这面铜鼓铅同位素比值和广西出土的大部分北流型铜鼓存在差别，因此目前仍无法确定其矿料来源。

同样我们分析的两面麻江型铜鼓也落入了以前学者确定的麻江型铜鼓铅同位素分布

　① 万辅彬等：《中国古代铜鼓科学研究》，广西民族出版社，1992 年。以下所引用以资对比的铅同位素数据均采自本书，若无特殊说明，不再一一注出。
　② 蒋廷瑜：《古代铜鼓通论》，紫禁城出版社，1999 年。
　③ 蒋廷瑜：《古代铜鼓通论》，紫禁城出版社，1999 年。
　④ 中国古代铜鼓研究会编：《中国古代铜鼓》，文物出版社，1986 年。

范围内。但这两面铜鼓之间，铅同位素比值也具有一定差别。麻江型铜鼓是目前发现分布地域最广、数量最多的铜鼓类型。其分布地区包括中国滇、黔、桂、湘、琼以及东南亚各国，而且这些地区的少数民族至今仍有不少在保存和使用麻江型铜鼓，因此麻江型铜鼓的矿料产地研究非常复杂。李晓岑等分析了广西和贵州安龙出土的 26 面麻江型铜鼓后，推定这些铜鼓可能来自云南和贵州交界的地区①。但由于这些铜鼓仅仅占目前发现麻江型铜鼓数量的不足 1%，因此并不能肯定在云南和贵州交界以外的地区没有提供麻江型铜鼓的矿料。就如我们分析的一面麻江型 110 号犀牛村铜鼓，这面铜鼓的铅同位素比值和上文所述的孟梅 II 号铜鼓非常接近，如果我们前述判断正确的话，那么铸造犀牛村铜鼓使用本地的铅矿料也是完全可能的。如果是这样的话，则文山州自古句町国就开始铸造铜鼓并一直延续到宋元以后，其铸造铜鼓有一千多年的历史了。

此外我们还分析了 5 面遵义型铜鼓，其铅同位素比值很分散。关于遵义型铜鼓，何纪生先生认为从形制来判断，该铜鼓处于冷水冲型向麻江型过渡的阶段而更近似于麻江型，因此建议将遵义型铜鼓作为麻江型早期铜鼓而归并入麻江型铜鼓当中②。李晓岑等学者通过对 7 面遵义型铜鼓铅同位素比值的分析认为这 7 面铜鼓都落入了他们分析的麻江型铜鼓铅同位素分布范围内，因此他们支持将遵义型铜鼓归到麻江型铜鼓的早、中期的观点③。但从我们分析的情况来看，这种归并似乎为时过早。我们分析的这几面遵义型铜鼓，不论从成分、金相以及铅同位素比值上看，都非常的特殊，完全不同于以前任何已经经过分析的麻江型铜鼓。

109 号木门铜鼓和 141 号那西铜鼓都为遵义型铜鼓，主要流行在两宋时期。我们对其进行了电子探针微区成分分析和金相观察，结果表明这两面铜鼓的显微组织中都含有高砷相④。之后，我们也通过溶样后使用 ICP – MS 进行了主成分分析，结果参见图 6 – 4 和表 6 – 1：

---

①　李晓岑：《中国铅同位素考古》，云南科技出版社，2000 年。

②　何纪生：《关于铜鼓分型中的遵义型问题》，见中国铜鼓研究会编《中国铜鼓研究会第二次学术讨论会论文集》，文物出版社，1986 年。

③　李晓岑：《中国铅同位素考古》，云南科技出版社，2000 年。

④　崔剑锋、吴小红：《云南古代铜鼓的合金成分和显微结构分析》，见文山壮族苗族自治州文化局编《文山铜鼓暨民族历史文化国际学术研讨会论文集》，云南人民出版社，2005 年。

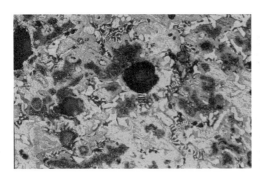 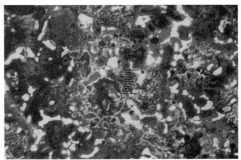

木门铜鼓金相组织 （ 200 × ）　　　　　　　　那西铜鼓金相组织（200 × ）

图 6 - 4　木门铜鼓和那西铜鼓的金相组织

表 6 - 1　　　　　　　木门铜鼓和那西铜鼓主成分和铅同位素分析结果

样品名称	Cu	Sn	Pb	As	$^{207}Pb/^{206}Pb$	$^{208}Pb/^{206}Pb$	$^{206}Pb/^{204}Pb$
木门铜鼓	65.08%	8.35%	14.82%	11.75%	0.8518	2.1137	18.429
那西铜鼓	63.39%	6.47%	17.43%	12.71%	0.8518	2.1134	18.433

　　由表 6 - 1 可知，这两面铜鼓是 Cu - Sn - Pb - As 四元合金制作的铜鼓。这种四元合金的铜鼓以前也曾发现过，目前见诸报道的共有 4 面[①]，其中除一面为冷水冲型外，其他三面和本次分析的这两面一样也都是属于流行于唐宋时期的遵义型铜鼓。这是一个重要的现象，说明这些遵义型铜鼓可能是同源的，即可能存在着一个较为集中的遵义型铜鼓制作中心，专门生产这类四元合金的铜鼓；亦有可能的是四元合金铜鼓制作是遵义型铜鼓的一种工艺传统，这和目前发现的其他类型铜鼓特别是麻江型铜鼓完全不同。而更令人感兴趣的是，我们分析的这两面铜鼓的铅同位素比值几乎完全相同，这为两者同源这一结论提供了最好的证据，如果能够对已知的其他几面四元合金的遵义型铜鼓进行铅同位素分析，可能会对研究遵义型铜鼓的矿料产源、铸造中心以及是否归并至麻江型铜鼓当中成为一种式别等重要的考古学问题提供非常重要的帮助。需要指出的是，这两面铜鼓的铅同位素比值同孟梅 II 号铜鼓的铅同位素比值也非常近似，因此该类四元合金铜鼓的铅矿料也可能是文山州自己产出的，这和前述麻江型铜鼓的产地近似，说明了文山州铸造铜鼓技术的时间延续性。

　　还有一面出自麻栗坡的 170 号睦伦铜鼓，铜鼓的表面显示出斑斑点点的铁锈红色锈

① a. 徐恒彬、黄渭馨、王秀兰、华觉明：《广东省出土青铜器冶铸技术的研究》，见华觉明等著《中国冶铸史论集》，文物出版社，1986 年，166 ~ 189 页；b. 孙淑云、王大道：《广西、云南铜鼓合金成分及金属材质的研究》，见柯俊主编《中国冶金史论文集·二》，北京科技大学出版社，1994 年，180 ~ 210 页。

蚀痕迹，主成分分析和金相学研究显示这面铜鼓使用了和青铜完全不同的含铁高达 7%的铜合金铸造，证明该铜鼓是使用未经提炼的粗铜在炉温高于 1300℃ 的情况下直接熔化铸造的，这是迄今首次发现的使用高铁铜合金铸造大型器物的例子。而从金相组织观察，铜鼓当中有大量的硫化物夹杂，因此铸造这件铜鼓使用的铜矿很可能是硫化矿石。其铅同位素比值非常特殊，$^{207}Pb/^{206}Pb$ 为 0.8309、$^{208}Pb/^{206}Pb$ 为 2.0558、$^{206}Pb/^{204}Pb$ 为 18.91，属于含放射性成因较高的，和目前发现的所有铜鼓的铅同位素比值都不相同。由于其含铅量比较低（参见附表四，器物顺序号 170），因此铅同位素比值应该指征了铜矿料的来源。值得注意的是，在我们分析的文山出土的古句町国铜器当中，马关县的两件铜锄也是这种含铁非常高的铜合金，含铁量分别达到 14% 和 16%[1]（参见附表四）。因此，使用这种铜合金铸造器物可能是当地的一种工艺传统，一直延续了千年。如果这种推论正确，那么这件铜鼓的产地也应该是文山州本地。

由上述三例可以看出，无论从合金成分还是铅同位素比值上看，文山州的遵义型铜鼓都和麻江型铜鼓有着显著的差别，当然可能是由于目前对麻江型铜鼓的科学分析还不够深入，但如今经过成分分析的麻江型铜鼓已经达到近五十面，尚未发现一例前述的四元合金或者是铁含量高的铜合金的例子。遵义型铜鼓这种除使用铅锡青铜以外还使用其他铜合金铸造铜鼓的现象是其他所有类型铜鼓中绝无仅有的。因此就我们的分析结果来看，将遵义型铜鼓作为单一的一种铜鼓类型目前仍有必要。另外从铅同位素比值分析看，文山州在唐宋时期很可能是一个遵义型铜鼓铸造和使用的中心地区。何纪生先生于1986 年提出取消遵义型铜鼓将其并入麻江型[2]的时候，全国登记的遵义型铜鼓仅有 36面，而 2000 年文山州文化局的同志对文山州全州收藏的铜鼓进行普查，发现仅文山州全州就保存了遵义型铜鼓达 40 面，且铜鼓的时代序列完整，从早期到晚期都有[3]。这说明文山州地区是遵义型铜鼓的一个主要流通中心，且很有可能是遵义型铜鼓的发源地。

总结上面的分析，我们所检测的两面冷水冲型铜鼓、一面灵山型铜鼓和一面北流型铜鼓的铅同位素比值显示，这两面灵山型和北流型铜鼓很有可能是由使用这两类铜鼓的最主要分布地域——广西传入的。对两面麻江型铜鼓的铅同位素比值分析表明其中一面的铅矿料可能来自贵州与云南的交界地区，而另一面则有可能是本地铸造的。分析的五

---

① 两面铜锄的数据参见北京大学考古文博学院：《文山铜鼓及青铜器金属成分表》，见文山壮族苗族自治州文化局编《文山铜鼓》附录三，云南人民出版社，2004 年。

② 何纪生：《关于铜鼓分型中的遵义型问题》，见中国铜鼓研究会《中国铜鼓研究会第二次学术讨论会论文集》，文物出版社，1986 年。

③ 文山壮族苗族自治州文化局编：《文山铜鼓》，云南人民出版社，2004 年。

面遵义型铜鼓显示出比较重要的意义，其中三面遵义型铜鼓不但具有别的种类铜鼓没有发现过的合金组成，而且其铅同位素比值也有别于以前学者分析的遵义型铜鼓，表明遵义型铜鼓作为一种单独的铜鼓类型仍有必要，并且铅同位素比值分析显示，文山州地区很有可能是遵义型铜鼓重要的铸造和使用中心。

第七章　滇文化和东山文化
青铜器的铅同位素比值

第一节　滇文化和东山文化青铜器的铅同位素比值

滇国是战国至西汉时期在今天的中国云南滇池区域兴起的古王国，主要分布于以滇池为中心的云南中部和东部地区。滇文化所处的时代是云南地区青铜时代的最鼎盛时期，经过发掘的属于该文化的墓葬中出土了大量制作精美、极富民族特色的青铜器，其中以石寨山型铜鼓、贮贝器、尖叶形和条形铜锄、一字格铜剑、铜葫芦笙、铜枕、各类写实动物浮雕铜扣饰等最具代表性[1]。这些铜器的发现证明古滇国的青铜制作工艺相当发达，虽然其青铜时代要远远的迟于中原地区，但该文化的青铜工艺和技术水平别具一格[2]，具有独立于中原青铜文化的另一个工艺传统，和绚丽多姿的夏商周三代青铜文化相比各具特色。东山文化则是位于越南北部的以东山为中心的一类青铜文化，该文化的时代基本和滇文化同时，延续时间亦基本相同[3]。越南学者认为东山文化是属于铁器时代的文化[4]；但从目前出土器物情况来看，中国学者认为东山文化仍处于青铜时代的鼎盛时期[5]。东山文化的青铜器也极富地方特色，制作精美华丽，其代表性器物包括东山铜鼓、外表装饰花纹的铜提桶、铜盉、靴形铜钺、铜匕首等[6]。目前的研究表明，这两个文化之间关系相当密切，文化面貌有诸多相似之处，一些学者认为这两种文化都是古

---

① 张增祺：《滇文化》，文物出版社，2001 年。
② 马承源：《中国青铜器》（修订本），上海古籍出版社，2003 年。
③ Nguyen K. Su, P. H. Huyen and T. T. Tin, Northern Vietnam from the Neolithic to the Han period, in Ian Glover and Peter Bellwood（eds.）, *Southeast Asia, From prehistory to history*, RouteldgeCurzon, 2004.
④ 阮文好［越南］：《论东山文化青铜器的风格和特征》，见文山壮族苗族自治州文化局编《文山铜鼓暨民族历史文化国际学术研讨会论文集》，云南人民出版社，2005 年。
⑤ 童恩正：《再论早期铜鼓》，见中国铜鼓研究会编《中国铜鼓研究会第二此学术讨论会论文集》，文物出版社，1986 年。
⑥ a. Nguyen K. Su, P. H. Huyen and T. T. Tin, Northern Vietnam from the Neolithic to the Han period, in Ian Glover and Peter Bellwood（eds.）, *Southeast Asia, From prehistory to history*, RouteldgeCurzon, 2004. b. Higham, C., The Bronze Age of Southeast Asia, Cambridge University Press, 1996.

器应该都是用东山文化自己范围内的矿料冶铸的。但亦有为数不少铜器的铅同位素比值落入了石寨山型铜鼓的铅同位素比值组成范围内。

从图7-1还可以看出，本次分析的很多青铜器的铅同位素比值都位于两种铜鼓的铅同位素分布场的交界处，即$^{207}Pb/^{206}Pb$ 和$^{208}Pb/^{206}Pb$ 分别为0.85 和2.10 左右，这一点说明在中国云南和越南都存在具有这种铅同位素比值的矿山。本次有幸承蒙越南国家考古研究院的阮文好先生提供了55 个越南北部方铅矿矿山的铅同位素数据，根据这些矿石铅同位素的分布情况绘制了图中虚线椭圆，可以看到越南北部矿铅的铅同位素比值甚至完全覆盖了由石寨山型铜鼓铅同位素组成的范围。在和阮文好先生讨论这一点时，阮先生曾对此提出疑问，认为这种越南铅矿覆盖石寨山型铜鼓的分布范围的情况，是否说明了石寨山型铜鼓的矿料来自越南北方，从而证明石寨山型铜鼓是从东山文化传入的。笔者当时指出实际上关于越南矿石铅同位素比值覆盖了石寨山型铜鼓的分布范围这一点，是使用铅同位素进行考古分析时所遇到的一个重要的问题，即在本书第三章讨论过的铅同位素的地区重叠效应问题。因此这种重叠只能表明在越南北方存在和中国云南省地质情况相似的铅矿山，而并不能证明石寨山型铜鼓矿料就来自越南北部。实际上我们研究的是古代矿料，现代矿山的铅同位素比值只能做为研究的参考。更为重要的是对古代青铜器以及冶炼遗物的铅同位素比值的分析。从本书第六章对早期铜鼓铅同位素比值的分析可以很容易的理解，石寨山型铜鼓的矿料和东山铜鼓的矿料几乎完全不同，而东山铜鼓铅同位素分布仅和越南北部铅矿的铅同位素有很少部分的重叠。这证明了东山文化在铸造东山铜鼓的时候基本没有利用来自阮先生提供给我们数据的矿山的矿料。如果东山文化本身都没有开发这些矿山，也就不可能向外输出这些矿山的矿料。如果我们在图中加入部分云南的矿料的铅同位素比值，那么很明显的可以看到，一些云南的铅矿山的数据也覆盖了东山铜器的矿料分布范围，但我们却不能因此而证明东山铜鼓矿料来源于云南的矿山（如图7-2）。

还需要说明的是，本次分析的越南北部出土的除铜鼓以外的具有东山文化特色的青铜器，其矿料来源很有可能主要来自越南北部地区。这一点和前述的石寨山型铜鼓情况非常近似，即东山文化铸造铜鼓所使用的矿料可能有别于铸造其他小件器物所使用的矿料。当然一些数据完全相同的青铜器有可能是从一方输入另一方的，即可能有一些青铜器是从滇文化输入的，而另外一些滇池出土的青铜器也有可能是从东山文化输入的。这说明两地间虽然具有文化差异，但其文化交流却非常普遍，反映出滇和东山两个文化之间紧密的关系。

尽管两种文化青铜器的铅同位素比值之间存在部分重叠，但是实际上一些比值近似的青铜器仍存在细微的差别，主要表现为大部分比值近似的滇文化青铜器的$^{208}Pb/^{206}Pb$ 比值在$^{207}Pb/^{206}Pb$ 相同的情况下，要略低于东山青铜器的值。如今一些学者主张使用多

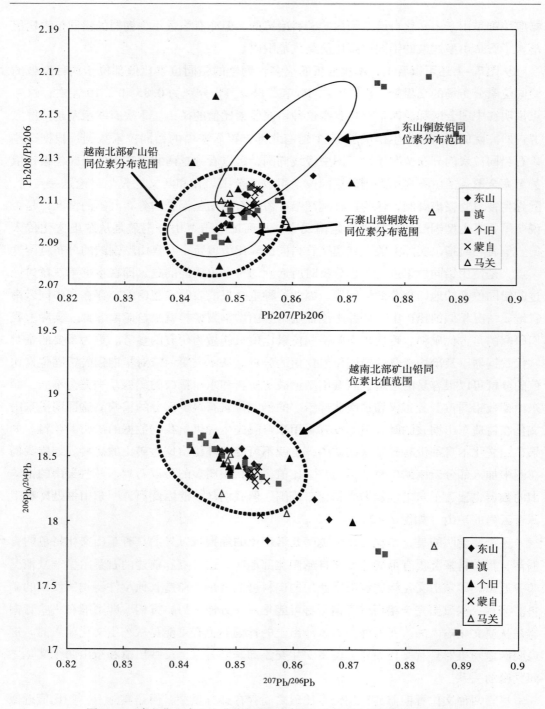

图 7－2　滇文化和东山文化青铜器以及部分云南矿山的铅同位素比值图

元统计分析来解决这种重叠效应。但根据一些学者的研究，同一矿山的铅同位素比值往往是双峰值甚至是多峰值的分布，而不同于单峰值的类似正态分布[1]；同时铅同位素比值之间又两两线性相关，使用普通的基于欧式距离的聚类分析方法往往得到错误的结论，因此另外一些学者不赞成对铅同位素比值使用多元统计方法。但 Baxter 等指出通过多元统计分析中的主成分分析的方法，既可以充分利用所有变量的贡献而同时基本不改变统计点之间的空间距离（当第一、第二主成分加和大于50%时），因此这种方法不失是一种简单有效的处理数据的方法[2]。为了观察东山文化和滇文化青铜器矿料产源之间的区别，本文尝试使用这一方法进行了数据处理（图7-3）。具体步骤是选择这些青铜器以下三组铅同位素比值：^{206}Pb/^{204}Pb、^{207}Pb/^{206}Pb、^{208}Pb/^{206}Pb，使用统计学软件 SPSS11.0 的主成分分析功能进行分析，并选择使用第一、第二两个主成分进行作图。从图中可以看出，两种文化青铜器的铅同位素比值在第二主成分上具有非常细微的差别。这说明使用主成分分析可以更好的帮助我们处理铅同位素数据。同时表明了两种文化的先民尽管交流密切，但仍是相对独立的。

第二节　青铜器铅同位素比值所反映的社会文化信息

2.1　东山文化青铜器的铅同位素比值及其反映的社会信息

从图7-1可以看出，16件东山文化青铜器的铅同位素比值分布较为分散，这些青铜器全部都落入了由韦冬萍等学者分析的东山铜鼓的铅同位素分布范围以及越南北部矿山的铅同位素分布范围内，说明铸造这些青铜器所使用的矿料应该来自越南本地。

需要指出的是，这些青铜器中除两面铜鼓和少数几件青铜器落入了东山铜鼓的铅同位素分布范围外，其他都在越南北部矿山的铅同位素分布范围内。这反映了以下的考古信息：在东山文化中，铜鼓的铸造和其他青铜器的铸造可能是完全分开的。韦冬萍等学者分析的近100面越南铜鼓的铅同位素比值只有很少的部分落入了越南北部矿山的铅同位素比值范围，这表明尽管东山文化的地域在今天的越南北方，但铸造铜鼓的矿料却不主要来自该地区的矿山。而我们分析的其他青铜器包括铜锄、铜剑、铜提桶等日常生活用品以及武器的铅同位素比值则大都落入了由越南北方矿山铅同位素组成的范围内，表明这些铜器很有可能是就地取材的。因此有理由认为东山文化的铜鼓铸造技术可能受到

---

[1] Baxter, M. J., Beardah, C. C. and Wrighje, R. V., Some archaeological applications of kernel density estimates, *Journal of Archaeological Science*, 1997, 24.

[2] Baxter, M. J., C. E. Buck, Data handling and statistical analysis, in *Modern Analytical Methods in Art and Archaeology*, Chicago, 2000.

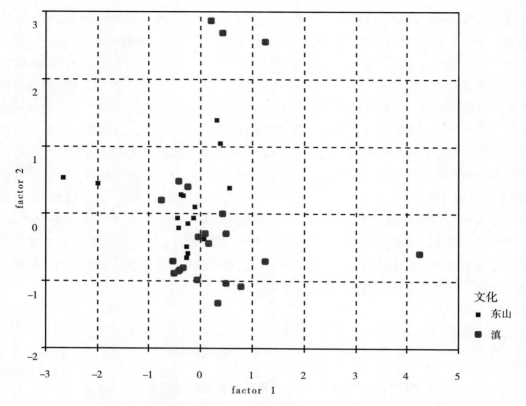

图 7 – 3　两种文化青铜器铅同位素比值的主成分分析图

（主成分 factor1 的比重为 52.27%，主成分 factor2 的比重为 45.43%）

了统治阶层的控制，铜鼓在东山文化中具有重要地位。如今大多数铜鼓研究者都认为铜鼓在西南地区古代少数民族文化中的作用和夏商周三代青铜文化的青铜容器如鼎、簋、尊等的作用类似，都是做为权利和祭祀用礼器使用的[1]。这一点在古代文献中多有记载，如《太平御览》引晋裴渊《广州记》："俚僚贵铜鼓，……风俗好杀，多构仇怨。欲相攻击，鸣此鼓集众，到者如云。有是鼓者，极为豪强。"《隋书·地理志》载："自岭以南，……并铸铜为大鼓，……有鼓者号为都老，群情推服。"《明史·刘显传》载："得鼓二三，便可僭号称王"等。[2] 这些记载充分证明铜鼓在古代西南少数民族心目中的地位，在其文化中，铜鼓自古就是权利的象征。而这一点从东山文化青铜器的铅同位素比值的分析结果也可以看出。

前曾述及，这些青铜器的铅同位素比值和滇文化青铜器的铅同位素比值有相当程度

---

① 中国古代铜鼓研究会编：《中国古代铜鼓》，文物出版社，1986 年。
② 转引自中国古代铜鼓研究会编：《中国古代铜鼓》，文物出版社，1986 年。

上的重叠。但这并不能够说明两种文化的先民开采了相同的矿山，而需要根据就近原则，即主要依靠器物的所属文化风格和出土地来确定，因此本次分析的一些具有东山文化特色的器物如不对称钺、提桶等，尽管它们的铅同位素比值落入了石寨山型铜鼓的铅同位素分布范围，但由于越南北部也有这种类型的矿山，所以这些铜器仍是主要使用当地的矿料铸造的。

结合我们和以前学者的分析，从青铜器的铅同位素比值可以看到越南在东山文化时期开发的矿山数量可能较多。特别是对于日常用品的生产，很有可能是就地取材的，因此只有进行深入的考古学和地质学调查才能更清楚的了解东山文化先民古代矿山的开发情况。

2.2　滇文化青铜器的铅同位素比值及其反映的社会文化信息

此次共对 22 件滇文化青铜器进行了铅同位素比值测定。这些青铜器分别出土自晋宁石寨山、江川李家山、昆明羊甫头和呈贡天子庙等滇文化遗址。青铜器的铅同位素比值结果参见附表三。从图 7 - 1 中可以看到这些青铜器大致可以分为四个小组，这四个小组分别代表了四类不同的器物。这些小组包括：（1）铜鼓、铜杖头等西南夷少数民族的"礼器"；（2）铜锄、铜剑、铜扣饰等兵器和日常生活用具；（3）铜镜；（4）铜剑鞘、铜腿甲等表面鎏金的器物。而这四组器物铅同位素比值的差别则可能反映了不同的社会文化信息。

铜鼓、铜杖头等代表权利的"国之重器"的铅同位素比值比较集中，特别是这些青铜器的 $^{208}Pb/^{206}Pb$ 比值变化尤其小，均在 2.09 附近。而其他的一些日用铜器的铅同位素则相对分散，这一点和上文分析的东山文化的情况类似。反映出铜鼓等用于祭祀和代表权利的礼器的铸造技术可能在当时由某一社会集团垄断掌握，这个社会集团应该是统治阶层。由于铜鼓在滇文化中的作用相当于中原地区先秦时期的礼器，这些器物的使用不同于兵器、生活用具等日用铜器，在当时应该仅为社会地位较高的少部分人使用，因此其铸造技术甚至矿料产地等都应该为当时的统治阶级所垄断控制。前面也曾提到，滇文化的青铜合金配比工艺具有自身的特点：即除了铜鼓使用铅锡青铜铸造外，其他的小件青铜器则主要使用铅含量很低甚至不含有铅的锡青铜铸造，因此这种铅同位素的差别主要反应了不同矿种的差别，即铜鼓的铅同位素比值代表了铅矿的信息，而其他青铜器的铅同位素比值则表征了铜矿的信息。但这一点也恰恰反映出铸造铜鼓需要比制作其他青铜器更复杂的技术。由于石寨山型铜鼓表面花纹繁复华丽，体型较大，且器壁很薄，而铅在青铜铸造中的重要作用是增加合金液体的流动性和充型性[①]，这正符合铸造

---

① 李敏生：《先秦用铅的历史概况》，《文物》1984 年 10 期。

铜鼓这类器物的要求。因此在当时可能只有铸造铜鼓的工匠们掌握了合金中铅的这种特性，而其他金属工匠却没有，这种情况也同样反映出当时少部分人对技术的垄断。其他器物如兵器、农具等生活用具的铅同位素较为分散，说明在当时开采的矿山不止一处，这符合滇文化的青铜铸造业特别发达的特点。

通过铅同位素比值研究，发现滇文化和东山文化中铜鼓的铸造技术和矿料来源与其他日用铜器的铸造技术和矿料来源明显不同，证明了铜鼓在西南诸夷社会中重要的地位，说明铜鼓在当时并不是普通民众都能轻易拥有和使用的，从而也间接证明在当时的西南夷社会当中已经广泛的存在着社会等级的分化，铜鼓这种象征权利的器物成为专供统治阶层使用的国之重器。

另外我们还分析了两件铜镜和两件鎏金青铜器（一件铜腿甲、一件铜剑鞘）的铅同位素比值，从图7－1中可以看到，这四件器物的铅同位素比值位于图的右上角，其铅同位素比值和其他的完全不同。从这四件青铜器也反映出来一定的社会文化信息。

在滇国时期，西南夷少数民族并不铸造铜镜①。目前从古滇国的遗址中，由考古发掘出土的铜镜都是典型的中原铜镜。因此相对于其他铜器，铜镜属于舶来品，是从汉王朝输入滇国的器物之一②。本次检验的两件铜镜一为53号昭明镜，一为58号草叶纹镜，均为西汉时期非常流行的铜镜样式③。在分析铅同位素比值之前，我们对铜镜的主成分和金相组织进行了观察，结果表明两面铜镜的含锡量都在22%左右（参见附表四），金相组织也几乎完全相同（图7－4），都是典型的铜镜显微组织④。两面铜镜的制作方法以及合金配比如此类似，表明两面铜镜有可能都来自同一铸造工厂。铜镜的铅同位素比值分析也证实了这一点。两面铜镜的铅同位素比值几乎完全相同，说明铸造这两件铜镜时使用的铜铅矿料来源相同。

值得注意的是，参考日本学者根据已经分析的日本出土的弥生时代铜镜、铜铎以及铜剑等铅同位素数据绘制的铅同位素比值图，可以发现这两面铜镜的数据落入了日本学者所谓的"西汉镜"的铅同位素比值的范围内⑤（图7－5）。这一点比较重要，首先反映出铸造这两面铜镜使用了来自和日本出土的所谓"舶来镜"一样矿山的矿料。这表

① 李昆声：《云南艺术史》，云南教育出版社，2001年。

② a. 李昆声：《云南艺术史》，云南教育出版社，2001年；b. 张增祺：《滇文化》，文物出版社，2001年。

③ 孙机：《汉代物质文化资料图说》，文物出版社，1990年。

④ 关于铜镜的显微组织是铸造组织还是铸造后经过热处理的组织存在一定的争论，具体文章参阅：a. 孙淑云、N. F. Kennon：《中国古代铜镜显微组织的研究》，见柯俊主编《中国冶金史论文集·二》，北京科技大学出版社，1994年；b. 何堂坤编著：《中国古代铜镜的技术研究》，中国科学技术出版社，1992年。为避免不必要的争论，本书仅将其组织定名为铜镜的显微组织。

⑤ Mabushi, H., Y. Hirao and M. Nishida, Lead isotope approach to the understanding of early Japanese bronze culture, *Archaeometry* 1985, vol. 27. 2.

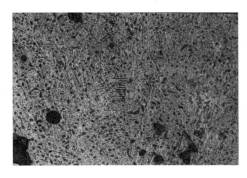 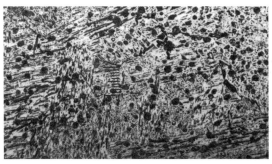

58 号草叶纹镜金相组织（100×）　　　　　53 号昭明镜金相组织（200×）

图 7－4　滇文化出土的两面铜镜的金相组织

明西汉王朝时期向帝国外输出器物的控制可能是比较严格的，铸造用于向国外输出的铜镜时所使用的矿料来源以及铸造工厂可能都是唯一的。孙机先生指出，东汉时铜镜的精品多为少府所属尚方工官手工场铸造[①]，可能在西汉时期的情况也是这样的。马渊久夫等在统计了他们能收集到的东亚所有铅矿山的铅同位素数据后，指出具有这种铅同位素比值的铅是一种"华北铅"[②]。他的结论是正确的，中国的一些地球化学家，如朱炳泉[③]、张理刚[④]等对华北块体的铅同位素研究结论也证实了马渊久夫的推测。马渊久夫还特别指出在陕西西安附近的一处矿山具有和这些铜镜非常类似的铅同位素比值，因此他推断这些铜镜可能都是由当时的首都长安城制造的[⑤]。根据何堂坤的考证，汉镜的产地至少有四处，其中就有陕西的关中地区，他的依据是在关中地区出土了西汉时期铸镜的镜范[⑥]。以上这些研究表明西汉王朝的首都长安附近应该就有所谓的尚方工官的手工工厂，因此滇文化的这两件铜镜很有可能是使用陕西地区的矿料，在关中地区铸造而后输入滇国的。

　　《史记·西南夷列传》和《汉书·西南夷两粤朝鲜列传》中均记载："巴蜀民或窃出商贾，取其莋马、僰僮、旄牛，以此巴蜀殷富"，说明在西汉时期巴蜀地区和云南的贸易是非常频繁的。因此在本次研究以前，大多数考古学家根据上述史书的记载认为滇

① 孙机：《汉代物质文化资料图说》，文物出版社，1990 年。

② 馬淵久夫、平尾良光：《東アジア鉛鉱石の鉛同位体比》，《考古学雑誌》1987 年 73 期。

③ 朱炳泉：《地球科学中同位素体系理论与应用：兼论中国大陆壳幔演化》，科学出版社，1998 年。

④ 张理刚：《东亚岩石圈块体地质》，科学出版社，1995 年。

⑤ 马渊久夫：《据铅同位素比推定青铜器原料的产地》，见日本第三次《大学与科学》公开学术研讨会组委会编《现代自然科学技术在考古学中的应用——日本第三次〈大学与科学〉公开学术研讨会论文集》，西北大学出版社，1992 年。

⑥ 何堂坤编著：《中国古代铜镜的技术研究》，中国科学技术出版社，1992 年。

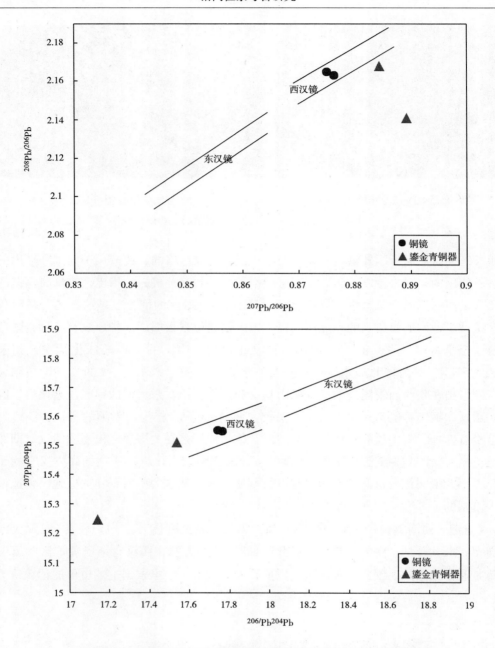

图 7 - 5　滇文化两面铜镜和两件鎏金青铜器的铅同位素比值图

（图中西汉镜和东汉镜的铅同位素比值范围根据 Mabushi 等文①重新绘制）

①　Mabushi，H.，Y. Hirao and M. Nishida, Lead isotope approach to the understanding of early Japanese bronze cul-
ture，*Archaeometry* 1985，vol. 27. 2.

池地区的汉镜都是从四川输入的①。但从此次铅同位素分析的结果看，却并非如此。结合日本学者的分析，可以认为向国外②输出的西汉铜镜可能都是长安工官铸造的精品，以显示大汉王国的经济实力。西汉王朝时期，官府可能垄断了铜镜的对外输出。从汉武帝开始，西汉政府实行了盐铁官营的经济政策。因此从这两面铜镜的铅同位素比值分析可以间接证明，在当时政府的确对输出产品控制得很严格。需要指出的是，相对于西汉王朝，古滇国和日本的倭国是臣属之国，尽管滇国在汉武帝时已经内属，但汉武帝并没有取消滇王的称号，《史记·西南夷列传》记载"滇小邑，最宠焉"，并将滇国和方外的倭国并列，都颁赐了王的金印③。在日本亦出土了大量的具有这种铅同位素比值的西汉铜镜，再次表明汉王朝对外输出铜镜可能都由同一中心制作。综上所述，滇文化发现的中原铜镜的产地可能主要应该是关中，而非以前学者所认为的四川。

同时结合日本学者的分析结果，可以将这两面铜镜的铅同位素比值作为断定出土该铜镜的两处遗迹年代的依据，即出土 53 号铜镜的呈贡天子庙黄土山 M50 和出土 58 号铜镜的昆明羊甫头 T0711 都是西汉时期的遗址。

另外还分析了两件表面鎏金青铜器（附表四中 62 号鎏金铜剑鞘和 76 号鎏金铜腿甲）的铅同位素比值，这两件青铜器的铅同位素比值也和其他器物的铅同位素比值有较大差别。这从图 7 – 5 中可以清楚的看到，其 $^{207}Pb/^{206}Pb$ 和铜镜的较为接近，而 $^{208}Pb/^{206}Pb$ 则相差较大，并没有落入所谓的"西汉镜"范围，同时和其他经过分析的滇文化青铜器以及东山青文化铜器的铅同位素比值也都完全不同。首先要明确的是，由于测试时取样位置为青铜基体，所以它们的铅同位素比值反映了青铜基体的而非鎏金层中金矿或者汞矿矿料来源信息。其次两件青铜器的铅同位素比值反映出滇文化可能也存在着一个鎏金青铜器制作中心；或者滇文化的鎏金器物是由外部输入的，但和输入铜镜的地区不同。滇文化出土了大量的鎏金青铜器，根据我们的分析，这两件鎏金青铜器的工艺精湛，技术成熟④，证明滇文化时已经掌握了成熟的鎏金技术，且目前已知的中国最早的鎏金器物是云南地区楚雄万家坝出土的鎏金铜片和铜管，说明云南很有可能是中国

①　张增祺：《滇文化》，文物出版社，2001 年。

②　尽管在汉武帝时，云南大部分已经为中央王朝征服，滇王也"举国降"，但滇王却因受到武帝的宠信，而被保留了国号，并赐予了滇王金印，令其"复长其民"，直至东汉王朝时，滇国的国号才被取消。参阅《史记·西南夷列传》、《汉书·西南夷两粤朝鲜列传》等的记载。因此本书暂将滇国和地处日本的倭国并列。

③　李昆声：《"滇王之印"与"汉委奴国王印"之比较研究》，见云南省博物馆编《云南青铜文化论集》，云南人民出版社，1991 年。

④　崔剑锋、吴小红、李昆声、黄德荣、王海涛：《古滇国青铜器表面镀锡和鎏金银技术的分析》，见北京大学中国考古学研究中心、北京大学震旦古代文明研究中心编《古代文明（第 4 卷）》，文物出版社，2005 年。

的鎏金技术的起源中心之一[①]，因此鎏金器物可能也和铜鼓一样存在着制作中心，使用特殊的矿料。但从目前我们搜集到的云南铅同位素资料中（参见本书第八章），尚未发现有和这两件青铜器特别是鎏金铜剑鞘相同的，仅有东川铜矿、易门铜矿中一些铜矿的数据和鎏金铜腿甲的比较近似[②]。此外贵州的一些方铅矿也和这两件青铜器的铅同位素比值有近似者[③]。这些地区位于滇黔交界的地方，也许在滇国时期该处曾是鎏金器物的制作中心，这一点需要进行深入研究才能够得到解决。同时由于本次仅分析了两件鎏金器物，因此上面结论的准确性尚显不足，以后应当尽可能的多分析一些类似的鎏金器物。

第三节 小结

滇文化和东山文化部分青铜器的铅同位素研究说明这两文化对于铜鼓的重视，铜鼓可能作为统治阶级权利的象征，而制作技术、矿料产地受到控制。滇文化和东山文化的生产工具、兵器等小件青铜器物的制作可能就地取材，或者材质较易得到。另外，分析的两面滇文化墓葬和地层中出土铜镜的铅同位素比值反映出当时西汉王朝官府控制重要日常物品的制作和贸易，可以作为西汉王朝盐铁官营经济政策的旁证。而滇文化中青铜器的鎏金技术也可能仅为比较独立的工匠控制，并非普通工匠都能掌握。

对滇和东山两种文化出土青铜器的铅同位素分析证明铅同位素技术并不仅仅适用于矿料产源的研究，如果对数据进行深入的剖析，则可能对于社会阶层、古代贸易情况、甚至是古代国家政策等方面的研究给予帮助。

---

① a. 黄德荣：《云南楚雄万家坝出土的鎏金铜器——谈中国鎏金产生的年代及技术》，见云南省博物馆编《云南青铜文化论集》，云南人民出版社，1991 年；b. 黄盛璋：《论中国早期（铜铁以外）的金属工艺》，《考古学报》1996 年 2 期。

② 数据参见陈好寿、冉崇英等著：《康滇地轴铜矿床同位素地球化学》，地质出版社，1992 年。

③ 数据参见李晓岑：《中国铅同位素考古》，云南科技出版社，2000 年。

第八章　云南古代青铜器矿料来源综合研究

　　云南素有"有色金属王国"之称，铜、锡、铅等矿产的储量都位居全国前列，特别是锡的产量和储量都居全国首位。目前关于云南早期矿产开发特别是青铜时代的主要金属矿产铜、锡、铅的开发情况的研究尚不是很完善。本书的另一个目的就是使用铅同位素比值的方法，结合本书实验分析测定的云南青铜器数据和已经发表的矿山铅同位素数据，对整个云南地区青铜时代古矿开发的情况进行初步的研究。

　　根据当前的研究，滇西地区至迟在公元前1000年左右进入了青铜时代。此后，到了相当于中原的春秋时期，滇西和滇中偏西地区进入青铜时代的成熟阶段，以楚雄万家坝、祥云大波那、剑川鳌凤山等为代表的青铜时代墓地出土了大量的青铜制品；到了战国至西汉末年，此时云南的青铜时代中心逐渐转入中部的滇池附近地区，滇部落兴起，成为云南地区当时最强大的部落，云南此时也进入了青铜时代的全盛期。考古工作者在滇池周围发掘了很多属于滇文化的墓葬群，其中较大的包括晋宁石寨山、江川李家山、昆明羊甫头、呈贡天子庙等，在这些墓葬当中发现了数以千计的青铜制品。这些青铜制品制作精美、纹饰繁缛、工艺精湛，说明此时的青铜矿冶业相当的发达。此外在滇西北、滇东南地区都有相应的属于该时代的大量青铜制品出土，这些青铜器的发现说明早在2000多年以前，云南当地的少数民族——西南诸夷已经掌握了高度发达的铜、锡、铅等金属矿产的开采冶炼技术了。到了东汉以后，滇国彻底消亡，云南地区完全为中央王朝直属管辖，此时云南地区也随之进入了铁器时代，而该地区矿产的开发情况也逐渐为史书所记载[①]。

　　迄今在云南省发现的属于青铜时代的矿冶遗址较少，能见到的仅有以下几处，且多为冶铸遗址，而采矿遗址见于报道的仅一处。

　　1. 剑川海门口青铜时代早期遗址[②]，出片麻岩质石斧范1扇、青铜器26件，经过

①　a. 云南省博物馆：《云南古代文化的发掘与研究》，见文物编辑委员会编《文物考古工作30年（1949~1979）》，文物出版社，1979年；b. 云南省博物馆：《十年来云南文物考古新发现及研究》，见文物编辑委员会《文物考古工作10年（1979~1989）》，文物出版社，1990年；c. 李昆声：《55年来云南考古的主要成就（1949~2004）》，《四川文物》2004年3期。
②　云南省博物馆：《云南剑川海门口青铜时代早期遗址》，《考古》1995年9期。

分析大部分为锡青铜制品，另出渣 1 块。表明该遗址是一处早期的冶铸遗址。

2. 大理洱海鹿鹅山青铜时代遗址，出土木炭、红烧土、铜矿石和一些已经冶炼并呈海绵状的铜块。研究者推测为一个较原始的露天冶炼遗址[①]。

3. 剑川沙溪华丛山古铜矿遗址，据发现者报道该古矿遗址的开采时代可到西汉时期[②]，但未见具体报告。

4. 弥渡合家山古代冶铸遗址，出土石、陶范共 23 件，青铜器 44 件。根据初步研究，将该遗址定为不晚于战国中期的青铜冶铸遗址[③]。

为了更好的研究云南省青铜时代的铜器矿料来源，我们从云南各地博物馆采集了 70 件属于青铜时代的青铜器样本，进行了青铜器的铅同位素产源分析。关于这些青铜器的铅同位素数据在前述几章中已经有过详细讨论，本章的中心内容是通过青铜器的铅同位素数据和现在矿山的铅同位素数据进行比对，来初步探索这些青铜器的矿料来源。我们依据史书记载[④]、现代地质调查以及现代考古学调查，将发现的遗址及其周边的铜、锡、铅等矿山[⑤]绘制在同一张图中，如图 8 - 1 所示。从图中可以清楚的看到，在青铜时代古遗址的周边地区都有较为丰富的青铜矿料矿山的存在。

第一节　云南省出土部分青铜器的铅同位素 V 矢量填图

根据朱炳泉等的研究，扬子省和华夏省的边界急变带呈"凹"字形从云南省穿过，将云南省分为两个部分（图 8 - 2）。这条边界线的矢量值为 V1 = 53 ± 1，V2 = 40 ± 1。而云南省最重要的金属矿山大都位于这条急变带的华夏省一侧[⑥]。

此次共分析了 87 件青铜器的铅同位素比值，将其中几个重要遗址出土的青铜器进行了铅同位素地球化学省和铅同位素 V 矢量填图数据分析，结果见图 8 - 3。

从图 8 - 3 可以看出，除了铜镜等少数铜器的数据外，大部分数据都落入了Ⅲ区靠近Ⅱ区的范围，即华夏铅同位素地球化学省的矢量值范围内。而仅有少数数据落入Ⅱ区

① 张增祺：《滇西青铜文化初探》，见《云南青铜器论丛》编辑组编《云南青铜器论丛》，文物出版社，1981年。

② 杨惠铭：《沙溪寺登街》，云南民族出版社，2003 年。

③ 张昭：《云南弥渡合家山出土古代石、陶范和青铜器》，《文物》2000 年 11 期。

④ 所据史书主要为 a. ［汉］司马迁撰：《史记》，中华书局，1982 年；b. ［汉］班固撰：《前汉书》，中华书局，1998 年；c. ［宋］范晔撰：《后汉书》，中华书局，1998 年；d. ［晋］常璩撰，刘琳校注：《华阳国志校注》，巴蜀书社，1984 年。

⑤ 本书仅将文献中记载的云南青铜时期的矿山以及现代地质调查得到的遗址周围较大的矿山位置标于图上。参阅：a.《中国矿床发现史·云南卷》编辑委员会编：《中国矿床发现史·云南卷》，地质出版社，1996年；b. 云南省矿产资源汇编小组编：《云南省主要矿区简况——有色金属矿产》（内部资料），1975 年。

⑥ 朱炳泉：《地球化学省与地球化学急变带》，科学出版社，2001 年。

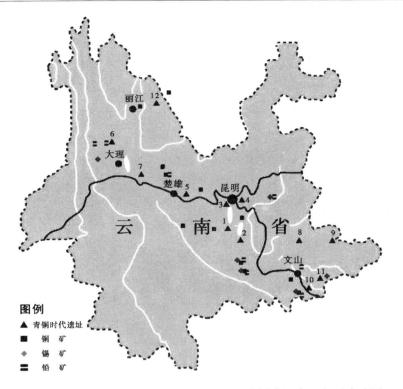

图 8-1　云南省青铜时代部分遗址以及遗址周边铜、锡、铅矿产略图

1. 晋宁石寨山滇文化遗址　2. 江川李家山滇文化遗址　3. 昆明王家墩青铜时代早期遗址　4. 昆明羊甫头滇文化遗址　5. 楚雄万家坝青铜文化遗址　6. 剑川海门口青铜时代早期遗址　7. 祥云大波那青铜时代遗址　8. 文山青铜文化遗址　9. 丘北青铜文化遗址　10. 马关青铜文化遗址　11. 麻栗坡青铜文化遗址　12. 宁蒗大兴镇青铜文化遗址

和Ⅲ区交界的地方。这些落在交界处的铜器反映出其矿料来源矿山位于两地球化学急变带上。在本书第三章分析夏商西周青铜器铅同位素矢量填图时，我们指出夏商周青铜器的主要矿料来自数据位于Ⅱ区的两个矿山。但根据图 8-3，我们分析的云南青铜器没有一件具有和这两处矿山类似的矢量值，表明中原大部分具有普通铅铅同位素特征的先秦青铜器矿料都不来自云南。

　　同时对这些铜器铅同位素比值的Ⅴ矢量填图还反映出，具有典型地域特征的云南青铜时代的青铜矿料都可能来自云南省本地。且基于矢量数据本身的特点，提供矿料的矿山很可能位于华夏—扬子急变带附近华夏省一侧。

　　云南省境内一些矿山如建水、个旧、蒙自、文山等在《汉书》、《后汉书》这些早期史书中已有记载，说明早在青铜时代这些矿山即已得到开发。现在这些矿山仍在开采，而这些矿山大都位于华夏—扬子急变带华夏省一侧，这为我们使用铅同位素分析进

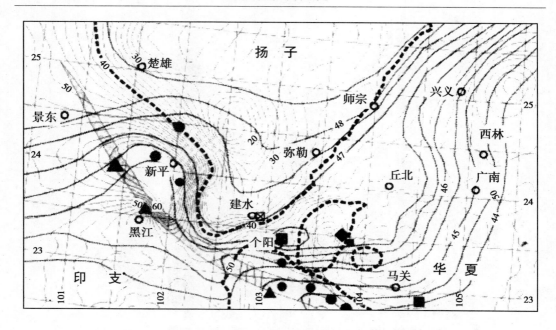

图 8-2　华夏—扬子地球化学省边界云南段和其附近的大型矿山

（采自朱炳泉 2001 年[1] 56 页图 5-8。其中 ● 为铜矿，■ 为锡矿，▲ 为金矿）

行青铜器产源提供了参考，可以使得我们更有目的性和针对性的选择和青铜器铅同位素数据进行对比的矿山数据。据此共从相关的地质调查报告中选择了 10 数个矿山共 140 个铜矿、锡矿、铅矿的铅同位素数据[2]。这些矿山涵盖了我们所分析的所有遗址的地区，因此完全可以用来作为青铜器产源研究的参考比照。图 8-4 是使用我们所搜集到的矿山铅同位素数据绘制的二维图。

　　从图 8-4 可以看到，搜集到的云南矿山的铅同位素数据大部分都集中在 $^{206}Pb/^{204}Pb$ 在 18.0~18.5、$^{207}Pb/^{206}Pb$ 在 0.84~0.86、$^{208}Pb/^{206}Pb$ 在 2.05~2.15 的小范围内。表明这些矿山在成矿历史和矿床演化等方面非常类似。尽管如此，从图 8-4 中仍可以看出这些矿山的铅同位素也存在着一定的差别，因此我们选择将青铜器的铅同位素比值直接绘入图 8-4 中，以便能够直接进行对比，从而找到相应的矿源。

① 朱炳泉：《地球化学省与地球化学急变带》，科学出版社，2001 年。
② 所选数据来自以下文献：a. 高子英：《云南主要铅锌矿床的铅同位素特征》，《云南地质》1997 年 4 期；b. 陈好寿、冉崇英等著：《康滇地轴铜矿床同位素地球化学》，地质出版社，1992 年；c. 李国武、杨光斌、杨学广：《云南建水—虾洞火山岩型银多金属矿带的硫、铅同位素特征及其地质意义》，《地质地球化学》1998 年 4 期；d. 地质部宜昌地质矿产研究所同位素地质研究室：《铅同位素地质研究的基本问题》，地质出版社，1979 年；e. 李晓岑：《中国铅同位素考古》，云南科技出版社，2000 年。

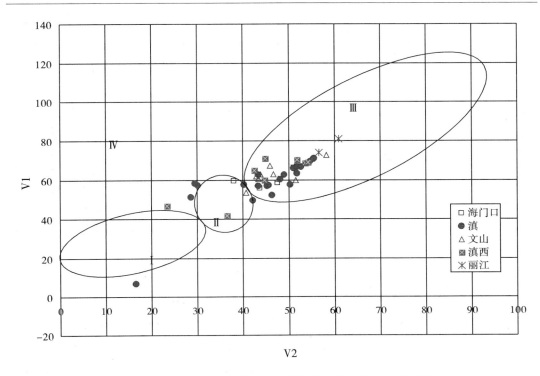

图8－3　云南省出土部分古代青铜器的铅同位素 V 矢量填图

需要指出的是，由于使用矢量填图缩小了用来对比的矿山的可能范围，因此只需将位于该地质范围内的矿山铅同位素数据和青铜器的铅同位素数据使用两张二维图进行对比，就可以通过数据是否发生重叠来判断青铜器的矿料来源。所以以下对单独遗址的数据分析，采用了将青铜器数据和矿山数据在两张图上直接对比的方法，而没有再对矿山数据进行矢量化处理。

第二节　剑川海门口青铜器的铅同位素比值和矿料来源

图8－5是将剑川海门口遗址出土青铜器的铅同位素比值和云南省部分矿山铅同位素比值绘在一起的结果。从图中可以看到，尽管青铜器的铅同位素比值和大部分矿山的非常近似，但仍有细微的差别。其中有两件青铜器（即海门口青铜器铅同位素比值的一个小组）的铅同位素比值在两张图上和云龙白羊厂银铜铅矿的数据范围重叠，表明海门口的这两件铜器的矿料有可能来自云龙白羊厂银铜铅矿。

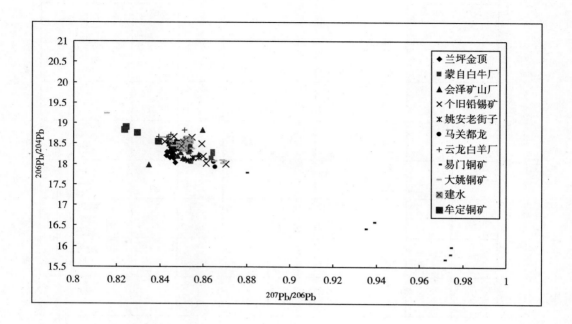

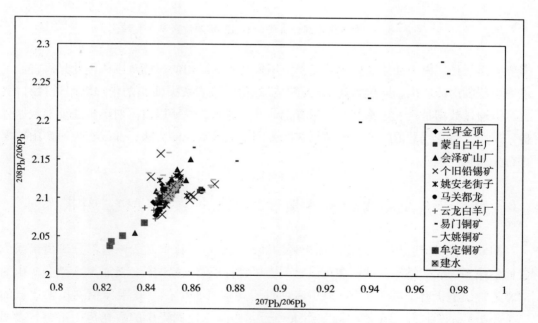

图 8 - 4　云南省部分铜、铅矿山的铅同位素比值图

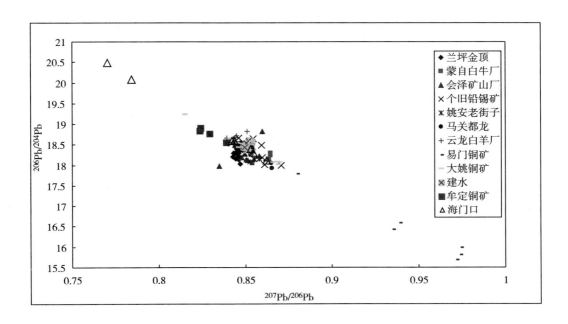

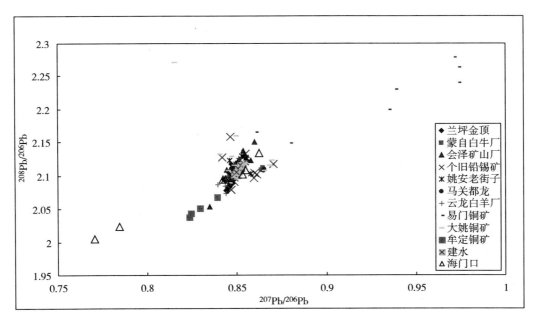

图 8-5 海门口遗址出土青铜器的铅同位素比值图

　　云龙县和剑川县都属于大理白族自治州管辖，两地直线距离不到 70 公里。云龙白羊厂在清代乾隆年间就是云南很著名的铜厂，《云南通志》记载："白羊铜厂，在大理府云龙州西北二百七十里白羊山，乾隆三十五年开采，四十三年定额铜十万八千斤。"白羊厂附近的大功山厂，在乾隆四十三年（1778 年）的定额铜则达到"四十万斤。"①而且云龙县同时是滇西最重要锡矿产地之一，云龙铁厂大型锡矿床是滇泰锡矿带（东南亚锡矿带）的北延部分。据地质调查，有人曾在大炼钢铁时期的炼铁炉渣中发现了锡块②。以上的史书记载和地质调查说明云龙县是一个较大的铜铅银锡矿的矿区，其矿产资源在滇西地区占有较为重要的地位。而从我们收录的云龙铜铅银矿的铅同位素看，其铅同位素数据放射性成因很高，因此在该矿区的其他矿山中可能存在着和海门口两件高放射性成因铅青铜器的铅同位素比值相近的矿石。

　　同时，考古发现表明云龙县的新石器时代文化以及青铜文化的内涵都同剑川县一样，属于广泛分布于洱海流域的滇西类型文化③。因此剑川海门口青铜器的一部分矿料完全有可能来自相距几十公里以外的云龙县矿山。同时，我们在前面也曾经指出，昌宁县出土含高放射性成因铅铜鼓的矿料很可能和海门口两件高放射性成因铅的青铜器矿料来源相同，而昌宁县和云龙县亦属邻县，其相距也不过 120 公里，因此昌宁鼓的矿料是否也来自云龙，是值得考虑的。

　　从我们此次分析的结果来看，大理州云龙县丰富的铜锡矿产资源可能在商代末年就已经得到开发，因此建议对该地区矿山进行考古调查，可能有助于云南地区矿冶开发史乃至商周时期的矿冶开发史研究。

第三节　滇文化青铜器的铅同位素比值和矿料来源

　　前面我们曾总结了滇文化青铜器铅同位素可能反映的社会文化信息，以下再对这些青铜器矿料的可能来源进行分析。将我们分析的青铜器铅同位素比值绘制在前面云南省部分矿山的铅同位素比值图上，得图 8－6。

　　从图 8－6 可以看出，滇文化青铜器铅同位素比值的分布范围较广，且和选择的云南矿山数据的最主要分布区域基本重叠，明显的反映出滇文化的青铜器的矿料都来自云南本土。但从图中可以看到这些青铜器的矿料应该不止来自一座矿山，这在前文我们也曾提到过。其中铜鼓的矿料相对集中，但由于数据收集有限，还没有找到完全符合的矿山数据。

　　① 《云南通志》，清·光绪二十年刻本，转引自章鸿钊《古矿录》，地质出版社，1954 年。
　　② 《中国矿床发现史·云南卷》编辑委员会编：《中国矿床发现史·云南卷》，地质出版社，1996 年，100 页。
　　③ 阚勇：《试论云南新石器文化》，见云南省博物馆编《云南省博物馆建馆三十周年纪念论文集》，1981 年。

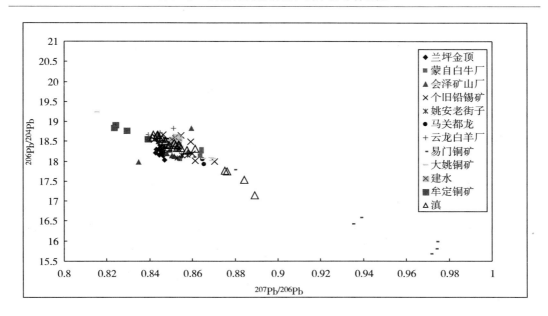

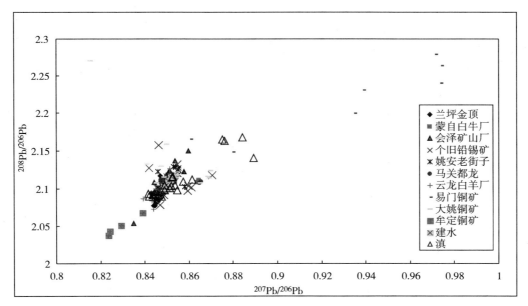

图 8-6 部分滇文化青铜器的铅同位素比值图

　　然而从两图中可以看到，个旧铅锡矿有个别数据在图中和这些铜鼓的数据基本重叠。表明铜鼓的矿料来源可能和个旧铅锡矿有关。由于仅个旧铅锡矿一个矿床的数据就非常分散，证明该矿山铅同位素数据的放射性成因较高。而个旧矿区是一座超大型的铜铅锡共生矿区，因此我们不能排除在个旧矿区的某个小矿具有和这些铜鼓完全相同的铅同位素比值。个旧素有"锡都"之称，是中国最大乃至世界最重要的锡矿产地，和锡伴生的还有大型的铜矿、铅矿，因此作为滇国的青铜矿料来源基地有着得天独厚的优势。而有关个旧出铜锡铅矿的书面记载可以早到滇国时期，如《汉书·地理志》载："益州郡……贲古北采山出锡；西羊山出银、铅，南乌山出锡。"《后汉书·郡国志》载："益州郡……贲古采山出铜锡，羊山出银铅。"据考证"贲古"即现在的个旧地区[①]。从铅同位素分析来看，个旧很有可能是古滇国重器——铜鼓的矿料产地，因此很有必要对个旧矿山进行考古调查。

另外一部分滇文化青铜器的铅同位素数据在两张图中都和建水铅多金属矿以及蒙自白牛厂银铅锌锡铜矿的铅同位素相重叠。这表明这些青铜器的矿料有可能来自建水或者蒙自地区。建水和蒙自地区都靠近中国最大的锡矿——个旧，在汉代其铜、锡、铅矿资源可能就已经为中原王朝所知。前述古文献中的"贲古"亦有学者考证为建水或者蒙自[②]。但由于建水、个旧以及蒙自地区相距非常近，且都有较大规模的铜、锡、铅矿，因此在地质上很可能是一座连为一体的大矿区。根据地质调查，建水虾洞铅锌矿是特大铅锌矿，至少在明代嘉靖、崇祯两朝就已经兴盛一时。矿山之中有很多条古人开采的老硐，周围残留成堆的古代冶炼炉渣[③]。而蒙自白牛厂也是古矿山，该矿山地表"老硐密布，矿渣遍地"。这些都证明建水地区和蒙自地区的古矿在很早就为人所利用开发[④]。我们此次铅同位素比值分析也证实了古文献的记载。说明早在滇国时期，建水、蒙自以及个旧这三座大型的铜、锡和铅多金属矿山可能就已经为先民所开发利用。

前文中我们曾经指出两件鎏金青铜器的铅同位素比值具有和其他青铜器完全不同的值，我们曾经推测这两件青铜器的矿料可能来自东川、易门以及滇黔交界处的矿山。将这两件青铜器绘入图 8 – 6 中，我们可以发现，尽管没有找到与之铅同位素比值重叠的矿山，但这两件青铜器却落入易门铜矿铅同位素比值的分布范围内。由此可以推断，这两件鎏金青铜器的矿料可能来自易门铜矿。但由于易门铜矿和东川铜矿都位于重要的康滇地轴铜矿成矿带上，其铜矿类型按照主岩与含矿作用划分同属于白云岩型沉积改造类型，因此被称为"东川—易门"式铜矿。其共同特点是放射性成因铅含量高，铅同位

---

① a. 薛布高：《史料考证与找矿（之四）·个旧锡矿》，《云南地质》2004 年 4 期；b. 薛布高：《云南主要金属矿产开发史研究》，《矿产与地质》1999 年 2 期；c. 张增祺：《云南冶金史》，云南美术出版社，2000年。

② a. 章鸿钊：《古矿录》，地质出版社，1954 年；b. 夏湘蓉、李仲均、王根元：《中国古代矿业开发史》，地质出版社，1980 年。

③ 《中国矿床发现史·云南卷》编辑委员会编：《中国矿床发现史·云南卷》，地质出版社，1996 年，91～92页。

④ 《中国矿床发现史·云南卷》编辑委员会编：《中国矿床发现史·云南卷》，地质出版社，1996 年，135～138 页。

素比值分布的范围非常广，是典型的异常铅型矿床①。研究者认为这些铜矿床具有如此高的放射性成因铅同位素比值的原因是由于矿床中伴生铀和钍元素的含量很高②。由于图中没有标出东川铜矿的数据（但东川铜矿也有类似的数据分布③），因此到目前为止，仍不能够确定这两件鎏金青铜器的具体矿源究竟是东川还是易门。由于易门铜矿距离昆明较近，特别是距离滇文化墓葬发现较为集中的地区如晋宁、安宁等地更近，且该铜矿距离云南青铜文化鎏金技术的最可能起源地——楚雄万家坝也非常的近，因此易门铜矿作为滇文化先民开采的铜矿具有一定的可能性。《汉书·地理志》记载"益州郡……俞元怀山出铜"。其中俞元经过考证为现在的澄江，尽管本文没有搜集到澄江铜矿的铅同位素比值数据，但由于澄江铜矿离易门铜矿非常近，亦位于"东川—易门"式铜矿成矿带上，所以这两件青铜器的矿料也可能来自澄江铜矿。此外虽然东川铜矿距离昆明地区较远，由于考古学发现滇文化的实力范围已经影响到东川地区，一些学者指出该地区即是《史记》中记载的和滇王"同姓相扶"的"劳浸、靡莫之属"④。因此可能滇文化中掌握了鎏金技术的也是这些所谓的"劳浸、靡莫之属"，这两个小的部落专以向滇国进贡鎏金器物。总之这两件具有特殊铅同位素比值的鎏金青铜器的铜矿料很有可能来自所谓的"东川—易门"式铜矿。这说明这种铜矿在滇国时期可能也已经得到了开发。

综上所述，滇国时期，制作青铜器所需的铜铅矿料的一个重要的产地很可能是古代史书中记载的"贲古"，即现在的个旧、蒙自和建水一带。

第四节　文山州出土早期青铜器的铅同位素比值和矿料来源

前文我们曾谈论到文山州的青铜时代基本和滇文化以及东山文化的时代相同，其地望在当时属于句町古国，也是西南夷的一支⑤，句町文化和滇文化、东山文化等都是铜鼓文化的一个分支。一些学者最新的研究证明文山州可能也是铜鼓的起源地之一⑥，将其地出土的铜鼓定名为句町铜鼓，和石寨山型铜鼓、东山铜鼓并列⑦。我们在前面对于铜鼓的铅同位素比值的考古学分析中也曾主张将句町铜鼓的石寨山期单独列出，认为这

①　陈好寿、冉崇英等著：《康滇地轴铜矿床同位素地球化学》，地质出版社，1992年。
②　陈民扬、庞春勇、肖孟华等：《铜矿床同位素地球化学》，见于津生等编《中国同位素地球化学研究》，科学出版社，1997年。
③　陈好寿、冉崇英等著：《康滇地轴铜矿床同位素地球化学》，地质出版社，1992年。
④　张增祺：《滇文化》，文物出版社，2001年。
⑤　文山壮族苗族自治州文化局编：《文山铜鼓》，云南人民出版社，2004年。
⑥　李昆声：《云南文山在世界铜鼓起源研究中的地位》，见文山壮族苗族自治州文化局编《文山铜鼓暨民族历史文化国际学术研讨会论文集》，云南人民出版社，2005年。
⑦　蒋廷瑜、彭书琳：《试论句町铜鼓》，见文山壮族苗族自治州文化局编《文山铜鼓暨民族历史文化国际学术研讨会论文集》，云南人民出版社，2005年。

种铜鼓的铅同位素比值和其他两种铜鼓的铅同位素比值有一定的差别。

　　我们此次还分析了文山州出土的青铜时代的青铜器 10 件。现将这些青铜器的铅同位素比值加入我们收集到的云南省部分矿山的铅同位素数据图中，绘成图 8−7。

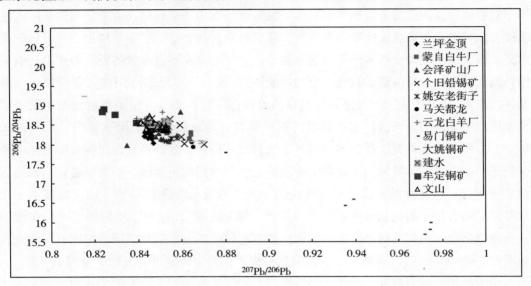

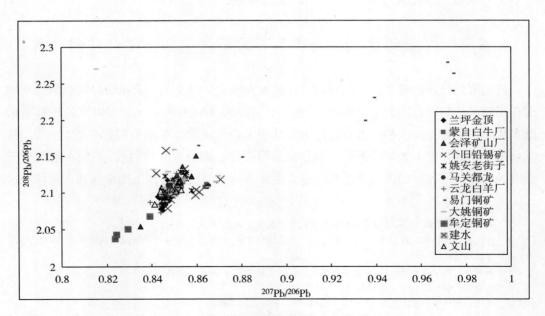

图 8−7　文山出土青铜器的铅同位素比值图

　　在图 8−7 中文山有 6 件铜器的铅同位素比值落入了建水铅多金属矿的铅同位素比

值范围内，证明这些铜器的铜铅矿料产地很可能是建水地区，这和滇文化的一些青铜器（非石寨山型铜鼓）的铅同位素比值类似，再次证明了建水地区矿山可能对于滇、句町两种青铜文化的金属矿来源具有重要意义。

这几件铜器中包括一面万家坝型铜鼓（125 号者偏铜鼓），其铅同位素比值得引起我们注意。在前文我们也曾谈及，这面铜鼓的铅同位素更接近于石寨山型铜鼓的范围，因此它的矿料和石寨山青铜器的矿料有可能同源。这个发现比较有意义。结合以前学者和我们的分析结果，仅有我们分析的两件万家坝型铜鼓（者偏铜鼓和沙果 I 号铜鼓）的铅同位素比值非常接近石寨山型铜鼓的铅同位素比值范围。这面者偏铜鼓的铅同位素比值和建水地区矿铅的铅同位素比值非常相似，这说明建水地区的矿山可能提供了万家坝型铜鼓的矿料来源。而另一面孟梅 II 号铜鼓的铅同位素虽然和者偏铜鼓有一定的差别，但也落在了建水矿山的范围内。因此建水矿区可能提供了句町铜鼓（包括万家坝型和石寨山型）的矿料。这表明建水矿区很有可能成为铜鼓的起源地区之一。这从考古学研究上亦可得到证明。根据一些考古学家的研究，在云南青铜时代，建水地区恰好位于滇池青铜文化（滇文化）和滇南青铜文化（句町文化）的交界处①，因此该地区的矿山为两种文化同时开发亦非没有可能。这种存在于文化边界的矿山，有可能成为不同青铜文化矿料的主要来源，其矿料分别流向两种文化的聚居地，用来铸造类型相同而风格各异的不同式别的铜鼓。然而目前对建水地区的考古学文化背景研究仍比较薄弱，从该地区的文物普查情况发现，该地区的青铜器风格既有滇文化风格、亦有越南北方青铜文化（即东山文化）风格，因此有些学者认为该地区可能是滇池青铜文化向越南传播的中途站②。而实际上该地区的地理位置刚好位于滇文化、东山文化和句町文化甚至包括滇西青铜文化的四种文化的交界地带。从我们及其他学者分析的三种文化铜器的铅同位素比值分布范围来看，即使东山铜鼓和东山文化的一部分青铜器的铅同位素比值也和建水矿山的数据发生重叠。因此似乎可以大胆的推测这个地区是石寨山型铜鼓的起源地，而向三种文化所在地区分别传播。当然在目前缺乏考古学证据的情况下，这仅仅是笔者的一种蠡测。由于该地区考古学研究很薄弱，要想得到考古学证据的支持，就需要深入的开展工作。

以上的论证表明建水多金属矿山的开发可能已经很久远了，但目前该地区的考古学调查研究仍较其他地区相对落后。此外蒙自白牛厂银铅锌铜多金属矿的少部分数据同建水矿区重叠。实际上蒙自和建水都紧靠文山地区。除前述为《汉书》、《后汉书》所记

①　张增祺：《云南青铜文化的类型与族属问题》，见云南省博物馆编《云南青铜文化论集》，云南人民出版社，1991 年。

②　李昆声：《55 年来云南考古的主要成就（1949～2004）》，《四川文物》2004 年 3 期。

载的"贲古"被学者考证可能在这两个地区之外，《汉书·地理志》还记载，"益州郡……来唯从陬山出铜"。根据考证，来唯可能是指蒙自或者是文山①。这再次表明包括现在的个旧、蒙自、建水、文山在内的"南岭地区锡多金属成矿带②"云南段早在青铜时代可能就已经得到大量的开发和利用。

此外文山州还有 3 件青铜器的铅同位素比值落在搜集到的所有矿山数据之外。这 3 件铜器分别为万家坝型铜鼓 102 号草皮村铜鼓、124 号沙果 I 号铜鼓和一件铜锄。关于 102 号草皮村铜鼓，在前文讨论铜鼓铅同位素比值的时候曾经提到，其铅同位素比值和楚雄万家坝 M23 的两面铜鼓以及弥渡青石湾铜鼓的铅同位素比较接近，并根据最近的考古发现推测这些铜鼓可能产自大理的弥渡地区，从目前收集到的铅同位素数据资料来看，仍不能排除这个可能。前文对 124 号沙果 I 号铜鼓的铅同位素比值亦曾讨论，说明它和石寨山型铜鼓的铅同位素比值很接近，这一点从图中也可以看到。实际上它的数据和上文提到的滇文化铜鼓的铅同位素比值的小范围几近重叠，这表明沙果 I 号铜鼓和石寨山型铜鼓的矿料产地可能相近，从铅同位素分析的角度证明了万家坝型铜鼓和石寨山型铜鼓的承继关系。前曾述及，我们分析的石寨山型铜鼓的铅同位素数据和个旧铅锡矿的数据有个别重叠，因此我们推测这些铜鼓的矿料可能来自个旧地区的矿山。如果的确如此，那么对我们上述关于石寨山型铜鼓的起源地的推测也是一个证明。由于建水、个旧、蒙自以及文山地区同属于中国最大锡矿带的重要组成部分，该地区在汉代时也已经为中原地区所熟知，因此这个地区完全有可能成为西南地区铜鼓文化的最重要矿料来源地区，甚至有可能成为石寨山型铜鼓的起源地。

综上所述，对文山青铜器的铅同位素比值研究发现，大部分铜器的矿料可能来自文山州附近的建水矿山，这表明在云南青铜时代，著名的"南岭地区锡多金属成矿带"云南段可能已经得到开发。通过铅同位素的对比，我们似乎还可以推测该成矿带所在的建水、个旧、蒙自地区很可能是石寨山型铜鼓的主要发源地，当然这目前仍在推测阶段。鉴于目前该地区的考古学研究工作开展的并不深入，因此建议加大该地区考古工作的力度。

第五节　滇西几件青铜器的铅同位素比值和矿料来源

此次我们还分析了几件滇西地区青铜时代的青铜器。这些青铜器分别来自楚雄万家坝，大理祥云、永平等地点。将这些青铜器的铅同位素绘在云南省部分矿山的铅同位素

---

① 夏湘蓉、李仲均、王根元：《中国古代矿业开发史》，地质出版社，1980 年。

② 丁悌平：《锡矿床同位素地球化学》，见于津生等编《中国同位素地球化学研究》，科学出版社，1997 年。

数据图中，得到图 8 - 8。

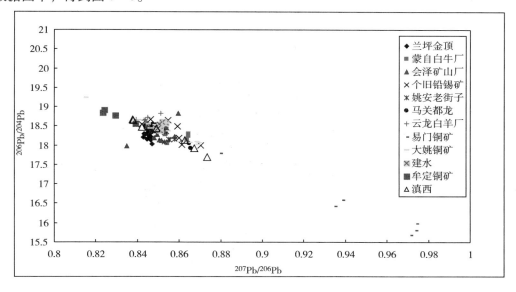

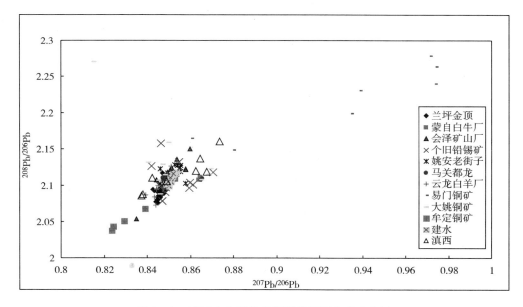

图 8 - 8　滇西出土部分青铜器的铅同位素比值图

从图 8 - 8 中可以看到，这些青铜器的铅同位素没有和收集到的矿山铅同位素数据相重叠。由于滇西地区搜集到的矿山铅同位素数据较少，因此目前无法判断这些青铜器的确切矿料产地。但有一件重要的青铜器——15 号祥云大波那大铜棺的铅同位素数据却再次落入了建水多金属矿的铅同位素数据范围内。这一点值得注意。大波那铜棺是云南省目前发现的最大的属于青铜时代的青铜器，重达 257 公斤，棺身遍铸鸟兽花纹，实属滇西文化青铜艺术的精品①。通常认为铜棺是使用所谓的"地坑法"铸造的②，但经过我们检验，铜棺可能并不是以前学者所认为的一次铸造成型的，而是在铸后又使用锻打技术进行了整体加工。对如此大的器物进行全面的热加工修整，说明云南古代的青铜工匠对锡青铜热加工性能的熟练了解。

这件铜棺的铅同位素比值落入了建水矿铅的铅同位素比值范围内，但出土这件铜棺的祥云大波那距离建水地区较远，同时铜棺的含铅量较低，XRF 分析结果小于 0.05%，因此该铜棺所含铅应该来自铜矿，所以可能在滇西存在与建水铅多金属矿铅同位素相似的铜矿。例如离祥云较近的楚雄大姚铜矿区，尽管我们获得的大姚铜矿没有和该铜棺铅同位素一样的，但大姚铜矿有几个数据和建水铅多金属矿的重叠，同时大姚铜矿的铅同位素范围分布较广，不能排除大姚铜矿区有个别矿床会存在具有与之一致的铅同位素比值。然而我们也不能排除铜棺的矿料来自建水地区的可能。在前文对铜鼓的讨论当中，我们知道滇东南的文山和滇西的楚雄、大理可能都是万家坝型铜鼓的起源地。而在上文讨论文山青铜器的时候，我们亦曾提到建水处于中国云南和越南青铜时代各文化交汇的重要地理位置，因此该矿山有可能是万家坝型铜鼓传输的一个重要的中转站，这样大铜棺的矿料来自建水地区亦非没有可能。这一点，则需要我们今后的考古研究来证实了。

另外两面万家坝型铜鼓即弥渡青石湾铜鼓和万家坝 M23：160 铜鼓在前文已经详细的进行了讨论，证明这两面铜鼓的铅同位素可能指征了万家坝型铜鼓的一个重要矿料产地，该产地很可能在弥渡县境内。但由于矿山铅同位素数据不完全，无法确证，需要进一步做工作。

除此以外，一件 147 号永平出土铜釜的铅同位素比值是典型的所谓"华北铅"，其铅同位素比值完全落在了日本学者分析的所谓"西汉镜"的比值范围内。但目前发表的所有云南地区的铅同位素比值都没有类似的比值，如前所述的"东川—易门"式铜矿的铅同位素比值与之相比，在 $^{207}Pb/^{206}Pb$ 相同的情况下，$^{208}Pb/^{206}Pb$ 的值明显要低。该铜釜具有典型的滇西青铜文化风格，从中原输入的可能性非常的小，但不排除有从中原输入了矿料而在云南铸造的可能，亦或是将输入的器物重熔后铸造了这件铜釜。对这件铜釜铅同位素比值的深入研究也许会对考古学和地球化学研究都有促进作用。

此外，出土自祥云的 3 件青铜器在目前也无法找到可能的矿源，但这些青铜器的铅同位素比值的总体分布趋势则和滇西偏中的一些铜矿如大姚铜矿的相似，因此有可能其矿料都来自当地。

① 云南省文物工作队：《云南祥云大波那木椁铜棺墓清理报告》，《考古》1964 年 12 期。
② 张增祺：《云南冶金史》，云南美术出版社，2000 年。

第六节　丽江两件青铜器的铅同位素比值和矿料来源

本次还分析了来自滇西北丽江的两件青铜时代青铜器的铅同位素比值。丽江地区的青铜文化不同于滇西和滇池等区域，其文化面貌和四川西昌盐源县的更为接近。该地区流行石棺墓，部分青铜器和滇西青铜文化的类似，部分又有明显的北方草原文化风格。一些学者认为其是古代游牧民族——古羌人的支系白狼人的文化遗存[①]。另一些学者则认为这种文化是《史记·西南夷列传》中记载的"笮都夷"，亦是古羌人的后裔[②]。但皆认为具有这种文化面貌的族属是氐羌系统的游牧民族。

两件青铜器同出于丽江宁蒗县，尽管一件是征集品，一件是发掘品，但这两件青铜器的铅同位素比值比较近似，说明在青铜时代该地区青铜矿料来源可能较为单一。其铅同位素比值见图8-9。

从图中可以明显的看出，这两件青铜器的铅同位素比值完全不同于云南其他地区矿山的铅同位素比值，这表明很有可能是使用了当地的矿料，亦或是使用了四川西昌盐源一带的矿料。由于目前还没有搜集到这两个地区矿山的铅同位素数据，因此尚无法作出肯定回答。丽江地区以中甸县产铜最盛，其中中甸县红山铜多金属矿在解放前就曾开采[③]。而四川西昌位于"康滇地轴成矿带"的四川段，其中多有大型铜矿存在。就我们收集到的数据来看，西昌相邻的雅安汉源团宝山矿山的两个铅同位素数据和这两件青铜器的非常近似[④]，参见表8-1。

表8-1　　云南丽江两件青铜器和四川汉源团宝山铅锌矿的铅同位素比值

		$^{206}Pb/^{204}Pb$	$^{207}Pb/^{206}Pb$	$^{208}Pb/^{206}Pb$
165	铜饰	18.834	0.83575	2.085614
166	铜削	18.742	0.834983	2.0854207
汉源团宝山	方铅矿	18.61	0.83772	2.09457
汉源团宝山	方铅矿	18.88	0.834746	2.08845

①　张增祺：《云南青铜文化的类型与族属问题》，见云南省博物馆编《云南青铜文化论集》，云南人民出版社，1991年。

②　阚勇：《滇西青铜文化浅谈》，见云南省博物馆编《云南青铜文化论集》，云南人民出版社，1991年。

③　《中国矿床发现史·云南卷》编辑委员会编：《中国矿床发现史·云南卷》，地质出版社，1996年，82~83页。

④　地质部宜昌地质矿产研究所同位素地质研究室：《铅同位素地质研究的基本问题》，地质出版社，1979年。

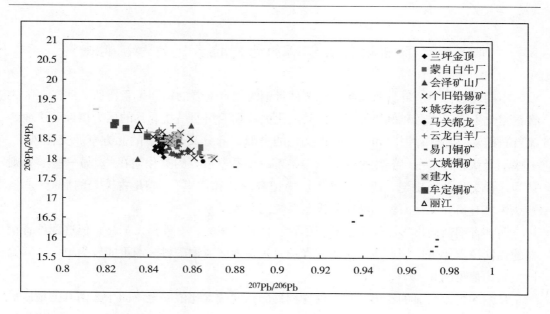

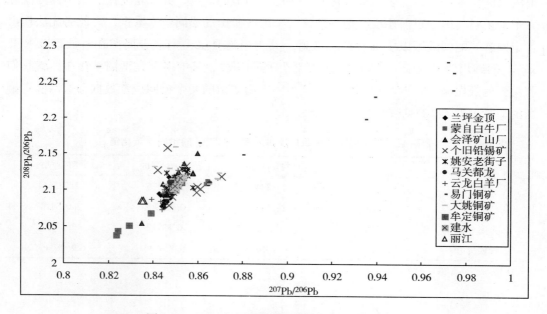

图 8 - 9　丽江出土两件青铜器的铅同位素比值图

童恩正先生考证，汉源县在青铜时代也是笮都夷活动的区域①；且考古工作者也发

① 童恩正：《近年来中国西南民族地区战国秦汉时代的考古发现及其研究》，见童恩正著《中国西南民族考古论文集》，文物出版社，1986 年。

现该地区的墓葬以和丽江地区相似的石棺墓为主①，其考古学文化面貌和丽江地区相同。因此我们分析的这两件青铜器有可能是随着笮都夷的活动从汉源输入的。然而需要指出的是，这两件青铜器的含铅量均低于1%，因此其铅同位素比值很有可能是表征了铜矿的铅同位素比值。鉴于目前我们搜集的数据并不完善，最终对这两件青铜器产地的确定尚需要以后更深入的研究。

---

① 李绍明：《西南民族之路与民族走廊》，见李绍明著《巴蜀民族史论集》，四川人民出版社，2004年。

第九章 结 论

综合前文各章的讨论，可以得出以下主要结论：

1. 通过经验公式计算和模拟实验分析，可以确定尽管古代青铜冶金过程中会由于铅的损失导致铅同位素发生分馏，但这种分馏异常小，基本可以忽略。在国际上首次根据模拟实验结果初步计算得到了铅同位素分馏系数的实验值。

2. 首次引入地球化学省的概念和铅同位素矢量填图的方法分析了已经发表的先秦时期（东周以前）青铜器的数据。结果表明引入地球化学省概念时，可以在不需区分铜器合金元素种类的情况下，缩小矿料来源的地域范围。矢量填图结合地球化学省的研究方法为我们进一步研究中国夏商周三代青铜矿料产源提供了有效手段。

3. 在中国首次使用多接收电感耦合等离子质谱（ICP－MS）方法分析了古代青铜器的铅同位素比值，并根据仪器特点使用强酸直接溶解的方法制备待测青铜样品。

4. 云南省出土青铜器的铅同位素矢量填图结果表明，该地区青铜时代青铜矿料应该都来自云南省省内，而该地区的普通铅铅矿并没有输入中原。

5. 分析了云南剑川海门口和昆明王家墩青铜时代早期遗址出土的青铜器，发现其中有 3 件青铜器的铅同位素比值是典型的高放射性成因铅，这为研究中国殷商青铜器的矿料来源提供了重要线索。和现代矿山铅同位素资料对比发现，海门口遗址有部分青铜器的矿料可能来自遗址附近的云龙白羊厂铜铅银矿。

6. 铜鼓的铅同位素数据分析结果表明，万家坝型铜鼓、石寨山型铜鼓和东山铜鼓三者铅同位素比值分布范围基本不重叠，表明它们可能为分属不同文化的古代少数民族所使用。万家坝型铜鼓的铅同位素比值主要集中在三个区域，说明使用这种铜鼓的古代"濮人"活动范围较广。而石寨山型铜鼓和东山铜鼓的铅同位素结果显示两者之间并没有相互影响。分析结果还表明古句町国可能是另一个重要铸造和使用万家坝型及石寨山型铜鼓的中心。

检测的 1 面冷水冲型铜鼓、1 面灵山型铜鼓和 1 面北流型铜鼓的铅同位素比值显示它们很有可能是由这三类铜鼓的最主要分布地域——广西传入的。对两面麻江型铜鼓的铅同位素比值分析表明其中 1 面的铅矿料可能来自贵州、云南的交界地区，而另外 1 面则有可能是本地铸造。

分析了5面遵义型铜鼓，显示出重要意义。其中3面遵义型铜鼓不但具有别的种类铜鼓没有发现过的合金组成，而且它们的铅同位素比值也有别于以前学者分析的遵义型铜鼓。表明"遵义型铜鼓"是一种独特的铜鼓类型，文山州地区很有可能是遵义型铜鼓的重要铸造和使用中心。

7. 研究发现，铅同位素的分散程度与器物类型相关，滇文化和东山文化出土铜鼓的铅同位素比值比较集中，可能表明铜鼓具有重要社会功能，其生产受到统治阶层控制。

滇文化两件铜镜的铅同位素比值和日本发现的"西汉镜"相似，说明两者的矿料来源相同，很可能都来自陕西关中地区。滇文化的两件鎏金青铜器的铅同位素比值完全不同于其他青铜器，说明鎏金技术可能为少数人所掌控，同时可能反映其特殊的来源。

和现代矿山对比的结果表明，滇文化青铜器的一部分矿料可能来自目前中国最重要的南岭锡多金属成矿带云南段的多金属矿区，这个成矿带的铜锡铅矿料可能在早于汉代时就已经大规模的开发了，而这正好验证了史书的记载。

8. 将文山州出土早期青铜器的铅同位素比值和现代矿山数据进行对比后发现，大部分青铜器的矿料可能来自文山州附近的建水矿山。

楚雄州和大理州出土的几件青铜器的铅同位素数据分析显示，祥云大波那大铜棺的矿料有可能亦来自建水矿区，而其他青铜器的矿料有可能来自其附近的矿区。

丽江地区两件铜器的铅同位素数据非常相近，但完全不同于其他地区出土青铜器的铅同位素比值。

附　录

古代青铜器矿料产源的微量
元素示踪研究评述

崔剑锋

（北京大学考古文博学院）

一　青铜器矿料产源研究史简介

从 19 世纪中叶开始，一些欧洲学者就开始注意到古代青铜器的矿料产源研究，他们相信通过分析青铜器的成分，然后和矿石的成分进行对比，一定能知道铸造这些青铜器使用的铜矿石来自哪里。例如 1842 年，德国的科学家 Gröbel 曾经发表文章，根据其分析的 120 件铜器的成分数据将使用这些铜器的人分成不同的组，并认为这些不同的组代表了开采不同矿山的民族[①]。进入 20 世纪，随着考古学和自然科学技术的发展，越来越多的冶金考古学家对铜器的矿料来源感兴趣，并执行了很多大的科研计划来研究该问题[②]。

最初，微量元素分析方法是唯一可行的铜器产源判定方法，研究者们所有的尝试都是围绕这种方法进行的，并且总结出了可以用于铜器探源的一定的微量元素分布模式。例如 Feidemann 等根据 Ag、As、Fe、Bi、Pb、Sb 这六种元素将铜器和矿石的类型联系起来[③]，即对这些元素的含量进行统计分析来判断铜器中的铜最初是由自然铜矿、氧化型铜矿还是还原型铜矿冶炼出来的。1966 ~ 1967 年，欧洲学者则使用了 As、Sb、Ag、Ni 和 Bi 等五种元素将属于欧洲新石器时代晚期和青铜时代的 2 万多件铜器分成 40 多个

① 转引自 Pernicka, E., Trace element figerprinting of ancient copper: a guide to technology or provenance, in S. M. M. Young, A. M. Pollard, R. Ixer and P. Budd (eds.), Metals in Antiquity, Oxford, 1999, pp. 163 – 171.

② 转引自 Pernicka, E., Trace element figerprinting of ancient copper: a guide to technology or provenance, in S. M. M. Young, A. M. Pollard, R. Ixer and P. Budd (eds.), Metals in Antiquity, Oxford, 1999, pp. 163 – 171.

③ Feidemann, A., M. Conway, M. Kastner, J. Milsted, D. Metta, P. R. and Olsen, E., Copper artifacts: correlation with some types of copper ores, *Science*, 1966, 152, pp. 1504 –1506.

组①。近几年来，我国一些学者开始关注微量元素探索青铜器的产源，他们的研究成果和这些欧美学者以前得到的几乎完全相同，即使用 Bi、Ag、As、Sb、Ni、Cd、Hg、Se 等元素来进行铜器矿料探源②。

　　1966 年，Brill 将铅同位素技术引入到考古学中，主要用来研究玻璃和颜料的产地③。日本学者④和欧洲学者⑤则将这项技术用来探索古代铜器的产源。在他们的结果发表不到一年，我国学者金正耀也引进该技术，分析了殷墟出土 12 件青铜器的产源⑥。铅同位素技术引入考古学中标志着铜器的产源研究进入了新的纪元，其准确的地域指征特性和不受铸造冶炼等影响的稳定特性是微量元素判源方法不可比拟的⑦，因此从其被引入来研究铜器产源后，各国学者都把注意力转移到其身上来。铅同位素技术的优点固然明显，可是缺点亦非没有。其最主要的缺点是不同地区的铅同位素出现重叠效应，即不同矿山的铅同位素分布范围会发生重叠；此外一些矿山的铅同位素比值十分分散，甚至可能覆盖其他多数矿山的比值，这两个局限性对铜器矿料判源非常不利⑧。1995 年，铅同位素技术的这些局限性引起了对该种技术的广泛讨论，《地中海考古》（Journal of Mediterranean Archaeology）特意用一期专刊的形式邀请欧美研究铜器产源的一些主要学者进行关于铅同位素技术和微量元素分析的讨论，最终仍未得到令人满意的结果。德国科技考古学家 Pernicka 中肯的指出微量元素和铅同位素两种技术的结合，互相取长补短一定能够更好地进行探源的研究⑨。

---

① 转引自 Pernicka, E., Trace element figerprinting of ancient copper: a guide to technology or provenance, in S. M. M. Young, A. M. Pollard, R. Ixer and P. Budd (eds.), Metals in Antiquity, Oxford, 1999, pp. 163 – 171.

② 王昌燧、邱平、秦颖、单洁：《文物断源研究之成果、心得和思考》，见王昌燧等主编《科技考古论丛（第三辑）》，中国科技大学出版社，2003 年，26～32 页。

③ Brill, R. H. and J. M. Wampler, Isotope studies of ancient lead. *American Journal of Archaeology*, 1967, Vol. 71, No 1, pp. 63 –77.

④ 马渊久夫：《铅同位素比推定青铜器原料的产地》，见日本第三次《大学与科学》公开学术研讨会组委会编《现代自然科学技术在考古学中的应用——日本第三次〈大学与科学〉公开学术研讨会论文集》，西北大学出版社，1992 年，128～142 页。

⑤ Gale, N. H., Stos – Gale, Z. A., Bronze age copper sources in the Mediterranean: a new approach, *Science*, 1982, 216, pp. 11 –19.

⑥ 金正耀：《晚商中原青铜的矿料来源研究》，《科技史论集》，中国科技大学出版社，1987 年，373～375 页。

⑦ Gale, N. H, Zofia Stos – Gale, Lead isotope analyses apolied to provenance studies, in *Modern Analytical Methods in Art and Archaeology*, Chicago, 2000.

⑧ Budd, P. *et. al.*, Rethinking the quest for provenance, *Antiquity*, 1996, 70, pp. 168 –174.

⑨ Pernicka, E., Crisis or Catharsis in lead isotope analysis? *Journal of Mediterranean Archaeology*, 1995, Vol. 8, pp. 59 –64.

二　铜器微量元素探源的主要原理

1923 年，挪威地球化学家 Goldschmidt V. M. 根据不同元素在陨石相以及冶金产物中的富集情况，将周期表中的所有元素分为亲铁元素、亲铜元素、亲石元素和亲气元素四大类[1]（图 1）。由于他参考了冶金产物中元素的分配情况，因此这种分类完全可以被用回到冶金过程当中来。在铜矿的冶炼过程以及冶铜的最终产物中，亲石元素被用来作为助熔剂、造渣，亲铜元素主要富集在金属铜中，而亲铁元素主要富集于渣中。使用微量元素进行铜器产源研究，就是要通过分析在整个矿冶过程中和铜的相对含量不发生变化或者是发生变化但有规律可寻的微量元素的含量来判断铜矿的来源。这些微量元素主要指的是亲铜元素。由图 1 可以看到，亲铜元素主要包括 Cu、Zn、Ag、Cd、Hg、Pb、As、Sb、Bi、S、Se、Te 等元素，由于 Zn、Cd 等是极易挥发的元素，Hg 在常温下即是液态，因此这些元素在青铜的冶炼过程中，90% 以上的都会随着冶炼烟尘挥发掉，对判源的作用不大。但通过一些学者的研究，这三个元素特别是 Hg 和 Cd 在自然铜中的含量往往会较高，因此常被用来判断自然铜的产地以及铜器是使用自然铜还是冶炼铜制造的。另外，虽然在图中，Co 和 Ni 属于亲铁元素，但是冶金实践证明，Co 和 Ni 属于既亲铁又亲铜的元素，在铜冶金过程中，基本会各有 50% 分别富集于铜和渣中[2]。此外，尽管金和铂族元素也属于亲铁元素，但冶金实践证明，金和铂族元素在冶铜过程中，基本会完全进入铜当中[3]。从图 1 中可以看到，在古陶瓷器产源研究中非常重要的稀土元素（REE）为亲石元素，在冶炼过程中稀土元素完全进入到炉渣中，无法用其来进行铜的示踪。但由于 REE 元素强的地球化学指征作用，如果找到古代冶金过程中剩余的炼渣、炉渣等遗物，可以分析其中的稀土元素分配情况来进行渣的示踪研究。

1. 采矿技术对微量元素含量的影响

Pernicka 指出对于大多数矿山来说，要想直接利用微量元素将铜器和它们联系起来，非常的困难，这是因为很少有如约旦的 Feinan 铜矿那样化学均一性非常好的矿山[4]。另外 Feidemann 等研究了铜器的微量元素分布和原料铜的矿物种类的关系问题[5]。

① H. J. 勒斯勒、H. 朗格著，卢焕章、徐仲伦译：《地球化学表》，科学出版社，1985 年，159～162 页。

② Hall, M., Comments on 'Oxhide Ingots, recycling and the Mediterranean metals trade', *Journal of Mediterranean Archaeology*, 1995, Vol. 8, pp. 42 −44.

③ Kucha, H., Cichowska, E., Precious metals in copper smelting products, *Physicochemical Problems of Mineral Processing*, 2001, 35, pp. 91 −101.

④ Pernicka, E., Trace element figerprinting of ancient copper: a guide to technology or provenance, in S. M. M. Young, A. M. Pollard, R. Ixer and P. Budd (eds.), Metals in Antiquity, Oxford, 1999, pp. 163 −171.

⑤ Feidemann, A., M. Conway, M. Kastner, J. Milsted, D. Metta, P. R. and Olsen, E., Copper artifacts: correlation with some types of copper ores, *Science*, 1966, 152, pp. 1504 −1506.

实际上这是一个十分重要的问题，涉及探索铜器矿料产源的基础，但此后仅有 Agrawal 和 Rapp 两位学者注意到这一点的重要性①，其他冶金史学家和考古学家却没有再注意这一点，他们中大多数都直接将微量元素和不同矿山的矿石进行判别，而越过判断矿石种类的阶段，因此往往效果非常不理想。显而易见，即使是同一矿山，由不同种类铜矿石冶炼得到的铜料，微量元素含量也不相同。Ixer 指出，矿床通常是不均匀的，往往显示出分区（zoning）效应，在古人主要利用的氧化矿富集区域——氧化/风化带，即矿山的铁帽，尽管以矿石种类以氧化矿为主，但也伴生有硫化矿、含砷的矿石等②。如果古人仅使用氧化铜矿来冶炼，则铜器中所含微量元素将非常少，但是一旦在冶炼中混入含砷的矿石，那么所得到的铜器中砷的含量一定会较高，如果不考虑冶炼时矿石的种类，必然会认为这些铜器来自另一个矿山，从而得到错误的结论。

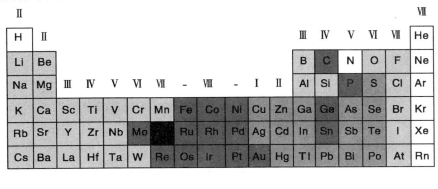

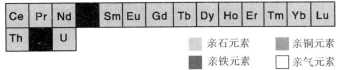

图 1 根据元素地球化学性质进行分类的元素周期表

（据 Pernicka 1999③ 重绘）

　　Ixer 还指出，使用微量元素判断铜器产源的时候，一定要注意和矿物学知识结合。他总结了前人对黝铜矿（fahlerz，含锑或者砷的硫化铜矿）的分析，指出尽管黝铜矿的种类很多且很复杂，包含了很多种类的微量元素，但是含 Pb、Ni 和 Co 的黝铜矿却很稀

① Agrwal, D. P., Ancient Metal Technology and Archaeology of South Asia – A Pan – Asian Perspective, New Delhi, Aryan Books International, 2000, pp. 9 – 32.

② Ixer, R. A., Role of ore geology and ores in the archaeological provenancing of metals, in Young S., Pollard A., Ixer R. and Budd P. (eds.), Metals in Antiquity, Oxford, 1999, pp. 43 – 52.

③ Pernicka, E., Trace element figerprinting of ancient copper: a guide to technology or provenance, in S. M. M. Young, A. M. Pollard, R. Ixer and P. Budd (eds.), Metals in Antiquity, Oxford, 1999, pp. 163 – 171.

有或者不存在①。这一点对于判断砷铜中合金元素的来源非常有帮助，当检测到砷铜中含有 Pb、Ni 或者 Co 时，很有可能的是这些元素是人为加入或者是非黝铜矿的矿石引入的。Pernicka 在分析 Mitterberg 矿附近出土的 800 多件晚青铜时代铜器时，发现这些铜器中 80% 以 As 和 Ni 为主要的杂质元素，而 Mitterberg 矿除了有铜矿外，还盛产硫砷镍矿（NiAsS），因此很明显这些铜器都是使用该地的铜矿冶铸的，并且冶炼的时候还混入了硫砷镍矿②。

还有值得注意的是，Gale 和 Stos – Gale 指出，选矿过程也会改变微量元素在铜中的分配情况，这一点也常常被学者们所忽略③。古人采矿多利用矿石和废石的密度不同，采用流水进行淘洗浮选。很容易理解的是，除了矿石和废石的密度不同，不同种类的矿石的密度当然也不同。因此如果古人只利用其中一、二种矿石的话，其他的矿石就会被废弃，这种浮选的级数越多，所选出的矿石纯度也就越高，同时代表铜矿石地球化学特征的微量元素信息丢失的也就越多。这样，我们在利用微量元素探寻铜矿产源的时候，不但需要注意矿石的种类，还需要注意古人选矿的精细程度。

2. 冶炼技术对微量元素分布的影响

由矿石变为金属的冶炼过程，是微量元素的分配发生巨大变化的物理化学过程。如前所述，不同类型的元素分别富集于金属铜和炉渣中，因此如果想使用微量元素判断矿源，就必须研究清楚不同元素在金属和炉渣中的富集情况。李延祥等指出，我国古代炼铜炉近似于现代鼓风炉且还原性气氛更强④。在湖北大冶铜绿山发现的属于春秋时期的粗铜锭的含铜量达到 93%，完全符合现代冶炼粗铜的标准，说明至迟在春秋时期的炼铜技术已经可以和现代冶铜技术相媲美了⑤。因此我们完全可以借助现代冶金技术的知识，来研究古代冶铜过程中微量元素的分配情况。表 1 是现代冶炼硫化铜矿时不同的微量元素的典型配比情况⑥。

———————————

①　Ixer, R. A., Pattrick, R. A., Copper – Arsenic ores and bronze age mining and metallurgy with special reference to the British isles, in Paul Craddock and Janet Lang（eds.），*Mining and Metal Production through the ages*, London, The British Museum Press, 2003, pp. 9 – 20.

②　Pernicka E., Trace element figerprinting of ancient copper: a guide to technology or provenance, in S. M. M. Young, A. M. Pollard, R. Ixer and P. Budd（eds.），Metals in Antiquity, Oxford, 1999, pp. 163 – 171.

③　Gale, N. H., Zofia Stos – Gale, Lead isotope analyses apolied to provenance studies, in *Modern Analytical Methods in Art and Archaeology*, Chicago, 2000.

④　李延祥、洪彦若：《炉渣分析揭示古代炼铜技术》，《文物保护与考古科学》，1995 年 1 期，28～34 页。

⑤　卢本珊：《铜绿山春秋早期的炼铜技术》，《科技史文集》第 13 辑，上海科学技术出版社，1985 年，11～23 页。

⑥　李墨芹、水志良：《铜冶炼过程中有价金属的回收》，《中国大百科全书·矿冶卷》，中国大百科全书出版社，1984 年，645～646 页。

表 1 部分微量元素在现代铜冶炼过程中的配比情况

元素	As	Sb	Bi	Se	Te	Co	Ni	贵金属（Au、Ag、铂族元素）
进入粗铜中的比例	约60%	约60%	约50%~80%	约60%	约50%	约50%	约50%	>95%

由表 1 可以看出，除了 Au、Ag、铂族元素等贵金属在冶炼过程中基本完全进入粗铜中以外，其他的亲铜元素都会发生损失。根据目前已知的模拟古代冶炼的情况，以上数据和古代冶铜时微量元素的配比情况相差不远[①]。因此掌握了冶炼过程中这些亲铜元素的分配规律，将有助于我们进行微量元素产源分析。

由表中可以看到，As/Sb、Co/Ni、Se/Te 以及 Au/Ag 等几组元素，在粗铜中分配情况几乎是完全相同，说明这些元素对彼此密切相关。值得注意的是，在自然铜产源判别中，这几对元素被用作分析元素对来同时使用[②]，目前也已经有许多学者将其应用在冶炼得到的铜锭的产源研究当中。

3. 熔炼和合金化技术对微量元素分配的影响

冶炼好的粗铜在浇铸时需要重新熔化，在这个熔化过程中，会导致杂质元素的丧失，以达到对铜锭精炼提纯的目的。这就是现代冶铜技术中所谓的火法精炼过程，该过程可以使铜的含量达到99%以上[③]。早在春秋战国时期，《周礼·冬官·考工记》中已经记载了这一点："凡铸金之状，金与锡，黑浊之气竭，黄白次之；黄白之气竭，青白次之；青白之气竭，青气次之，然后可铸也。"这说明古人已经掌握了通过观测火焰颜色来判断冶炼温度的技术[④]，同时还表明古人可能将精炼提纯和熔融铸造过程合二为一。黑浊之气当是铜和锡中含有的一些杂质元素被氧化挥发所致，因此古人很早就可以通过重新熔化粗铜达到使铜精炼的目的。重熔过程当然也可以使铜的微量元素发生较大的变化。Pernicka 总结了 Merkel（1983 年和 1990 年）的两次模拟实验，发现除了 Fe、S、Mo 等元素外，其他元素在简单熔化条件下含量没有发生太大的变化，但是 Co 和 Ni 在强氧化（鼓风）条件下，会发生大量的损失，因此判断熔铜时鼓风条件非常重要。Pernicka 认为，在古代，铜被熔化后，一般很少继续进行鼓风，因为这样很容易使得铜

① Hall, M., Comments on 'Oxhide Ingots, recycling and the Mediterranean metals trade', *Journal of Mediterranean Archaeology*, 1995, Vol. 8, pp. 42 -44.

② Pernicka, E., Trace element figerprinting of ancient copper: a guide to technology or provenance, in S. M. M. Young, A. M. Pollard, R. Ixer and P. Budd (eds.), Metals in Antiquity, Oxford, 1999, pp. 163 -171.

③ 蔡建宁：《火法炼铜》，《中国大百科全书·矿冶卷》，中国大百科全书出版社，1984 年，636~639 页。

④ 戴吾三：《考工记图说》，山东画报出版社，2003 年，49 页。

被再次氧化[①]。目前已知我国在殷商时代中原地区熔铜使用将军盔[②]；而一些学者利用湖北盘龙城遗址出土的大口缸进行的模拟实验，认为盘龙城古人使用大口缸进行熔铜[③]。上述这两种熔铜坩埚都为敞口，根据徐劲松等的模拟实验[④]，熔炼时为内加热，即在炉中添加木炭，然后将鼓风管深入容器内部进行鼓风熔炼，而浇铸时则是等到炉料熔化为铜液后，即停止鼓风，实验者认为这种方式较为接近古人熔铜时的情况。根据以上情况，以及 Merkel 的模拟实验，可以认为在我国古代重熔铜时并不带来微量元素较大损失。

　　另外至关重要的一点是，合金化时由合金元素引入的微量元素对粗铜本身的微量元素情况造成的影响。在我国古代，这些合金元素主要是锡和铅，以及较为晚期的锌。Pernicka 认为当锡含量大于 1%、铅含量大于 5% 左右时，使用微量元素判断需要考虑到这两种合金元素的加权效应[⑤]。但我国一些学者如李清临等最近的研究表明，由于青铜中铜所占的比例很高，因此引入这两种合金元素可能对大多数微量元素来说并不会产生太大的影响[⑥]。根据他们的模拟实验，选取用于配比合金的锡料和铅料所含微量元素的量大都较铜为低，加之两种元素在合金中的含量都低于 10%，因此可以安全的使用铜料所含的微量元素进行判别分析。但其中一种锡料含 Sb 的量远高于铜料中含 Sb 的量，导致经过合金化后青铜的含 Sb 量都相当的高，且相当的均一，无法体现出用做实验的两个矿山的铜料的差别。因此该模拟试验说明在以后的研究中仍旧要注意锡和铅引入的微量元素的加权效应，这就需要同时研究铅锡在冶铸过程中微量元素的分配问题。

　　由于铅和锡的熔点非常低，因此比较容易冶炼，所以在古代的冶金条件下，得到较为纯的锡锭和铅锭也是很容易的。例如在殷墟就出土了很多铅质的礼器、头盔和兵器。根据研究这些铅质器物的含铅量都在 95% 以上，有些甚至达到 99% 以上[⑦]，完全达到了现代鼓风炉冶炼粗铅的标准，因此亦可借助现代冶炼铅的微量元素分配情况来研究古

①　Pernicka, E., Trace element figerprinting of ancient copper: a guide to technology or provenance, in S. M. M. Young, A. M. Pollard, R. Ixer and P. Budd (eds.), Metals in Antiquity, Oxford, 1999, pp. 163 –171.

②　华觉明：《中国古代金属技术——铜和铁造就的文明》，大象出版社，1999 年。

③　徐劲松、李桃元、董亚巍：《盘龙城出土大口陶缸的模拟试验》，见王昌燧等主编《科技考古论丛（第三辑）》，中国科技大学出版社，2003 年，89～94 页。

④　徐劲松、李桃元、董亚巍：《盘龙城出土大口陶缸的模拟试验》，见王昌燧等主编《科技考古论丛（第三辑）》，中国科技大学出版社，2003 年，89～94 页。

⑤　Pernicka, E., Trace element figerprinting of ancient copper: a guide to technology or provenance, in S. M. M. Young, A. M. Pollard, R. Ixer and P. Budd (eds.), Metals in Antiquity, Oxford, 1999, pp. 163 –171.

⑥　李清临、朱君孝、秦颖等：《微量元素示踪古代青铜器铜矿料来源的可能性》，《文物保护与考古科学》2004 年 16 卷 3 期，13～17 页。

⑦　Chase, T., Lead isotopes ratio analysis of Chinese bronze examples from the FreerGallery of Art and Authur M. Sackle collections, in *Ancient Chinese and Southeast Asian Bronze Age Cultures*, 2000, Vol. 1, Taipei.

时冶炼的情况。表 2 是现代冶炼铅时粗铅中微量元素的存留情况[①]。

表 2 部分微量元素在现代铅冶炼过程中的分布情况

元素	Ag	Au	Sb	As	Se*	Te*	Bi	铂族元素
进入粗铅中的比例	95.9%	95.9%	78.3%	79.4%	>70%	>70%	>95%	>95%

由表 2 可以看出，在铅的冶炼过程中，大部分的亲铜元素都会保留在粗铅当中，特别是 Au 和 Ag 以及铂族元素。铅是这些贵金属的良好提取剂。例如古代金属工匠使用"灰吹法"炼银，就是首先使用熔融的铅将银从含量很低的辉银矿和含银铜矿中富集出来，称作"以铅勾银"然后再使用"灰吹法"将银提出[②]。由于我们并不知道古人开采使用的铅矿中微量元素的含量怎样，所以一旦青铜中含铅量较高时，需要注意 Ag、Au 等贵金属由铅引入的可能性。当然必须考虑到，另外一些微量元素，例如 Bi 在冶铜过程中损失的量要大于炼铅时铅的损失，Bi 在铅冶炼过程中基本会完全进入金属铅中[③]，因此如果青铜含铅量高时，就需要考虑由铅引入 Bi 的可能性。Cincotti 等利用铅同位素和微量元素的方法分析了撒丁岛出土的一批铅器，发现依据 Bi 含量可以将这些铅器分为两组，其结果和铅同位素的分组完全一致，表明 Bi 可以作为示踪元素指征铅器中铅的来源[④]。这一点对以后研究也有启发，如果找到一种甚至几种在冶炼铜过程中损失很大而冶炼铅、锡的过程中却基本不发生损失的元素，那么就可以直接用其来指示铅和锡的矿源，这点对于矿料产源研究将可能是非常重要的突破。

我国古代的纯锡器出现得也很早。目前已知最早的纯锡器可以早到西周早期，是陕西宝鸡強国墓地出土的，其他如云南楚雄万家坝、湖北当阳赵家湖楚墓等遗址都出土了较纯的锡器[⑤]。可以肯定的是在先秦时期我国就能够用纯金属来配制青铜合金了，所以除了使用共生矿直接冶炼出合金的情况，使用与铜非共生的锡、铅矿冶炼出金属锭后再运至铸造作坊进行配比铸造青铜器应该占较大的比例。这就需要考虑铅、锡的加入对微量元素含量的影响。前述李清临等的模拟试验很明确的说明了这一点，粗锡样品中的 Sb 含量很高，结果导致冶炼出的青铜中 Sb 的含量非常平均，这对判源已经毫无帮助

① 李墨芹、水志良：《铅冶炼过程中有价金属的回收》，《中国大百科全书·矿冶卷》，中国大百科全书出版社，1984 年，523～524 页。

② 孙淑云、李延祥：《中国古代冶金技术专论》，中国科学文化出版社，2003 年，54 页。

③ 东北工学院有色金属冶炼教研室：《铅冶金》，冶金工业出版社，1976 年，133 页。

④ Cincotti, A., Massidda, L., Sanna, U., Chemical and isotope characterization of lead finds at the Santa Barbara nuraghe (Bauladu, Sardinia), *Journal of Cultural Heritage*, 2003, 4, pp. 263–268.

⑤ 苏荣誉、华觉明、李克敏、卢本珊：《中国上古金属技术》，山东科学技术出版社，1995 年。

了①。

综上所述，从理论上讲，微量元素分析可以被用来判断古代青铜器的矿料产地，但以上几点必需要注意，否则肯定要得到模棱两可的结果。

三　数据处理方法

当肯定了微量元素可以被用来判断古代青铜器的矿料产地后，由于以上分析的使用微量元素进行青铜器产源研究的不确定性，需要面对的是如何处理数据。目前的学者主要采用三种方法，即：（1）绝对含量法，直接使用测量得来的数据进行作图的方法；（2）相对比值法，如前所述，求出 Co/Ni、As/Sb、Au/Ag 等比值然后作图的方法；（3）统计方法（主成分分析法），即综合考虑所有分析的微量元素，使用统计学中的主成分分析（PCA）进行统计处理，然后作图进行比较的方法。

1. 绝对含量法（Comparing Element Compositions Directly）

这种方法的基本原理是不同种类的矿石含有微量元素的绝对量不相同。因此，当冶炼来自不同矿山的矿石时，得到铜器的微量元素的相对含量也不相同，某种或者某几种微量元素的含量在一个矿山的矿石当中尽管非常分散，但通常会有一定的含量上限或者下限。使用这种方法最为有效的情况是：当两个矿山中一个矿山的矿石含有一种或几种另一矿山的矿石没有的微量元素时，那么使用这两种矿石冶炼铸造的铜器的产源将很容易区别。Riederer 使用微量元素方法分析了北印度和中国西藏出土的铜雕像，他使用绝对含量的方法对每个微量元素进行讨论，发现来自西藏西部的雕像的微量元素含量和其他地区的明显不同②。在讨论这些雕像的 Co 含量时可以发现，来自西藏西部的雕像，Co 的含量比较高，最高可以达到 0.3%，而其他地区雕像的 Co 含量通常低于仪器的检测下限，无法检测到。西藏中部的一些雕像的 Co 含量和西藏西部的很近似，因此作者推断这些雕像的矿料可能和西部的同源。最近，秦颖等学者分析了皖南地区部分青铜器的矿料来源，也使用了该种数据处理方法。例如他们指出一件样品编号为 Tc2007 的铜甗和铜陵地区的古铜锭相比，Bi 含量高，Ni、Te 和 Au 的含量偏低，因此这件铜甗的矿料来自铜陵地区的可能性不大③。但需要指出的是，通常使用这种方法重叠效应较明显，例如上述西藏雕像一例，除了西藏西部铜器的 Co 含量较高外，其他地区的雕像的

① 李清临、朱君孝、秦颖等：《微量元素示踪古代青铜器铜矿料来源的可能性》，《文物保护与考古科学》2004 年 16 卷 3 期，13～17 页。

② Riederer, J., Trace elements in north Indian and Tibetan statuettes composed of copper alloys, in Paul Jett（ed.），Scientific Research in the Field of Asian Art: Proceedings of the First Forbes Symposium at the Freer Gallery of Art. Washington DC., 2003, pp. 127－132.

③ 秦颖、王昌燧、杨立新等：《皖南沿江地区部分出土青铜器的铜矿料来源初步研究》，《文物保护与考古科学》2004 年 16 卷 1 期，9～12 页。

Co 含量都低于检测下限，当然无法说明铸造这些低 Co 含量的雕像所使用的矿是否是来自同一地区。

2. 相对比值法（Comparing Ratio of Correlative Elements）

前曾述及，As－Sb、Co－Ni、Se－Te 以及 Au－Ag 等几对元素，在一般冶金条件下，它们每一组在粗铜中存留比例情况几乎是完全相同的，因此这些元素对的相对比值基本保持了还是矿石时的相对比值，可以被用来指征矿源。

Hall 使用 Co/Ni 和 Au/Ag 作图，分析了地中海青铜时代牛皮铜锭（oxhide ingots）的产地[1]；Rehen 在研究欧洲青铜时代晚期出土铜锭时发现不同产地的铜锭中 Se 和 Te 的含量呈现不同斜率的线性关系[2]；Srinivasan 使用 Co/Ni 和 Bi/As 成功的研究了南印度出土古代铜像的产地[3]；Begemann 等研究土耳其地中海沿岸的古代铜器时，发现利用上述的 As/Sb、Au/Ag 和 Co/Ni 三组元素对都可以将不同矿源的铜器完全分别出来[4]。以上这些使用成对元素的比值进行产源分析的成功实例充分证明，这几对元素在冶铜过程中的存留情况是息息相关的。

3. 主成分分析法（PCA－Principal Component Analysis）

多元统计中的主成分分析方法，既可以简化数据处理，又能够更明显的看清楚数据之间的分类情况，因此非常适合用于微量元素分析铜器产源。需要注意的是，选择用于统计分析的元素时应该考虑到其是否可以用来进行产源分析，还是这些元素仅能用来代表铜器的制作技术信息。例如铁，通常是铜器中普遍含有的微量元素，根据 Craddock 和 Meeks 的深入研究，铁含量的高低代表的是冶铜时冶炼技术的信息，含铁量越低说明炼炉炉温较低，炉还原环境相对较弱；而含铁量高则可以说明炉温可能较高，炉内还原环境相对较强[5]。因此在统计时，如果将所有微量元素都选入进行分析，结果的分析就需要慎重。

Klemenc 等研究了斯洛文尼亚各地窖藏出土的 95 件属于欧洲晚青铜时代的平凸铜

① Hall, M., Comments on 'Oxhide Ingots, recycling and the Mediterranean metals trade', *Journal of Mediterranean Archaeology*, 1995, Vol. 8, pp. 42 –44.
② Rehen, T., Northover, J. P., Se and Te in ancient copper ingots, in Ernst Pernicka, Günther A. Wagner (eds,), *Archaeometry*1990, Heidelberg, 1991, pp. 221 –228.
③ Srinivasan S., Lead isotope and trace element analysis in the study of over a hundred South Indian metal icons, *Archaeometry*, 1999, Vol. 41, Part 1, pp. 91 –116.
④ Begemann, F., Schmitt－Strecker, S., Pernicka, E., On the composition and provenance of metal finds from Beşiktipe (Troia), in Günther Wagner, Ernst Pernicka, Hans－Peter Uerpmann (eds.), *Troia and the Troad － Scientific Approaches*, Springer, 2003, pp. 173 –202.
⑤ Craddock, P. T., Meeks, N. D., Iron in copper, *Archaeomertry* 1987, Vol. 29, Part2, pp. 187 –204.

锭（plano – convex ingots）的微量元素，并对数据进行了主成分分析①，数据最终沿第一主成分所在轴分布，这些铜锭并没有按出土地点分成组。作者最终的结论是这些分析的微量元素的信息特别是铁的含量代表了技术的发展，不同铁含量的铜锭是冶炼进行到不同阶段的产物。这个例子说明了铜器中的微量元素也可以被用来研究冶铜技术的变化，表3列举了哪些元素适合用于研究铜器产源，哪些元素则适合用于研究冶铜技术。但正如上文提到的，Feidemann 等的研究表明，铁的含量亦可以用来和铜矿的种类相联系②，这一点显然可以间接说明冶炼技术的进步。因此也可能的是，那些含铁量非常低的铜锭冶炼自氧化矿，铁含量高的则可能是硫化矿冶炼出来的。

表3　　　　　　一些文献中报道在古代铜器和自然铜中出现的微量元素

及其在冶金考古研究中的应用情况③

技术	技术或产源	产源
Al, *B*, Ba, *Be*, *Ca*, **Cr**, *Cs*, **Fe**, *Ga*, *Ge*, Hf, *K*, *Li*, *Mg*, *Mn*, Mo, *Na*, *Nb*, *P*, Rb, *S*, Sc, REE[b], *Si*, *Sr*, Ta, *Ti*, Th, U, *V*, *W*, *Y*, Zr	**As**, **Cd**[a], **Co**, In, **Hg**[a], Re, **Sb**, **Se**, **Te**, *Tl*[a]	**Au**, **Ag**, *Bi*, **Ir**, **Ni**, Os, Pd, Pt, *Rh*, Ru
元素用黑体表示适用于 Sn > ca. 1% Zn > ca. 5% Pb > ca. 5%	元素用黑体表示适用于 Sn < ca. 1% Zn < ca. 5% Pb < ca. 5%	

a 仅适用于自然铜

b 稀土元素（La, Ce, *Pr*, Nd, Sm, Eu, *Gd*, Tb, *Dy*, *Ho*, *Er*, *Tm*, Yb, Lu）

　　陈建立等利用中子活化技术（INAA）分析了湖北盘龙城和鄂州等地出土的83件铜器和炉渣的 Fe、Co、Ni、Zn、As、Ag、Sb、Au 等微量元素，并使用统计方法进行了主

---

① Klemenc, S., Budič, B., Zupan, J., Statistical evaluation of data obtained by inductively coupled plasma atomic e-mission spectrometry (ICP – AES) for archaeological copper ingots, *Analytica Chimica Acta*, 1999, 389, pp. 141 – 150.

② Feidemann, A., M. Conway, M. Kastner, J. Milsted, D. Metta, P. R. and Olsen, E., Copper artifacts: correlation with some types of copper ores, *Science*, 1966, 152, pp. 1504 – 1506.

③ Pernicka, E., Trace element figerprinting of ancient copper: a guide to technology or provenance, in S. M. M. Young, A. M. Pollard, R. Ixer and P. Budd (eds.), Metals in Antiquity, Oxford, pp. 1999, 163 – 171.

成分分析①。结果表明盘龙城的商代样品一、二主成分大都比较一致，反映出较好的同源性；鄂州出土的商代样品与盘龙城商代样品主成分较为近似，基本聚在一起，但鄂州战国以后的铜器则逐渐远离盘龙城的组，按照时代的规律逐渐分散。分析结果较为明确的反映出矿料产地或者矿料种类以及冶炼技术随时代和地域的变化而变化。根据另一些学者的研究②，在本例中利用单个元素铁等亲铁元素以及银等亲铜元素的含量对两地铜器的分类效果和统计分析的结果基本一致，因此本例的结果完全可以同时表明矿料产地和冶炼技术随时代的变迁。

四　结论

综上所述，利用微量元素的方法研究古铜器的矿料产地在理论上是可行的，但需要注意以下的问题：利用微量元素判断产源时，应首先利用微量元素特征确定所判断分析的铜器是否都是使用相同种类的矿石冶炼铸造的，而不应直接就将微量元素特征和产地画等号；分析时应注意主要挑选亲铜元素，因为在冶炼当中亲铜元素主要进入铜当中，大量的保留了铜矿的信息，但亲铁元素亦可同时被用来考虑开采矿种和冶炼技术的改变，如以上斯洛文尼亚和盘龙城的例子，如果亲铜和亲铁元素在分类的效果是等效的，那么可以表明产地和技术的同时改变；根据研究，我国古代的冶炼技术水平可以达到和接近现代的鼓风炉冶炼水平，因此在以后利用微量元素成分分析铜产地时，应该可以直接借鉴现代冶金研究的成果；分析铜矿料的产地时，合金元素锡、铅引入微量元素的影响不可忽略，一些在冶炼铅、锡时损失较小甚至不发生损失的元素如 Bi、Ag、Au、铂族元素等的加权值更需要注意；由于矿山微量元素分布不均、选矿级别不同、冶炼技术不同等形成的微量元素不均一，可以通过数学方法特别是多元统计方法进行处理；另外今后应该结合现代冶金学和模拟实验寻找炼铜时容易损失而炼铅、锡时却很少损失甚至不损失的元素，将有助于分析青铜合金中铅矿和锡矿的来源。

基于以上原因，目前使用微量元素示踪古代青铜器矿料产地的研究尚处在对基本原理的探索阶段，需要做的工作是基础数据的大量积累。因此微量元素分析和铅同位素分析相结合，应该是古青铜器矿料来源示踪研究的必由之路。

---

① 陈建立、孙淑云、韩汝玢、陈铁梅等：《盘龙城遗址出土铜器的微量元素分析报告》，见湖北省文物考古研究所编著《盘龙城》，文物出版社，2000 年，559～573 页。

② 宝文博：《人工神经网络在古代铜器分类上的应用》，2004 年，会议论文。

附表一

铅同位素分馏模拟实验结果

样品编号*	损失率(%)	208Pb/204Pb	2SEM	207Pb/204Pb	2SEM	206Pb/204Pb	2SEM	207Pb/206Pb	2SEM	208Pb/206Pb	2SEM
a-11	0	38.325	0.0028	15.633	0.001	18.071	0.001	0.86511	1.40E-05	2.1208	6.20E-05
a-2液	18.5	38.331	0.0032	15.635	0.0011	18.072	0.0019	0.86520	4.50E-05	2.1211	1.20E-04
a-11	0	38.326	0.0031	15.634	0.0011	18.071	0.0011	0.86513	2.20E-05	2.1209	8.00E-05
1-2气		38.301	0.0027	15.626	0.001	18.065	0.0011	0.86496	1.70E-05	2.1201	5.60E-05
a-11	0	38.317	0.0027	15.630	0.001	18.068	0.0011	0.86509	1.60E-05	2.1207	6.70E-05
a-3	26.1	38.331	0.0034	15.635	0.0012	18.070	0.002	0.86525	5.20E-05	2.1213	1.40E-04
a-11	0	38.328	0.0028	15.634	0.001	18.072	0.001	0.86513	1.70E-05	2.1209	6.20E-05
1-3		38.292	0.0031	15.624	0.0012	18.064	0.0011	0.86491	2.00E-05	2.1198	7.40E-05
a-11	0	38.324	0.0027	15.633	0.001	18.070	0.001	0.86513	1.70E-05	2.1209	5.50E-05
a-4	34.1	38.335	0.0036	15.636	0.0012	18.070	0.0021	0.86529	8.50E-05	2.1214	2.40E-04
a-11	0	38.325	0.0031	15.633	0.0012	18.071	0.0012	0.86512	2.00E-05	2.1208	6.30E-05
1-4		38.292	0.0031	15.623	0.0012	18.062	0.0012	0.86494	2.40E-05	2.1200	7.00E-05
a-11	0	38.322	0.0024	15.632	0.0009	18.068	0.0009	0.86516	1.80E-05	2.1210	5.40E-05
a-5	27.3	38.338	0.0029	15.637	0.0011	18.073	0.0017	0.86524	5.60E-05	2.1213	1.0E-04
a-11	0	38.322	0.0038	15.632	0.0012	18.069	0.0013	0.86512	2.20E-05	2.1208	1.00E-04
1-5		38.292	0.0025	15.623	0.001	18.063	0.0011	0.86491	1.70E-05	2.1199	5.20E-05
a-11	0	38.324	0.005	15.633	0.0018	18.070	0.0018	0.86514	2.80E-05	2.1209	1.00E-04
a-6	23.3	38.330	0.0031	15.634	0.0011	18.071	0.0011	0.86517	3.20E-05	2.1211	1.10E-04
a-11	0	38.322	0.0041	15.633	0.0015	18.070	0.0016	0.86512	2.10E-05	2.1208	8.10E-05
1-6		38.276	0.0041	15.618	0.0015	18.060	0.0018	0.86482	1.90E-05	2.1194	5.80E-05
a-11	0	38.333	0.0036	15.636	0.0013	18.073	0.0013	0.86519	2.50E-05	2.1211	8.30E-05
a-7	59.9	38.352	0.0027	15.641	0.001	18.077	0.001	0.86527	2.00E-05	2.1216	6.20E-05
a-11	0	38.320	0.004	15.631	0.0015	18.068	0.0015	0.86514	2.80E-05	2.1209	1.00E-04
1-7		38.303	0.0032	15.627	0.0012	18.065	0.0012	0.86503	2.60E-05	2.1203	8.00E-05
a-11	0	38.320	0.0041	15.632	0.0016	18.069	0.0016	0.86514	6.90E-05	2.1208	1.80E-04
a-8	82.8	38.359	0.0036	15.643	0.0014	18.076	0.0014	0.86537	1.80E-05	2.1220	5.80E-05
a-11	0	38.319	0.0026	15.631	0.0009	18.069	0.0009	0.86511	2.30E-05	2.1207	9.30E-05
1-8		38.316	0.0041	15.630	0.0014	18.069	0.0014	0.86505	1.80E-05	2.1206	7.10E-05
a-11	0	38.317	0.0035	15.630	0.0012	18.067	0.0012	0.86514	2.90E-05	2.1208	9.00E-05
a-9	50	38.342	0.0034	15.638	0.0012	18.075	0.0012	0.86520	1.80E-05	2.1213	6.10E-05

续附表一

样品编号*	损失率(%)	$^{208}Pb/^{204}Pb$	2SEM	$^{207}Pb/^{204}Pb$	2SEM	$^{206}Pb/^{204}Pb$	2SEM	$^{207}Pb/^{206}Pb$	2SEM	$^{208}Pb/^{206}Pb$	2SEM
a－11	0	38.329	0.003	15.635	0.0011	18.073	0.0011	0.86513	1.90E－05	2.1208	7.60E－05
1－9		38.309	0.0042	15.628	0.0015	18.067	0.0013	0.86501	2.40E－05	2.1203	8.80E－05
a－11		38.323	0.0037	15.633	0.0012	18.070	0.0012	0.86513	2.20E－05	2.1208	8.50E－05

* a 为液相铅,即未蒸发完的剩余铅;1 为气相铅,即蒸发后凝固于管壁的铅。

附表二　已经分析的中原地区先秦（东周之前）青铜器铅同位素比值和 V 矢量值

来源	$^{206}Pb/^{204}Pb$	$^{207}Pb/^{204}Pb$	$^{208}Pb/^{204}Pb$	含铅量（%）	V2	V1
盘龙城	16. 589	15. 317	36. 784	9. 5	34. 46	17. 34
	16. 927	15. 334	36. 960	25. 8	28. 86	19. 44
	16. 974	15. 339	37. 008	9. 4	28. 98	19. 76
	17. 029	15. 352	37. 076	23. 9	29. 78	20. 45
	17. 038	15. 351	37. 228	12. 0	33. 78	19. 17
	17. 062	15. 358	37. 269	5. 9	34. 64	19. 53
	17. 380	15. 560	37. 489	2. 4	47. 76	37. 28
	17. 421	15. 496	38. 260	15. 5	59. 25	23. 26
	17. 434	15. 487	38. 241	24. 4	58. 37	23. 38
	17. 438	15. 488	37. 832	19. 9	47. 68	27. 72
	16. 951	15. 315	36. 945		26. 02	18. 21
	16. 744	15. 306	36. 862		30. 16	16. 68
赛克勒商代	15. 332	15. 153	35. 258		27. 68	16. 56
	16. 376	16. 157	37. 624		131. 89	80. 56
	17. 068	15. 328	37. 316		32. 51	16. 23
	17. 144	15. 438	38. 416		67. 47	14. 13
	17. 403	15. 488	38. 752		71. 62	17. 15
	17. 427	15. 519	37. 790		50. 22	30. 97
	17. 439	15. 536	37. 853		52. 82	31. 79
	17. 444	15. 523	37. 826		50. 75	30. 96
	17. 493	15. 378	38. 577		54. 46	11. 03
	17. 495	15. 533	37. 872		51. 71	32. 23
	17. 535	15. 528	37. 886		49. 63	31. 57
	17. 537	15. 533	37. 902		50. 45	31. 87
	17. 539	15. 539	37. 918		51. 67	32. 43
	17. 560	15. 529	37. 935		50. 34	31. 52
	17. 691	15. 560	38. 110		53. 51	33. 73
	17. 737	15. 504	37. 933		42. 22	31. 23
	17. 776	15. 570	38. 190		53. 53	34. 52
	17. 867	15. 534	38. 256		48. 98	31. 78
	17. 869	15. 537	38. 267		49. 30	31. 85
	17. 872	15. 539	38. 278		50. 01	32. 17
	18. 074	15. 625	38. 333		53. 25	41. 26
	18. 172	15. 555	38. 253		41. 61	37. 38
	18. 177	15. 564	38. 282		43. 13	37. 96
	18. 182	15. 572	38. 310		43. 98	38. 10
	18. 241	15. 582	38. 394		45. 33	38. 86
	18. 242	15. 588	38. 418		46. 64	39. 24
	18. 244	15. 593	38. 442		47. 95	39. 62
	18. 252	15. 622	38. 632		54. 52	39. 75
	18. 263	15. 627	38. 641		54. 65	40. 03
	18. 265	15. 571	38. 459		46. 78	38. 58
	18. 294	15. 587	38. 423		46. 66	40. 78
	18. 315	15. 610	38. 533		49. 82	41. 11

续附表二

来源	$^{206}Pb/^{204}Pb$	$^{207}Pb/^{204}Pb$	$^{208}Pb/^{204}Pb$	含铅量（%）	V2	V1
	17.522	15.526	37.870		49.30	31.33
	17.446	15.515	37.788		49.12	30.80
	17.505	15.532	37.872		50.43	31.63
	18.163	15.620	38.466		52.93	40.22
	18.183	15.606	38.528		52.77	38.79
	17.467	15.532	37.841		50.97	31.65
	17.444	15.527	37.819		50.98	31.42
	17.462	15.520	37.800		49.06	31.06
	17.446	15.518	37.786		49.07	30.89
	17.456	15.536	37.843		52.12	32.12
	17.496	15.529	37.849		50.39	31.90
	17.458	15.539	37.858		52.69	32.23
	17.249	15.476	37.511		44.82	28.45
	17.425	15.517	38.181		59.74	26.41
天马—曲村	17.666	15.566	38.058	4.6	53.11	34.23
	17.793	15.585	38.202		54.65	35.82
	18.269	15.620	38.710		55.75	38.96
	17.680	15.555	38.067		52.18	33.56
	17.765	15.560	38.134		51.53	34.11
	17.477	15.542	37.873		52.40	32.29
	17.747	15.564	38.121		52.23	34.47
	17.617	15.540	37.864	0.2	47.85	33.88
	17.531	15.559	37.960	5.3	54.80	33.62
	18.489	15.657	38.636	0	56.73	49.46
	17.787	15.621	38.320	3.9	61.16	37.56
	17.520	15.549	37.934	9.7	53.50	32.86
	17.580	15.513	37.890		47.14	30.87
	17.543	15.580	38.028		57.56	34.47
	17.498	15.517	37.827		48.38	30.92
	17.505	15.534	37.879		50.98	31.86
	17.512	15.535	37.891		51.07	31.84
	17.535	15.555	37.956		54.05	33.24
	18.035	15.560	38.279		46.96	35.85
	18.998	16.093	39.850		105.40	74.97
	19.062	16.120	39.876		106.52	77.65
	18.841	15.936	39.407		84.78	64.75
江西瑞昌	18.055	15.285	38.367		39.27	22.98
	18.580	16.099	39.633		112.33	72.22
	17.851	15.849	38.549		84.83	54.65
	18.334	15.809	38.887		75.55	53.53
	17.864	15.611	38.193		54.78	39.02
	18.743	15.866	39.101		74.32	61.39
早商	18.370	15.630	39.130		65.53	37.63
	17.530	15.260	37.350		11.95	14.86
	17.630	15.270	37.620		16.10	13.80

续附表二

来源	$^{206}Pb/^{204}Pb$	$^{207}Pb/^{204}Pb$	$^{208}Pb/^{204}Pb$	含铅量（%）	V2	V1
早商	18.740	15.880	39.470		83.94	58.04
	18.880	15.940	39.560		88.78	64.64
	17.510	15.260	37.650		19.73	11.23
	17.524	15.381	37.628		30.73	22.27
	16.885	15.293	36.949		26.31	15.65
	18.800	16.063	39.543		100.44	72.93
二里头	16.695	15.227	36.874		24.88	9.17
	18.634	15.653	38.561	0	58.60	57.24
	17.747	15.502	37.858		39.91	32.02
	18.029	15.530	38.104		40.07	35.17
	17.901	15.492	37.904		35.54	32.62
	18.270	15.604	38.451		47.78	40.37
	18.148	15.584	38.343	0.2	47.43	38.63
	18.175	15.566	38.311		43.78	37.58
	16.659	15.269	36.920	1.3	31.28	12.21
	18.266	15.587	38.404		45.50	39.62
	18.143	15.568	38.304		44.92	37.53
	18.239	15.570	38.348		43.45	38.55
	17.529	15.449	37.726		39.17	26.93
	18.257	15.574	38.363		44.29	39.34
	17.127	15.385	37.171		32.42	23.49
	18.283	15.596	38.433		46.61	40.34
	18.270	15.590	38.415	0.6	45.85	39.77
	18.283	15.588	38.414		46.17	40.36
	16.597	15.278	36.749		29.75	14.33
	16.280	15.211	36.501		28.71	9.23
	17.398	15.434	37.606	1.3	38.81	25.46
	17.772	15.486	37.801		36.25	31.58
	18.127	15.543	37.913		33.70	39.59
	18.271	15.581	38.391		45.31	39.88
	18.142	15.562	38.280	1.2	43.61	37.15
	16.691	15.277	36.774		26.93	14.57
	18.136	15.566	38.300		44.65	37.19
	18.226	15.539	38.256		40.94	38.23
	17.628	15.415	37.526		27.69	27.13
	18.251	15.572	38.354		43.93	39.10
	17.188	15.383	37.427		36.50	20.97
	18.272	15.581	38.395	1.4	45.43	39.88
	18.280	15.611	38.465		48.72	41.09
琉璃河	17.451	15.534	37.828	11.3	51.77	32.10
	17.677	15.542	38.038	17.1	50.64	32.93
	17.462	15.526	37.819	3.9	50.30	31.51
	17.713	15.572	38.080	6.0	52.99	35.19
	18.616	15.633	38.662	54.2	60.56	54.80
	18.172	15.656	38.522	3.4	57.41	42.76

续附表二

来源	$^{206}Pb/^{204}Pb$	$^{207}Pb/^{204}Pb$	$^{208}Pb/^{204}Pb$	含铅量（%）	V2	V1
琉璃河	18.168	15.653	38.510	<2.0	57.02	42.63
	17.622	15.539	37.942	14.2	49.51	32.98
	18.196	15.573	37.888	3.2	33.81	43.21
	17.533	15.530	37.869	2.6	49.56	31.98
	18.054	15.586	38.369	3.2	51.42	37.56
	18.086	15.571	38.343	12.9	48.00	36.71
	17.577	15.516	37.756	0	44.16	32.55
	18.022	15.596	38.394	8.6	53.39	37.37
	17.765	15.542	38.075	12.9	48.60	33.37
	17.662	15.546	37.849	<1.0	46.40	34.90
	17.771	15.561	38.125	4.5	51.09	34.29
	17.443	15.523	37.795	20.1	49.98	31.29
	17.548	15.533	37.832	6.5	48.29	32.70
	18.397	15.600	38.433	6.5	49.51	45.95
	17.905	15.561	38.240	3.3	49.95	34.71
	17.750	15.555	38.088	1.9	50.39	34.02
	18.063	15.572	37.952	3.5	39.07	40.65
	17.438	15.536	37.829	11.0	52.22	32.01
	17.438	15.542	37.818	4.4	52.34	32.54
	17.789	15.557	38.121	0	50.34	34.39
	17.468	15.529	37.832	5.3	50.62	31.63
	18.383	15.571	38.389	0	48.11	45.11
铜绿山	18.166	15.627	38.515		54.76	40.38
	18.558	15.856	38.930		74.15	59.71
	18.038	15.535	37.974		37.16	37.16
	17.467	15.599	38.388		70.50	31.18
	18.671	15.906	39.131		80.46	63.19
	18.691	15.968	39.292		89.17	66.62
	18.498	15.886	39.011		80.56	60.50
	18.393	15.801	38.904		73.78	53.61
	18.475	15.978	39.237		95.29	65.49
安徽	18.675	15.839	39.151		81.12	61.69
	18.374	15.625	38.654		54.22	42.95
	18.371	16.014	39.199		100.05	67.29
晋侯墓地	18.317	15.646	38.568		53.56	43.46
	18.216	15.618	38.482		51.64	40.62
	17.720	15.653	37.336		42.21	50.71
	18.617	15.709	39.974		92.02	42.09
	18.311	15.669	38.716		59.12	43.44
	18.452	15.633	38.772		59.03	45.63
	18.412	15.656	38.701		56.32	44.99
	18.666	15.730	39.056		71.27	55.07
	18.095	15.629	38.464		55.86	40.21
	18.692	15.785	39.220		75.86	55.76
	17.597	15.557	38.005		53.66	33.65

续附表二

来源	$^{206}Pb/^{204}Pb$	$^{207}Pb/^{204}Pb$	$^{208}Pb/^{204}Pb$	含铅量（%）	V2	V1
	17.664	15.529	37.952		47.46	32.44
	18.029	15.568	38.233		46.63	36.86
	18.623	15.724	39.023		69.39	53.21
	18.284	15.665	38.693		59.53	43.37
	18.039	15.586	38.283		49.32	38.02
	17.813	15.604	38.225		56.34	37.39
	17.697	15.534	37.948		46.72	33.23
	17.647	15.536	37.863		46.42	33.82
	17.788	15.613	38.258		58.53	37.36
	18.616	15.749	39.074		70.43	52.87
	17.965	15.577	38.362		52.46	35.36
	18.064	15.652	38.583		61.76	40.40
	18.040	15.592	38.421		53.04	36.91
	18.376	15.701	38.817		62.55	45.80
	17.890	15.605	38.332		56.60	37.13
	18.262	15.612	38.498		49.98	40.47
	17.928	15.546	38.204		46.96	34.11
	18.480	15.698	38.849		61.59	47.61
	17.988	15.635	38.451		59.27	39.50
	18.369	15.678	38.729		58.61	44.84
	17.551	15.595	38.081		60.08	35.31
晋侯墓地	18.071	15.633	38.517		57.99	39.49
	18.007	15.629	38.513		59.71	38.58
	17.989	15.649	38.476		61.10	40.38
	18.069	15.636	38.528		58.72	39.68
	17.907	15.583	38.255		52.20	36.36
	17.864	15.555	38.233		50.48	33.79
	17.979	15.603	38.392		55.39	37.52
	17.969	15.598	38.874		66.80	31.54
	18.278	15.744	38.816		69.44	48.14
	18.157	15.656	38.601		59.66	41.62
	17.474	15.542	37.876		52.55	32.21
	18.680	15.775	39.179		74.57	55.41
	18.357	15.645	38.611		52.98	43.20
	17.947	15.664	38.519		64.72	40.61
	18.138	15.637	38.464		55.29	41.40
	18.420	15.629	38.590		53.86	45.99
	18.435	15.752	38.627		60.94	52.87
	17.963	15.579	38.338		52.13	35.77
	18.669	15.771	39.161		73.86	54.98
	18.072	15.666	38.566		62.37	41.84
	17.993	15.580	38.380		52.38	35.79
	18.051	15.598	38.403		52.75	37.69
	18.087	15.644	38.487		57.97	41.06
	18.065	15.589	38.344		50.01	37.73

续附表二

来源	$^{206}Pb/^{204}Pb$	$^{207}Pb/^{204}Pb$	$^{208}Pb/^{204}Pb$	含铅量（%）	V2	V1
晋侯墓地	18.054	15.585	38.310		49.27	37.72
	18.055	15.657	38.532		61.26	41.28
	18.564	15.765	38.981		67.46	52.11
	18.570	15.741	38.813		63.01	53.34
中条山	17.591	15.494	37.253		29.64	36.61
	18.218	15.499	37.642		26.02	43.72
	18.004	15.665	37.969		49.78	47.55
	18.410	15.692	38.151		44.86	52.93
	17.978	15.551	38.236		46.77	34.85
	18.072	15.581	38.140		44.33	39.54
	18.097	15.578	35.379		-23.22	70.18
	18.048	15.565	37.682		32.54	42.99
	18.594	15.724	38.936		66.57	52.77
	18.307	15.662	38.201		46.14	48.46
江西	18.380	15.680	39.140		68.17	40.51
	17.910	15.320	37.190		7.37	29.71
	18.400	15.650	39.020		63.65	40.75
	18.740	15.960	39.480		91.38	64.41
	17.862	15.471	37.761		31.31	31.96
	18.400	15.745	39.130		73.37	46.24
	18.282	15.537	37.838		32.34	45.52
	18.070	15.571	38.273		46.55	37.13
	17.075	15.450	36.798		30.63	32.79
	18.055	15.706	38.367		61.73	47.21
	18.511	15.922	39.164		87.06	61.89
	18.276	15.775	38.699		69.39	51.90
	17.991	15.701	38.515		66.68	44.28
	18.581	16.000	39.256		94.22	68.18
	18.752	15.764	38.783		66.91	63.02
	18.778	15.737	38.651		64.41	65.14
安徽	17.910	15.513	37.892		36.93	34.61
	18.782	15.828	38.689		65.42	66.96
	18.355	15.602	38.399		47.63	44.34
	17.986	15.417	37.981		28.25	26.87
	18.200	15.657	38.534		56.96	43.06
	17.961	15.531	38.076		41.45	34.67
	18.374	15.627	38.281		45.29	47.13
	17.104	15.558	38.294		76.28	25.22
	18.506	15.880	38.863		76.07	61.65
	18.170	15.370	37.910		31.22	35.51
	18.330	15.640	38.120		41.59	47.89
	18.330	15.640	38.120		41.59	47.89
	18.586	15.943	39.278		89.57	63.34
	18.691	16.147	39.600		112.31	77.79
	18.881	15.972	39.313		84.70	69.32

续附表二

来源	$^{206}Pb/^{204}Pb$	$^{207}Pb/^{204}Pb$	$^{208}Pb/^{204}Pb$	含铅量（%）	V2	V1
安徽	18.675	15.840	39.151		74.70	57.52
	18.374	15.625	38.654		54.22	42.95
湖北	18.558	15.856	38.929		74.05	59.66
	18.038	15.535	37.974		37.16	37.16
	18.671	15.906	39.131		80.47	63.20
	18.691	15.968	39.292		89.17	66.62
	18.498	15.888	39.010		80.54	60.53
	18.393	15.801	38.903		73.39	53.37
	17.807	15.553	38.141		49.80	33.97
	18.474	15.978	39.235		94.84	65.22
	17.736	15.295	36.638		-8.23	28.14
	18.177	16.183	38.491		102.28	86.82
赛克勒西周	17.743	15.559	38.121	6	51.76	33.91
	17.759	15.575	38.174	0.67	54.07	34.86
	18.169	15.644	38.568	9	57.35	41.08
	17.740	15.568	38.118	23.4	52.73	34.73
	17.473	15.530	37.839	2.8	50.85	31.80
	17.671	15.547	38.028	19	50.62	33.10
	17.504	15.540	37.898	27.23	52.11	32.20
	17.489	15.558	37.940	20.7	55.28	33.13
	17.443	15.511	37.811	9	49.29	30.08
	17.575	15.535	37.938	8.7	50.38	32.05
	17.702	15.563	38.065	7.2	52.04	34.41
	17.479	15.540	37.883	9.3	52.57	32.14
	18.262	15.612	38.650	3.7	53.77	38.85
	17.510	15.536	37.895	2.8	51.52	31.98
	17.519	15.541	37.901	4.2	51.90	32.49
	17.501	15.561	37.931	4.6	54.93	33.59
	17.449	15.514	37.800	11	49.10	30.54
	18.272	15.629	38.405	4.7	49.13	43.09
	18.591	15.722	38.976	0.96	67.44	52.13
	18.629	15.711	38.990	2.9	68.75	53.55
	18.339	15.602	38.478	0.15	49.11	42.67
	18.272	15.652	38.591	0.44	55.76	42.94
	18.090	15.619	38.490	4.5	55.98	39.20
	18.044	15.597	38.421	4	53.37	37.36
	17.756	15.546	38.017	2.6	47.68	34.15
	17.637	15.564	38.041	12.6	53.59	34.05
	17.464	15.538	37.861	7.1	52.15	31.95
	17.743	15.581	38.125	8.5	53.88	35.73
	17.966	15.561	38.322	17.4	50.14	34.60
	17.992	15.586	38.312	6.8	51.30	37.02
	17.928	15.546	38.281	8.8	48.88	33.28
	18.443	15.639	38.838	0.54	60.40	44.61
	17.973	15.578	38.366	3.1	52.40	35.47

续附表二

来源	$^{206}Pb/^{204}Pb$	$^{207}Pb/^{204}Pb$	$^{208}Pb/^{204}Pb$	含铅量（%）	V2	V1
	17.419	15.527	37.809	8.5	51.44	31.22
	17.473	15.555	37.908	13.61	54.72	33.07
	17.718	15.551	38.062	10.69	50.41	33.63
	17.422	15.513	37.789	18.62	49.65	30.31
	18.132	15.630	38.513	0.2	56.04	40.23
	18.525	15.738	38.888`	0.7	63.69	50.27
	18.090	15.617	38.515	0.78	56.22	38.64
	18.083	15.556	38.210	5	43.28	36.77
	17.825	15.567	38.187	8	51.63	34.83
	17.825	15.572	38.194	2.76	52.32	35.22
	17.976	15.583	38.404	1.22	53.75	35.57
	17.693	15.559	38.178	0.8	54.76	32.75
	17.313	15.503	37.680	16.48	49.36	29.46
	17.443	15.532	37.835	0.42	51.74	31.56
	17.569	15.538	37.922	3.9	50.57	32.53
	17.835	15.593	38.215	8.5	54.33	36.78
	17.507	15.552	37.941	0.87	54.10	32.72
	17.924	15.567	38.317	3.8	51.79	34.61
	18.403	15.607	38.519	0.19	51.71	45.45
	17.876	15.543	38.220	6.1	48.71	33.11
	18.515	15.736	39.024	12	66.68	48.22
	17.409	15.512	37.745	2	48.88	30.60
赛克勒西周	17.522	15.517	37.868	8.4	48.71	30.80
	17.467	15.550	37.876	7.8	53.61	32.90
	17.446	15.535	37.847	5.5	52.11	31.64
	17.759	15.575	38.153	0.1	53.48	35.04
	17.895	15.632	38.282	0.2	57.77	40.09
	17.905	15.558	38.118	1.4	46.63	35.75
	17.535	15.520	37.863	15.3	48.69	31.38
	18.202	15.602	38.438	10	49.65	39.68
	17.470	15.544	37.876	0.2	53.06	32.50
	17.838	15.517	37.949	1.3	40.87	33.45
	17.446	15.523	37.851	2.2	51.19	30.65
	18.481	15.691	38.863	0.05	61.96	47.34
	18.376	15.644	38.649	7.9	54.15	43.52
	17.449	15.530	37.829	1.3	51.36	31.63
	18.556	15.644	38.859	4.9	63.76	49.98
	17.899	15.577	38.276	9	52.51	35.58
	18.008	15.594	38.386	20.42	53.37	37.08
	17.950	15.586	38.358	19	53.66	36.00
	17.458	15.524	37.832	0.03	50.51	31.12
	18.047	15.592	38.224	8.9	48.12	39.21
	17.513	15.525	37.849	18.6	49.32	31.62
	18.491	15.691	38.781	6.7	60.25	48.74
	17.637	15.568	38.042	0.1	53.93	34.33

续附表二

来源	$^{206}Pb/^{204}Pb$	$^{207}Pb/^{204}Pb$	$^{208}Pb/^{204}Pb$	含铅量（%）	V2	V1
	17.004	15.458	37.392	0	48.33	26.08
	17.966	15.591	38.448	0	55.82	35.60
	17.759	15.547	38.068	0.18	48.86	33.65
	18.025	15.566	38.230	0.06	46.58	36.74
	18.179	15.643	38.549	0.1	56.78	41.52
	18.546	15.690	38.850	6.4	63.29	50.61
	17.547	15.542	37.956	0.82	52.28	32.13
	18.002	15.568	38.349	0.6	50.26	35.24
	18.278	15.590	38.426	14.4	46.34	40.03
	17.715	15.555	37.764	0	43.62	37.27
	17.899	15.631	38.097	4.9	52.99	42.02
	17.479	15.534	37.901	13	52.38	31.39
	17.541	15.531	37.899	3.2	50.11	31.81
	18.362	15.709	38.786	48.6	62.83	46.53
	18.546	15.726	38.947	1.9	65.61	50.36
	18.005	15.593	38.390	8	53.30	36.79
	17.683	15.545	38.076	14.2	51.29	32.58
赛克勒西周	18.386	15.635	38.766	34.9	57.21	42.53
	17.492	15.523	37.852	4.9	49.82	31.14
	17.553	15.537	38.067	10.6	54.41	30.56
	17.593	14.838	36.854	10.6	−8.72	7.15
	18.632	15.714	39.031	0.22	69.82	53.36
	18.182	15.587	37.956	5.6	36.86	43.24
	18.232	15.594	38.383	0.11	46.23	39.72
	18.612	15.716	38.870	2.7	65.44	54.16
	18.126	15.639	38.532	8.9	57.63	40.76
	18.077	15.602	38.407	2.4	52.64	38.42
	17.634	15.562	38.009	6.9	52.74	34.19
	17.443	15.468	37.720	4.3	43.10	27.41
	18.021	15.593	38.347	2	51.95	37.60
	17.646	15.543	37.990	1.9	50.17	32.95
	18.225	15.594	38.473	0.2	48.93	38.86
	18.119	15.600	38.473	1.7	52.69	38.04
	17.908	15.566	38.216	0.16	49.83	35.50
	18.080	15.602	38.389	5.3	51.99	38.58
	17.068	15.328	37.316	10.9	32.51	16.23
	17.495	15.533	37.872	10.8	51.09	31.81
	18.576	15.638	38.962	3.1	66.75	49.67
	17.560	15.529	37.934	10	50.34	31.52
赛克勒晚商	17.776	15.570	38.189	12.7	53.53	34.52
	18.074	15.625	38.333	2.6	52.89	41.01
	18.182	15.572	38.310	2.6	43.94	38.08
	18.172	15.555	38.253	2.6	41.55	37.34
	18.177	15.564	38.282	0.03	42.78	37.73
	18.265	15.576	38.459	0	46.78	38.70

续附表二

来源	$^{206}Pb/^{204}Pb$	$^{207}Pb/^{204}Pb$	$^{208}Pb/^{204}Pb$	含铅量（%）	V2	V1
赛克勒晚商	17. 737	15. 504	37. 933	4. 1	42. 37	31. 33
	18. 294	15. 587	38. 423	28. 5	46. 66	40. 78
	17. 535	15. 528	37. 886	25. 1	49. 79	31. 68
	17. 536	15. 533	37. 901	19. 7	50. 45	31. 87
	17. 439	15. 536	37. 853	21. 5	52. 66	31. 68
	17. 427	15. 518	37. 790	12	49. 90	30. 75
	17. 686	15. 256	37. 799	15. 21	17. 17	11. 26
	17. 467	15. 535	37. 868	19. 9	52. 08	31. 73
	17. 428	15. 521	37. 799	3. 1	50. 37	30. 95
赛克勒中商	18. 781	15. 707	39. 197	5. 3	77. 56	58. 55
	17. 403	15. 488	38. 752	0	71. 46	17. 05
	17. 981	15. 584	38. 369	3. 8	52. 75	36. 04
	17. 484	15. 370	38. 556	25. 7	52. 99	10. 13
	17. 872	15. 539	38. 278	22. 8	48. 91	31. 45
	17. 869	15. 537	38. 267	8	49. 15	31. 75
	17. 691	15. 560	38. 110	17. 9	53. 29	33. 57
	17. 144	15. 438	38. 416	22. 4	67. 08	13. 86
	17. 443	15. 523	37. 826	7. 4	50. 60	30. 86
	18. 315	15. 610	38. 533	25	49. 82	41. 11
	18. 252	15. 622	38. 632	2. 74	54. 52	39. 75
	18. 263	15. 627	38. 641	0	55. 01	40. 26
	18. 616	15. 657	38. 987	14. 9	68. 34	51. 76
	17. 600	15. 544	37. 960	3. 6	50. 87	32. 80
	17. 433	15. 532	37. 829	6	51. 95	31. 59
	16. 572	15. 222	36. 523	0. 67	20. 01	11. 86
	18. 005	15. 535	38. 037	9	39. 49	35. 93
	17. 906	15. 440	37. 785	23. 4	27. 83	29. 74
	16. 588	15. 196	36. 474	2. 8	15. 90	10. 26
	16. 875	15. 275	36. 801	19	21. 44	15. 76
	16. 474	15. 205	36. 472	27. 23	20. 69	10. 32
	16. 374	15. 176	36. 445	20. 7	20. 51	7. 09
	16. 436	15. 212	36. 394	9	20. 53	11. 45
	19. 001	15. 642	39. 110	8. 7	81. 07	68. 73
	18. 995	15. 949	39. 808	7. 2	97. 64	67. 69
	16. 268	15. 170	36. 365	9. 3	21. 68	6. 79
	18. 743	15. 866	39. 100	3. 7	74. 27	61. 39
	18. 001	15. 380	37. 862	2. 8	25. 77	28. 09
	19. 171	15. 731	39. 339	4. 2	90. 87	76. 47

注：＊部分 $^{207}Pb/^{204}Pb$ 和 $^{208}Pb/^{204}Pb$ 系由换算得到，原文献给出的是 $^{207}Pb/^{206}Pb$ 和 $^{208}Pb/^{206}Pb$ 的值。

＊V1 和 V2 值具体计算方法如下：

1. 先计算样品的铅同位素比值与同时代地幔值的相对偏差 Δx，以消除时间因素的影响。公式如下：

$$\Delta x = \left\{ \left[\frac{(\frac{^{20x}Pb}{^{204}Pb})_{ts}}{(\frac{^{20x}Pb}{^{204}Pb})_{tm}} \right] \right\} \times 1000$$

其中 Δx 为相对偏差值，ts 代表样品的值，tm 代表和样品同时代的地幔铅的铅同位素比值。具体计算地幔铅时代选取参数可参阅书中所引文献，本书采用查表法，铅同位素比值表选自地质部宜昌地质矿产研究所同位素地质研究室：《铅同位素地质研究的基本问题》书后附录，地质出版社，1979 年。

2. 根据相对偏差值数据在三维空间的平面分布特征，确定回归平面，公式如下：$\Delta 8 = 2.0367\Delta 6 - 6.143\Delta 7$

3. 将铅同位素相对偏差 $\Delta 6$、$\Delta 7$、$\Delta 8$ 的数值直接投影到回归平面，在回归平面内取新的坐标，通过以下公式计算铅同位素矢量值：

$$V1 = 0.44073\Delta 6 + 0.89764\Delta 8$$

$$V2 = 0.34648\Delta 7 - 0.41343\Delta 8 + 0.84204\Delta 6$$

附表三		中国云南和越南出土部分青铜器的铅同位素比值					
样品号	器物名称	出土地点	$^{207}Pb/^{206}Pb$	$^{208}Pb/^{206}Pb$	$^{206}Pb/^{204}Pb$	$^{207}Pb/^{204}Pb$	含铅量（%）	所属文化或时代
Yue01 *	铜鼓	越南	0.8681	2.1210	17.773	15.422	n. d.	万家坝
			0.0415	0.0366	0.445	0.450		
Yue02	铜鼓	越南	0.8664	2.1386	18.013	15.607	21.07	东山
			0.0030	0.0034	0.012	0.010		
Yue03	铜鼓	越南	0.8509	2.1034	18.561	15.801	n. d.	东山
			0.0127	0.0078	0.094	0.089		
Yue04	铜鼓	越南	0.8473	2.0974	18.544	15.713	32.53	石寨山
			0.0030	0.0038	0.009	0.009		
23	铜鼓	万家坝	0.8375	2.0865	18.670	15.636	0.86	春秋
			0.0028	0.0054	0.004	0.007		
25	铜鼓	石寨山	0.8475	2.0895	18.501	15.678	n. d.	战国－西汉
			0.0040	0.0048	0.023	0.022		
26	铜鼓	李家山	0.8445	2.0930	18.601	15.709	15.28	战国－西汉
			0.0030	0.0038	0.015	0.014		
37	铜釜	呈贡	0.8546	2.0977	18.334	15.669	n. d.	战国－西汉
			0.0032	0.0035	0.014	0.012		
59	铜鼓	羊甫头	0.8436	2.0911	18.645	15.729	10.11	战国－西汉
			0.0018	0.0025	0.009	0.009		
102	铜鼓	文山	0.8414	2.0845	18.563	15.618	n. d.	万家坝
			0.0056	0.0051	0.042	0.043		
104	铜鼓	文山	0.8508	2.1020	18.456	15.703	9.6	石寨山
			0.0028	0.0028	0.013	0.013		
105	铜鼓	文山	0.8523	2.1145	18.404	15.686	30.37	战国－西汉
			0.0030	0.0039	0.017	0.019		
106	铜鼓	文山	0.8575	2.1097	18.384	15.766	21.30	冷水冲型
			0.0029	0.0022	0.021	0.023		
107	铜鼓	文山	0.8452	2.0928	18.630	15.748	21.66	北流型
			0.0024	0.0035	0.014	0.015		
108	铜鼓	文山	0.8513	2.1089	18.442	15.699	11.93	灵山型
			0.0024	0.0047	0.024	0.025		
109	铜鼓	文山	0.8518	2.1137	18.429	15.697	18.17	遵义型
			0.0032	0.0037	0.011	0.014		
110	铜鼓	文山	0.8513	2.1119	18.456	15.713	11.59	麻江型
			0.0033	0.0037	0.010	0.011		
125	铜鼓	文山	0.8491	2.1053	18.477	15.687	10.3	万家坝型
			0.0025	0.0027	0.013	0.012		
138	铜鼓	文山	0.8579	2.1084	18.352	15.744	24.38	冷水冲型
			0.0017	0.0023	0.014	0.014		
139	铜鼓	文山	0.8510	2.1058	18.506	15.747	7.2	麻江型
			0.0028	0.0046	0.019	0.020		
140	铜鼓	文山	0.8580	2.1119	18.404	15.792	35.49	遵义型
			0.0034	0.0023	0.011	0.013		
141	铜鼓	文山	0.8532	2.0973	18.396	15.696	11.36	遵义型
			0.0035	0.0033	0.021	0.022		

续附表三

样品号	器物名称	出土地点	$^{207}Pb/^{206}Pb$	$^{208}Pb/^{206}Pb$	$^{206}Pb/^{204}Pb$	$^{207}Pb/^{204}Pb$	含铅量（%）	所属文化或时代
142	铜鼓	文山	0.8518	2.1134	18.433	15.701	23.74	遵义型
			0.0012	0.0026	0.015	0.015		
147	铜釜	大理	0.8735	2.1613	17.694	15.456	n.d.	战国－西汉
			0.0070	0.0068	0.037	0.034		
160	铜鼓	大理	0.8381	2.0881	18.656	15.636	9.12	万家坝型
			0.0025	0.0025	0.015	0.016		
170	铜鼓	文山	0.8310	2.0559	18.910	15.713	0.21	遵义型
			0.0051	0.0039	0.026	0.027		
124＊	铜鼓	文山	0.8441	2.1024	18.374	15.506	0.3	万家坝型
			0.0212	0.0286	0.348	0.365		
Yue05＊	铜块	越南	0.8402	2.0892	19.265	16.186	n.d.	东山
			0.0276	0.0244	0.258	0.260		
Yue06	铜提桶	越南	0.8515	2.1123	18.417	15.681	34.95	东山
			0.0024	0.0029	0.010	0.012		
Yue08	铜提桶盖	越南	0.8637	2.1212	18.164	15.689	4.76	东山
			0.0019	0.0026	0.010	0.011		
Yue09	靴形铜钺	越南	0.8491	2.1019	18.551	15.751	0.95	东山
			0.0022	0.0038	0.013	0.014		
Yue10	不对称铜钺	越南	0.8515	2.1047	18.489	15.743	3.85	东山
			0.0017	0.0043	0.016	0.016		
Yue11	不对称铜钺	越南	0.8530	2.1072	18.441	15.730	12.64	东山
			0.0031	0.0030	0.011	0.009		
Yue12＊	铜戈	越南	0.8429	2.0962	19.005	16.016	n.d.	东山
			0.0360	0.0455	0.647	0.651		
Yue13	铜剑	越南	0.8519	2.1120	18.350	15.632	0.51	东山
			0.0048	0.0039	0.017	0.016		
Yue15	铜洗	越南	0.8517	2.1125	18.400	15.671	25.94	东山
			0.0040	0.0045	0.011	0.012		
Yue16	铜犁	越南	0.8482	2.0987	18.546	15.730	5.77	东山
			0.0035	0.0040	0.015	0.014		
Yue17	铜剑柄	越南	0.8531	2.1032	18.444	15.732	2.9	东山
			0.0022	0.0033	0.017	0.018		
Yue18	铜块	越南	0.8554	2.1393	17.849	15.268	n.d.	东山
			0.0131	0.0099	0.145	0.149		
Yue20	喇叭形铜筒	越南	0.8465	2.0960	18.562	15.713	19.04	东山
			0.0028	0.0034	0.015	0.015		
1＊	铜钺	海门口	0.8512	2.1069	17.781	15.147	n.d.	商末
			0.0638	0.0290	0.710	0.612		
3	铜锥	海门口	0.8531	2.1018	18.402	15.699	0.23	商末
			0.0061	0.0071	0.039	0.040		
4	铜镯	海门口	0.8422	2.0939	18.590	15.655	2.09	商末
			0.0030	0.0038	0.010	0.011		
27	铜斧	海门口	0.8624	2.1337	18.118	15.627	n.d.	商末
			0.0057	0.0049	0.035	0.033		

续附表三

样品号	器物名称	出土地点	$^{207}Pb/^{206}Pb$	$^{208}Pb/^{206}Pb$	$^{206}Pb/^{204}Pb$	$^{207}Pb/^{204}Pb$	含铅量（%）	所属文化或时代
28	铜钺	海门口	0.8547	2.1084	18.319	15.657	n. d.	商末
			0.0049	0.0052	0.026	0.026		
29	铜锛	海门口	0.8463	2.0873	18.555	15.704	n. d.	商末
			0.0390	0.0241	0.446	0.442		
30	铜镰	海门口	0.7707	2.0055	20.493	15.791	n. d.	商末
			0.0034	0.0047	0.025	0.030		
32	铜凿	海门口	0.8436	2.0945	18.594	15.687	n. d.	商末
			0.0043	0.0044	0.049	0.059		
33	铜弯状器	海门口	0.7844	2.0240	20.078	15.747	n. d.	商末
			0.0126	0.0106	0.062	0.059		
7	铜锛	王家墩	0.7062	1.8879	23.133	16.338	12.94	商末
			0.0037	0.0055	0.019	0.021		
8 *	铜戈	王家墩	0.8355	2.0774	17.699	14.779	n. d.	商末
			0.0320	0.0283	0.226	0.209		
14 *	铜观音	大理	0.8318	2.0702			n. d.	大理
			0.0552	0.0432				
9	铜锄	万家坝	0.8555	2.1357	18.143	15.521	n. d.	春秋
			0.0131	0.0126	0.156	0.157		
10	铜锄	万家坝	0.8422	2.1109	18.472	15.558	n. d.	春秋
			0.0030	0.0043	0.017	0.017		
15	铜棺	大波那	0.8492	2.1060	18.435	15.656	n. d.	春秋 – 战国
			0.0054	0.0054	0.030	0.029		
16	铜长颈壶	石寨山	0.8490	2.1048	18.403	15.623	0.29	战国 – 西汉
			0.0037	0.0039	0.031	0.032		
42	铜鼓	呈贡	0.8441	2.0922	18.663	15.753		战国 – 西汉
			0.0037	0.0050	0.020	0.020		
58	铜镜	羊甫头	0.8752	2.1647	17.766	15.548		战国 – 西汉
			0.0025	0.0041	0.019	0.020		
62	铜剑鞘	羊甫头	0.8893	2.1407	17.139	15.244		战国 – 西汉
			0.0021	0.0025	0.015	0.018		
52	铜镯	呈贡	0.8575	2.1092	18.282	15.675	26.9	战国 – 西汉
			0.0029	0.0030	0.011	0.010		
45	铜戈	呈贡	0.8489	2.0981	18.345	15.572	2.43	战国 – 西汉
			0.0117	0.0076	0.100	0.100		
46 *	铜筒	呈贡	0.8580	2.1114	18.044	15.490	10.64	战国 – 西汉
			0.0245	0.0172	0.296	0.294		
48	铜鱼杖头	石寨山	0.8461	2.0919	18.560	15.699	0.39	战国 – 西汉
			0.0068	0.0056	0.045	0.048		
51	铜枕	呈贡	0.8538	2.1048	18.422	15.729	0.33	战国 – 西汉
			0.0041	0.0040	0.029	0.029		
53	铜镜	呈贡	0.8763	2.1630	17.744	15.550	0.41	战国 – 西汉
			0.0015	0.0023	0.004	0.005		
54	铜扣饰	呈贡	0.8523	2.1035	18.664	15.907	6.87	战国 – 西汉

续附表三

样品号	器物名称	出土地点	$^{207}Pb/^{206}Pb$	$^{208}Pb/^{206}Pb$	$^{206}Pb/^{204}Pb$	$^{207}Pb/^{204}Pb$	含铅量（％）	所属文化或时代
			0.0132	0.0105	0.109	0.110		
55	铜削	呈贡	0.8416	2.0930	18.589	15.651	1.25	战国－西汉
			0.0024	0.0027	0.032	0.039		
57	铜凿	呈贡	0.8612	2.1121	18.304	15.764	0.72	战国－西汉
			0.0126	0.0061	0.139	0.139		
63	铜戈	羊甫头	0.8521	2.1038	18.396	15.675	16.18	战国－西汉
			0.0046	0.0058	0.063	0.065		
67	铜啄	羊甫头	0.8418	2.0898	18.670	15.716	0.55	战国－西汉
			0.0034	0.0037	0.023	0.024		
71	铜贮贝器	李家山	0.8524	2.1153	18.396	15.681	3.55	战国－西汉
			0.0024	0.0025	0.007	0.009		
74	铜熏炉	李家山	0.8528	2.1162	18.335	15.636	8.15	战国－西汉
			0.0053	0.0043	0.056	0.055		
77	铜腿甲	李家山	0.8844	2.1677	17.537	15.510	3.63	战国－西汉
			0.0044	0.0041	0.040	0.039		
79#	铜俑	李家山	0.8514	2.1012	18.450	15.708	n. d.	战国－西汉
			0.0020	0.0030	0.005	0.005		
114*	铜编钟	文山	0.8568	2.1149	19.141	16.317	3.87	战国－西汉
			0.0404	0.0307	0.381	0.485		
116	铜锄	文山	0.8522	2.1153	18.389	15.671	11.47	战国－西汉
			0.0020	0.0035	0.017	0.020		
119	铜锄	文山	0.8527	2.1162	18.433	15.717	23.16	战国－西汉
			0.0032	0.0031	0.026	0.027		
128	铜洗	文山	0.8513	2.1116	18.411	15.673	18.68	战国－西汉
			0.0031	0.0035	0.031	0.031		
133	铜编钟	文山	0.8530	2.1042	18.415	15.708	0.94	战国－西汉
			0.0040	0.0032	0.026	0.026		
136	铜锄	文山	0.8451	2.0894	18.701	15.806	0.73	战国－西汉
			0.0055	0.0059	0.052	0.050		
149*	铜锄	大理	0.8626	2.1202	18.127	15.637	n. d.	战国*－西汉
			0.0218	0.0134	0.201	0.204		
153*	小铜牛	大理	0.8674	2.1193	17.926	15.567	n. d.	战国－西汉
			0.0233	0.0256	0.312	0.280		
157*	铜葫芦笙	大理	0.8644	2.1370	18.105	15.651	n. d.	战国－西汉
			0.0709	0.0492	0.644	0.652		
165	铜饰	丽江	0.8358	2.0856	18.834	15.743	0.76	战国－西汉
			0.0054	0.0050	0.024	0.023		
166	铜削	丽江	0.8350	2.0854	18.742	15.649	0.67	战国－西汉
			0.0048	0.0039	0.043	0.044		

注：＊含铅量低，测量精度不够，其$^{206}Pb/^{204}Pb$ 和$^{207}Pb/^{204}Pb$ 比值仅做参考。

　　 # 由中国地质科学院测量。

　　 n. d. 指该元素含量超出 XRF 检测限，未检测到。

附表四

中国云南和越南青铜器的 XRF 成分分析结果

顺序号	样品名称	出土地点	原编号	采样位置	铜	锡	铅	铁	锑	银	金	总和
				云南省博物馆								
1	铜钺	剑川海门口	CHT1: 4(74)	銎沿	97.24	1.12	0	<0.05	<0.05			98.36
3	铜锥	剑川海门口	CHT2: 3	尾部	77.19	19.92	0.23	0.55	0			97.89
4	铜手镯	剑川海门口	CHT2: 3(27)	尾端	94.47	0.93	2.03(砷)	0.26	<0.05			97.69
6**	铜针	剑川海门口	CHT2: 3(47)	尾部	86.01	12.31						98.32
7	铜铲 I	王家墩		銎沿	80.04	3.46	12.94	0.36	0.38			97.18
8	铜戈	王家墩		内部	98.69	0	0	<0.05	0			98.69
9	铜锄	楚雄万家坝	M1: 95	銎部	96.32	<0.05	0	0.91	0			97.23
10	宽叶铜锄	楚雄万家坝	M1: 48	肩部	95.99	<0.05	0	0.93	0			96.92
11	铜戈	楚雄万家坝	M23: 204	銎部	89.64	4.64	3.49	<0.05	<0.05			97.77
14	阿嵯耶铜观音			裙底部	96.82	<0.05	1.24(As)	<0.05	<0.05			98.06
15	铜棺	祥云大波那		一侧棺板	92.57	5.1	<0.05	<0.05	<0.05			97.67
16	铜长颈壶	晋宁石寨山	石寨山十七21A	残片	76.28	21.83	0.29	0.18	<0.05			98.58
17	铜扣饰	晋宁石寨山	石甲 M4: 10	背部矩形扣	56.64	40.78	0.75	0.49	0.11			98.77
18	铜狼牙棒	晋宁石寨山	石甲 M3: 10	銎部	92.78	5.3	0	0.13	0.25			98.46
22	铜鼓	楚雄万家坝	M1: 12	鼓足沿内侧	96.95	1.15	0	0.16	<0.05			98.26
23	铜鼓	楚雄万家坝	M23: 160	鼓足沿内侧	93.68	2.86	0.86	0.32	<0.05			97.72
24	铜鼓	江川李家山	M17: 30	足部较完整处	88.48	9.77	0	0.28	<0.05			98.53
25	铜鼓	晋宁石寨山	石甲 M1: 1	足腰接合部内侧	97.9	0.2	<0.05	0.32	<0.05			98.42
26	铜鼓	江川李家山	M24: 36	足部内侧	67.55	13.38	15.28	1.58	<0.05			97.79
27	铜斧	剑川海门口	剑海 228	銎部一侧钉孔	96.14	2.31	0	0.27	<0.05			98.72
28	铜钺	剑川海门口	剑海 227	銎部内侧	96.39	1.13	<0.05	0.68	<0.01			98.2
29	铜铲	剑川海门口	剑海 225	锛一侧卷回	94.31	3.01	0	0.9	<0.05			98.22

续附表四

顺序号	样品名称	出土地点	原编号	采样位置	铜	锡	铅	铁	锑	银	金	总和
30	铜镰	剑川海门口	剑海229	銎上部	97.39	0.51	0	0.12	0.18			98.2
32	铜凿(暂定)	剑川海门口	剑海217	一端	85.86	11.75	0	0.45	0			98.06
33	铜弯状器	剑川海门口	剑海216	一端	92.04	4.19	0	0.38	0.13			96.74
				昆明市博物馆								
37	铜釜残片	呈贡天子庙	TM33:14	残片一端	94.49	3.37	0	0.21	<0.05			98.07
38	铜锄	呈贡天子庙	TM41:112	残片	96.44	0.36	0	0.85	<0.05			97.65
40	铜鼓	征集		足沿	96.19	0.75	0	0.54	<0.05			97.48
41	铜矛	呈贡石碑村	M33:3	銎内侧	88.28	9.51	0.19	0.12	<0.05			98.1
43	铜柄铁器	呈贡石碑村	JM1:68(512)	铜柄端部	91.84	5.82	0	0.67	<0.05			98.33
44	铜剑	呈贡天子庙	TM41:17	剑尖残部	72.26	21.08	0.74	0.48	0.11			94.67
45	铜戈	呈贡天子庙	TM41:11	援部	75.24	18.36	2.43	1.44	0.12			97.59
46	铜筒	呈贡天子庙	TM41:101	子母口处	57.49	22.37	10.64	6.97	0.12			97.59
47**	吊人铜矛	晋宁石寨山	M71:195	散臂残处	81.76	14.25	0					96.01
48	铜鱼杖头	晋宁石寨山	M71:222②	鱼腹接口处	89.17	3.28	0.39	4.3	0.15			97.29
49**	铜伞盖	晋宁石寨山	M71:154	伞盖边沿	90.42	5.37						95.79
51	铜枕	呈贡天子庙	TM41:118	枕底内侧	91.68	5.31	0.33	0.16	<0.05			97.48
52	铜镯	呈贡天子庙	黄土山M41	残体	70.27	26.9	0.68	.0.42	0.1			98.37
53	铜昭明镜	呈贡天子庙	黄土山M50:1	边缘残破处	75.4	22	0.41	0.21	<0.05			98.02
54	圆形铜扣饰	呈贡天子庙	小松山M5:2	残片	40.67	49	6.87	0.73	0.98			98.25
55	铜削	呈贡天子庙	黄土山M26	削尖部	77.35	19.52	1.25	0.24	0.11			98.47
56*	铜矛	呈贡天子庙	小松山M26	銎部残处	73.88	1.69	1.92	20.65	0.11			98.25
57	铜凿	呈贡天子庙	黄土山M47	銎部	96.79	0.34	0.72	0.28	<0.11			98.13
58**	铜草叶纹镜	昆明羊甫头	T0711:07	镜援	77.44	22.23						99.67

续附表四

顺序号	样品名称	出土地点	原编号	采样位置	铜	锡	铅	铁	镥	银	金	总和
59	铜釜残片	昆明羊甫头	M113：53	残片一端	71.29	13.69	10.11	2.62	0.1			97.81
61**	银镯	昆明羊甫头	GYBM316：9	一端断处	0.78					99.72		100.5
62*	鎏金铜剑鞘	昆明羊甫头	YC130	残片	25.1						74.9	
63	铜戈	昆明羊甫头	YC208	援后部残片处	51.43	29.26	16.18	1.17	0.21			98.25
64	铜扣饰	昆明羊甫头	YC65	扣饰中部	80.4	15.97	0.51	0.74	<0.05			97.62
65	车马器铜三通	昆明羊甫头	YC427	底部较粗一通	82.57	14.41	0.5	0.34	0.15			97.97
66	铜剑柄	昆明羊甫头	YC234	剑身残处	87.84	9.41	0	0.36	<0.05			97.61
67*	铜啄	昆明羊甫头	YC242	銎部	86.01	11.2	0.55	0.13	0.11			98
				江川县博物馆								
70	铜二牛扣饰	江川李家山	M68XI：17－1	牛肩部背面	92.27	6.04	0	<0.05	0			98.31
71	铜弛贝器	江川李家山	M85：77	器壁残片	90.31	3.8	3.55	0.13	0.14			97.93
72	铜蛇形镂空器	江川李家山	M47：86	柄与器物接合处	95.03	1.72	<0.05	1.07	<0.05			97.82
74	铜熏炉	江川李家山	M49：15	炉盖残片处	61.87	27.57	8.148	0.12	<0.05			97.71
76	鎏金铜腿甲①	江川李家山		残片	82.08	14.92	0.82	0.14	<0.05			97.96
76*	鎏金铜腿甲②	江川李家山		残片	18.59					1.58	79.83	100
77	鎏金铜腿甲	江川李家山	M47：229	残片	66.89	27.59	3.63	<0.05	<0.05			98.11
78	薄铜残片	江川李家山	M49：16－1	残片	1.53					98.47		100
79	脆弱铜俑	江川李家山	M47：25	右手与身体结合处	93.47	4.32	0	0.19	<0.05			97.98
90	铜孔雀内部	江川李家山	M49：1	孔雀内部填充物	9.15	<0.05	88.58	<0.05	<0.05			97.73
91	铜剑柄残片	江川李家山	M68	残片	6.32					89.24	4.44	100
				玉溪市博物馆								
92	铜炼渣	元江	XJ00036		97.62	<0.05	0	0.63	<0.05			98.25
93	铜炼渣	元江	XJ00037		98.05	<0.05	0	0.27	0			98.32
96	靴形铜钺	元江	XJ000015	銎部	96.36	1.14	0	<0.05	0			97.5
97*	实心铜锛	元江	XJ000100	锛身一侧	93.98	0	0	<0.05	4.15			98.13
98	铜钺	元江	XJ000020	銎部残破处	81.94	15.92	0.16	<0.05	0			98.02
99	靴形铜钺	元江	XJ000035	銎部残破处	87.3	10.61	0	0.12	0			98.03
100	空心铜斧	元江	XJ000103	銎部残破处	92.6	4.46	0	0.19	0			97.25
				文山州博物馆								
101	大各大铜鼓	砚山县大各大村		一耳一端铸造毛刺	93.79	2.08	0	1.6	0			97.47

续附表四

顺序号	样品名称	出土地点	原编号	采样位置	铜	锡	铅	铁	锑	银	金	总和
102	草皮村铜鼓	邱北县草皮村		一耳一端铸造毛刺	88.31	9.5	0	0.46	0			98.27
103	平坝铜鼓	文山县平坝村		鼓胴部残破处	96.91	0.51	0	0.44	<0.05			97.86
104	城子上铜鼓	麻栗坡县城子上村		鼓面孔洞边沿	78.4	9.32	9.6	0.47	<0.05			97.79
105	孟梅Ⅱ号铜鼓	富宁县孟梅村		腰部大残洞	55.31	11.91	30.37	0.12	<0.05			97.71
106	田蓬铜鼓	富宁县田蓬村		足部残破处	61.69	14.34	21.3	0.14	0.32			97.79
107	木甘铜鼓	富宁县木甘村		腰部残破处	61	14.33	21.66	0.11	0.68			97.78
108	董马鼓	西畴县董马村		底部残破处	79.38	5.71	11.93	0.14	0.43			97.59
109	木门铜鼓	富宁县木门村		底部残凸起	71.07	7.86	18.17	0.24	0.28			97.62
110	犀牛村铜鼓	邱北县犀牛村		一耳内部铸造毛刺	71.05	14.1	11.59	1.25	0			97.99
114	羊角编钟	广南小尖山		上部孔下端	95.68	<0.05	3.87	0.26	<0.05			99.81
115	靴形铜钺	文山州	文M–2	銎部残破处	84.58	15.13	<0.05	0.27	0			99.98
116	尖叶铜锄	马关县马仁阿	马仁阿 01	銎部残破处	87.95	0.12	11.47	0.36	<0.05			99.9
117*	尖叶铜锄	马关县马仁阿	马仁阿 02	銎部残破处	83.5	<0.05	0.34	16.02	<0.05			99.86
118	尖叶铜锄	马关县马仁阿	马仁阿 04	尖叶部人工破坏处	85.46	<0.05	<0.05	14.19	<0.05			99.65
119	尖叶铜锄	马关县马仁阿	马仁阿 07	銎部残破处	76.55	<0.05	23.16	0.12	<0.05			99.83
120	尖叶铜锄	马关县马仁阿		銎部残破处	95.18	0.24	<0.05	4.5	<0.05			99.92
123	沙果Ⅱ号铜鼓	广南县沙果村		足部残缺处	89.48	9.81	0	0.7	0			99.99
124	沙果Ⅰ号铜鼓	广南县沙果村		一耳内部铸造毛刺	84.4	14.82	0.3	0.47	0			99.99
125	者偏铜鼓	广南县者偏村		残片	77.42	11.71	10.3	0.5	<0.05			99.93
128	铜洗	砚山县		腹部残缺一端	69.41	11.19	18.68	0.13	0.52			99.93
129**	古木铜鼓	文山县古木村	麻栗坡文物管理所	足部残破处	86.54	10.12						96.66
133	羊角编钟	八步乡东新堡窑	文管所149: 2	钟挂缺口处	88.82	9.79	0.94	0.43	<0.05			99.98
134	铜钺	八步乡东油村	文管所112	銎部残破处	87.23	12.06	0.14	0.55	<0.05			99.98
135	靴形铜钺	南温河乡新店村	文管所127	銎部残破处	84.61	15.18	0	0.21	0	100		99.98
136	铜锄	马街乡良子村	文管所25	銎部	86.11	9.5	0.73	3.53	0.11			99.98
137	羊角编钟	八步乡东新堡窑	文管所149: 1	底部残破处	91.08	8.08	<0.05	0.74	0			99.9
138	铁厂普绍铜鼓	铁厂乡普绍村	文管所130	足部残破处	59.89	14.88	24.38	0.67	<0.05			99.82
139	普管铜鼓	六河乡六河村	文管所82	胸部一残孔的边沿	78.4	13.86	7.2	0.23	0.27			99.96
140	龙山铜鼓	杨万乡龙山村	文管所33	足部残破处	52.26	11.57	35.49	0.3	0.29			99.91

续附表四

顺序号	样品名称	出土地点	原编号	采样位置	铜	锡	铅	铁	锑	银	金	总和
141	铜鼓	杨万乡那西村	文管所35	一耳部内侧毛刺	77.27	10.99	11.36	0.27	<0.05			99.89
142	铜鼓	八步乡竞龙村	文管所36	胴部残破处	70.56	4.65	23.74	0.64	0.23			99.82
143	铜钺	马街乡良子村	文管所24	銎部残破处	82.87	16.33	0.15	0.65	0	100		99.98
144	铜戈	六河乡隆莽村	文管所27	銎部	98.38	1.35	0	0.24	<0.05			99.97
				大理州博物馆								
145	尖叶铜锄	永平仁德村	永仁G17	銎部铜锲楔残处	99.47	0.15	0	0.37	<0.05			99.99
146	铜斧	永平仁德村	永仁C4	銎部一端	99.08	0.5	0	0.38	<0.05			99.96
147	铜釜	永平仁德村	永仁G1	口沿人为破环处	98.25	1.14	0	0.59	<0.05			99.98
148	尖叶铜锄	弥渡县梨树桩	弥梨征9	锄面残孔沿	99.1	0.35	0	0.55	<0.05			100
149	尖叶铜锄	弥渡县梨树桩	弥梨征3	銎部口沿	96.62	0.15	0.27	2.92	<0.05			99.96
150	弓形铜杖头	洱源县双廊乡	残采1号	残片	99.77	0.12	0	<0.05	<0.05			99.89
151	双铜钺	洱源县双廊乡	残采2号	銎部	99.81	<0.05	0	<0.05	0.18			99.99
152	铜钺	洱源县双廊乡	残采3号	銎部	99.08	<0.05	0	0.87	<0.05			99.95
153	铜牛	祥云红土坡	祥红M14:36	牛前腿内侧	98.61	<0.05	1.11	0.17	<0.05			99.89
154	铜羊	祥云红土坡	祥红M47:43	羊腹部残口	99.4	0.28	0	0.3	<0.05			99.98
155	铜矛	祥云红土坡	祥红M14:96-3	銎部	96.78	2.94	0	0.28	<0.05			100
156	弓形铜杖头	祥云红土坡	祥红M14:105-14	銎部	95.54	4.06	0	0.39	0			99.99
157	铜葫芦笙	祥云红土坡	祥红M47:25	口沿残破处	98.71	0.15	0.67	0.43	<0.05			99.96
158**	铜剑	剑川鳌凤山	剑沙征1	剑头残处	88.28	9.57	0	1.81	0			97.85
159	铜斧	云龙坡头村	云坡采2	銎部残处	72.66	25.1	0.33	1.81	0			99.9
160	铜鼓	弥渡青石湾	弥青S67	足部口沿毛刺	82.97	7.59	9.12	0.29	0			99.97
				丽江地区文物管理所								
162	铜矛	丽江石鼓镇格子村		銎部残洞	99.16	<0.05	0	0.8	<0.05			99.96
163	铜剑	丽江石鼓镇红岩村		剑格铸造毛刺	87.1	5.76	4.18	2.93	<0.05			99.97
164	半月形铜器	丽江宁蒗县大兴镇		器上边中段残口	76.68	16.21	6.92	0.16	0			99.97
165	铜饰品	丽江宁蒗县大兴镇		一端残边	89.43	9.42	0.76	0.32	<0.05			99.93
166	铜削	丽江宁蒗县		削尖部	80.79	16.98	0.67	1.43	0.13			100
167	铜镞	丽江石鼓镇格子村		铤部	98.52	0.93	0	0.51	<0.05			99.96
168	铜钺	丽江宁蒗县大兴镇		銎部	96.14	3.65	0	0.2	<0.05			99.99
169	铜剑	丽江石鼓镇格子村		剑柄残洞	99.42	0.44	0	<0.05	<0.05			99.86

续附表四

（均为重量百分含量，**号为扫描电镜能谱测量平均值）

越南青铜器（共20件）

顺序号	样品名称	出土地点	原编号	采样位置	铜	锡	铅	铁	锑	银	金	总和
Yue01	铜鼓	上农省	原编号02		99.38	0.48	0	0.12	0			99.98
Yue02	铜鼓	清化省	原编号03a		67.97	9.88	21.07	0.53	0.47			99.92
Yue03	铜鼓	安沛省陶盛	原编号03b		86.14	13.57	0	0.26	0			99.97
Yue04	铜鼓	安沛省浮岩	原编号03c		58.36	8.52	32.53	0.51	0			99.92
Yue05	铜块	大泽文化	原编号04		67.36	31.82	0	0.77	0			99.95
Yue06	铜提桶	清化省农贡县	原编号04a		53.74	11.1	34.95	0	0			99.79
Yue08	铜提桶	盖安沛省	原编号04c		83.97	10.82	4.76	0.42	0			99.97
Yue09	靴形铜钺	安沛文镇	原编号05a		81.55	17.04	0.95	0.18	0			99.72
Yue10	不对称铜钺	清化省农贡县	原编号05b		91.23	4.77	3.85	0	0			99.85
Yue11	不对称铜钺	清化寿春	原编号05c		73.8	13.23	12.64	0.18	0.1			99.95
Yue12	铜戈	安沛省陶盛	原编号06		84.16	15.28	0	0.48	0			99.92
Yue13	铜剑	Soi 村墓	原编号07		68.3	30.96	0.51	0.22	0			99.99
Yue15	铜洗	安沛省陶盛	原编号10		64.79	9.08	25.94	0	0			99.81
Yue16	铜犁	乂安黄周	原编号12		84.25	9.85	5.77	0	0			99.87
Yue17	剑柄	清化省	原编号13		67.93	25.59	2.9	3.57	0			99.99
Yue18	铜块	Soi 村墓	原编号14		99.02	0	0	0.96	0			99.98
Yue20	喇叭形铜桶	清化省农贡县	原编号17		71.53	8.77	19.04	0.54	0			99.88

（越南铜器有三件完全锈透未测，另外补测了一件中国云南文山州的铜鼓）

| 170（补1） | 铜鼓 | 文山州富宁睦伦 | 睦伦鼓 | | 90.02 | 2.41 | 0.21 | 7.24 | 0.1 | | | 99.98 |

参考文献

古代文献

［汉］司马迁撰：《史记》，中华书局，1982 年。

［汉］班固撰：《前汉书》，中华书局，1998 年。

［宋］范晔撰：《后汉书》，中华书局，1998 年。

［晋］常璩撰，刘琳校注：《华阳国志校注》，巴蜀书社，1984 年。

［明］李时珍著：《本草纲目》校点本第一册，人民卫生出版社，1977 年。

［明］宋应星著，钟广言注释：《天工开物》，广东人民出版社，1976 年。

中文文献

《中国矿床发现史·云南卷》编辑委员会编：《中国矿床发现史·云南卷》，地质出版社，1996 年。

《中条山铜矿地质》编写组：《中条山铜矿地质》，地质出版社，1978 年。

北京大学考古文博学院：《文山铜鼓及青铜器金属成分表》，见文山壮族苗族自治州文化局编《文山铜鼓》附录三，云南人民出版社，2004 年。

常向阳、朱炳泉、金正耀：《殷商青铜器矿料来源与铅同位素示踪应用》，《广州大学学报（自然科学版）》2003 年 8 期。

陈好寿、冉崇英等著：《康滇地轴铜矿床同位素地球化学》，地质出版社，1992 年。

陈民扬、庞春勇、肖孟华等：《铜矿床同位素地球化学》，见于津生等编《中国同位素地球化学研究》，科学出版社，1997 年。

崔剑锋、吴小红：《云南古代铜鼓的合金成分和显微结构分析》，见文山壮族苗族自治州文化局编《文山铜鼓暨民族历史文化国际学术研讨会论文集》，云南人民出版社，2005 年。

崔剑锋、吴小红、李昆声、黄德荣、王海涛：《古滇国青铜器表面镀锡和鎏金银技术的分析》，见北京大学中国考古学研究中心、北京大学震旦古代文明研究中心编《古代文明（第 4 卷）》，文物出版社，2005 年。

地质部宜昌地质矿产研究所同位素地质研究室：《铅同位素地质研究的基本问题》，地质出版社，1979 年。

丁悌平：《锡矿床同位素地球化学》，见于津生等编《中国同位素地球化学研究》，科学出版社，1997 年。

高子英：《云南主要铅锌矿床的铅同位素特征》，《云南地质》1997 年 4 期。

古丽冰、邵宏翔：《多接收双聚焦等离子质谱法测定高精度同位素比》，《质谱学报》2004 年 11 期。

何纪生：《关于铜鼓分型中的遵义型问题》，见中国铜鼓研究会编《中国铜鼓研究会第二次学术讨论会论文集》，文物出版社，1986 年。

何堂坤编著：《中国古代铜镜的技术研究》，中国科学技术出版社，1992 年。

黄德荣：《云南楚雄万家坝出土的鎏金铜器——谈中国鎏金产生的年代及技术》，见云南省博物馆编《云南青铜文化论集》，云南人民出版社，1991 年。

黄德荣：《关于万家坝型铜鼓研究中的几个问题》，见文山壮族苗族自治州文化局编《文山铜鼓暨民族历史文化国际学术研讨会论文集》，云南人民出版社，2005 年。

黄春征 ［越南］：《东山铜鼓的类型》，见中国古代铜鼓研究会编《铜鼓和青铜文化研究》，贵州人民出版社，2001 年。

黄盛璋：《论中国早期（铜铁以外）的金属工艺》，《考古学报》1996 年 2 期。

金正耀：《晚商中原青铜器矿料来源研究》，《科学史论集》，中国科技大学出版社，1987 年。

金正耀：《商代青铜业的原料流通与迁都问题》，《二十一世纪》第 69 期，2002 年 2 期。

金正耀：《商代青铜器高放射性成因铅原料的产地问题——答斋腾努博士等》，《中国文物报》2003 年 4 月 22 日。

金正耀：《铅同位素示踪方法应用于考古研究的进展》，《地球学报》2003 年 6 期。

金正耀：《论商代青铜器中的高放射性成因铅》，见考古杂志社编《考古学集刊·15》，文物出版社，2004 年。

金正耀：《中国学者的第一篇铅同位素考古文章》，《文物保护与考古科学》2004 年 4 期。

金正耀：《铅同位素考古研究的可行性问题——浅议"青铜器铅同位素指示意义的范铸实验研究"》，《文物保护与考古科学》2005 年 2 期。

金正耀等：《战国古币的铅同位素比值研究——兼说同时期广东岭南之铅》，《文物》1993 年 8 期。

金正耀等：《江西新干大洋洲商墓青铜器的铅同位素比值研究》，《考古》1994 年 8 期。

金正耀、马渊久夫、Tom Chase 等：《广汉三星堆遗物坑青铜器的铅同位素比值研究》，《文物》1995 年 2 期。

金正耀、Chase、W．T．、平尾良光、马渊久夫：《天马－曲村遗址西周墓地青铜器的铅同位素比值研究》，见邹衡主编《天马－曲村・三》，科学出版社，2000 年。

金正耀等：《商代青铜器中的高放射性成因铅：三星堆器物与赛克勒博物馆藏品的比较研究》，见《"走向二十一世纪的中国考古学"学术讨论会论文集》，文物出版社，2002 年。

蒋廷瑜：《古代铜鼓通论》，紫禁城出版社，1999 年。

蒋廷瑜、彭书琳：《试论句町铜鼓》，见文山壮族苗族自治州文化局编《文山铜鼓暨民族历史文化国际学术研讨会论文集》，云南人民出版社，2005 年。

阚勇：《试论云南新石器文化》，见云南省博物馆编《云南省博物馆建馆三十周年纪念论文集》，1981 年。

阚勇：《滇西青铜文化浅谈》，见云南省博物馆编《云南青铜文化论集》，云南人民出版社，1991 年。

李伯谦：《中国青铜文化结构体系研究》，科学出版社，1998 年。

李国武、杨光斌、杨学广：《云南建水—虾洞火山岩型银多金属矿带的硫、铅同位素特征及其地质意义》，《地质地球化学》1998 年 4 期。

李昆声：《"滇王之印"与"汉委奴国王印"之比较研究》，见云南省博物馆编《云南青铜文化论集》，云南人民出版社，1991 年。

李昆声：《55 年来云南考古的主要成就（1949～2004）》，《四川文物》2004 年 3 期。

李昆声：《云南文山在世界铜鼓起源研究中的地位》，见文山壮族苗族自治州文化局编《文山铜鼓暨民族历史文化国际学术研讨会论文集》，云南人民出版社，2005 年。

李昆声：《云南艺术史》，云南教育出版社，2001 年。

李昆声、黄德荣：《试论万家坝型铜鼓》，《考古》1990 年 5 期。

李敏生：《先秦用铅的历史概况》，《文物》1984 年 10 期。

李绍明：《西南民族之路与民族走廊》，见李绍明著《巴蜀民族史论集》，四川人民出版社，2004 年。

李晓岑：《中国铅同位素考古》，云南科技出版社，2000 年。

李永衡、王涵：《昆明市西山区王家墩发现青铜器》，《考古》1983 年 5 期。

梁宏刚、孙淑云：《二里头遗址出土铜器研究综述》，《中原文物》2004 年 1 期。

卢本珊：《铜绿山春秋早期的炼炉技术》，见中国科学院自然科学史研究所技术史研究室主编《科技史文集・金属史专辑》，上海科学技术出版社，1985 年。

马长舟：《剑川海门口古文化遗址的几个问题》，见云南省博物馆编《云南省博物馆建馆三十周年纪念文集》，1981 年。

马承源：《中国青铜器》（修订本），上海古籍出版社，2003 年。

彭子成、邓衍尧、刘长福：《铅同位素比值法在考古研究中的应用》，《考古》1985 年 11 期。

彭子成、王兆荣、孙卫东等：《盘龙城商代青铜器铅同位素示踪研究》，见湖北省文物考古研究所编著《盘龙城》，文物出版社，2001 年。

彭子成等：《赣、鄂、皖诸地古代矿料去向地研究》，《考古》1997 年 7 期。

秦颖、王昌燧、朱继平、董亚巍、龚长根：《青铜器铅同位素指示意义的范铸实验研究》，《文物保护与考古科学》2004 年 3 期。

阮文好〔越南〕：《试论东山式铜鼓和石寨山式铜鼓》，《民族艺术》1997 年增刊。

阮文好〔越南〕：《论东山文化青铜器的风格和特征》，见文山壮族苗族自治州文化局编《文山铜鼓暨民族历史文化国际学术研讨会论文集》，云南人民出版社，2005 年。

山西省考古研究所：《侯马铸铜遗址·上》，文物出版社，1993 年。

孙机：《汉代物质文化资料图说》，文物出版社，1990 年。

孙淑云：《山东泗水尹家城遗址出土岳石文化铜器鉴定报告》，见柯俊主编《中国冶金史论文集·二》，北京科技大学出版社，1994 年。

孙淑云、N. F. Kennon：《中国古代铜镜显微组织的研究》，见柯俊主编《中国冶金史论文集·二》，北京科技大学出版社，1994 年。

孙淑云、王大道：《广西、云南铜鼓合金成分及金属材质的研究》，见柯俊主编《中国冶金史论文集·二》，北京科技大学出版社，1994 年。

孙淑云、韩汝玢、陈铁梅等：《盘龙城出土青铜器的铅同位素比测定报告》，见湖北省文物考古研究所编著《盘龙城》，文物出版社，2001 年。

童恩正：《近年来中国西南民族地区战国秦汉时代的考古发现及其研究》，见童恩正著《中国西南民族考古论文集》，文物出版社，1986 年。

童恩正：《试论中国从东北至西南的边地半月形文化传播带》，见童恩正著《中国西南民族考古论文集》，文物出版社，1986 年。

童恩正：《试谈古代四川与东南亚文明的关系》，见童恩正著《中国西南民族考古论文集》，文物出版社，1986 年。

童恩正：《再论早期铜鼓》，见中国铜鼓研究会编《中国铜鼓研究会第二次学术讨论会论文集》，文物出版社，1986 年。

王大道：《滇池区域的青铜文化》，见《云南青铜论丛》编辑组编《云南青铜论丛》，文物出版社，1981 年。

万辅彬等：《中国古代铜鼓科学研究》，广西民族出版社，1992 年。

万辅彬、房明惠、韦冬萍：《越南东山铜鼓再认识与铜鼓分类新说》，《广西民族学院学报（哲学社会科学版）》2003 年 11 期。

王昌燧、邱平、秦颖、单洁：《文物断源研究之成果、心得和思考》，见王昌燧等主编《科技考古论丛（第三辑）》，中国科技大学出版社，2003 年。

韦冬萍、房明惠、万辅彬、叶廷花：《越南铜鼓样品铅的富集与铅同位素测定》，《广西民族学院学报（自然科学版）》2002 年 4 期。

魏菊英、王关玉编：《同位素地球化学》，地质出版社，1988 年。

文山壮族苗族自治州文化局编：《文山铜鼓》，云南人民出版社，2004 年。

夏湘蓉、李仲均、王根元：《中国古代矿业开发史》，地质出版社，1980 年。

肖明华：《剑川海门口 1978 年发掘所获铜器及其有关问题》，见云南省博物馆编《云南青铜文化论集》，云南人民出版社，1991 年。

徐恒彬、黄渭馨、王秀兰、华觉明：《广东省出土青铜器冶铸技术的研究》，见华觉明等著《中国冶铸史论集》，文物出版社，1986 年。

徐文炘、郭新生、冀树楷、路九如、李树屏：《铜矿峪铜矿床地球化学研究》，《矿产与地质》1995 年 2 期。

徐文炘、郭新生、李树屏、冀树楷：《横岭关铜矿床地球化学研究》，《矿产与地质》1996 年 4 期。

薛布高：《云南主要金属矿产开发史研究》，《矿产与地质》1999 年 2 期。

薛布高：《史料考证与找矿（之四）·个旧锡矿》，《云南地质》2004 年 4 期。

杨帆：《滇青铜文化的起源、年代及其崇拜》，见安田喜宪编《神话、祭祀与长江文明》，文物出版社，2002 年。

杨惠铭：《沙溪寺登街》，云南民族出版社，2003 年。

于津生等编：《中国同位素地球化学研究》，科学出版社，1997 年。

俞伟超：《长江流域青铜文化发展背景的新思考》，见高崇文、安田喜宪主编《长江流域青铜文化研究》，科学出版社，2002 年。

云南省博物馆筹备处：《剑川海门口古文化遗址清理简报》，《考古通讯》1958 年 6 期。

云南省博物馆：《云南古代文化的发掘与研究》，见文物编辑委员会编《文物考古工作 30 年（1949～1979）》，文物出版社，1979 年。

云南省博物馆：《十年来云南文物考古新发现及研究》，见文物编辑委员会编《文物考古工作 10 年（1979～1989）》，文物出版社，1990 年。

云南省博物馆：《云南剑川海门口青铜时代早期遗址》，《考古》1995 年 9 期。

云南省矿产资源汇编小组编：《云南省主要矿区简况——有色金属矿产》（内部资料），1975 年。

云南省文物工作队：《云南祥云大波那木椁铜棺墓清理报告》，《考古》1964 年 12 期。

章鸿钊：《古矿录》，地质出版社，1954 年。

张光直：《商代文明》，毛小雨译，北京工艺美术出版社，1999 年。

张光直：《夏商周三代都制与三代文化异同》，见张光直著《中国青铜时代》，生活·读书·新知三联书店，1999 年。

张理刚：《东亚岩石圈块体地质》，科学出版社，1995 年。

张昭：《云南弥渡合家山出土古代石、陶范和青铜器》，《文物》2000 年 11 期。

张增祺：《滇西青铜文化初探》，见《云南青铜器论丛》编辑组编《云南青铜器论丛》，文物出版社，1981 年。

张增祺：《滇文化》，文物出版社，2001 年。

张增祺：《云南青铜文化的类型与族属问题》，见云南省博物馆编《云南青铜文化论集》，云南人民出版社，1991 年。

张增祺：《"万家坝型"铜鼓与"石寨山型"铜鼓的关系》，见中国古代铜鼓研究会编《铜鼓和青铜文化的新探索》，广西民族出版社，1993 年。

张增祺：《云南冶金史》，云南美术出版社，2000 年。

中国古代铜鼓研究会编：《中国古代铜鼓》，文物出版社，1986 年。

张世贤：《从中国古铜器的化学成分谈起》，见吴嘉丽、叶鸿洒编《新编中国科技史演讲文稿选辑·下》，台湾银禾文化事业公司，1989 年。

张巽、王昌燧等：《花厅新石器时代古陶器产地铅同位素示踪的初步探讨》，《科学通报》1997 年 3 期。

镇江市博物馆、金坛县文化馆：《江苏金坛鳖墩西周墓》，《考古》1978 年 3 期。

朱炳泉：《地球科学中同位素体系理论与应用：兼论中国大陆壳幔演化》，科学出版社，1998 年。

朱炳泉：《地球化学省与地球化学急变带》，科学出版社，2001 年。

朱炳泉、常向阳：《评"商代青铜器高放射性成因铅"的发现》，见北京大学中国考古学研究中心、北京大学古代文明研究中心编《古代文明（第 1 卷）》，文物出版社，2002 年。

中文译著

I．L. Barnes，R．H. Brill、E．C. Deal：《中国早期玻璃的铅同位素研究》，见《中国古玻璃研究——1984 年北京国际玻璃学术讨论会论文集》，中国建筑工业出版社，1986 年。

R. H. Brill, Csilla Felker‑Dennis 等著，陈庚龄、卢燕玲译，马清林校：《中国及中亚壁画含铅颜料铅同位素比值分析》，《文物保护与考古科学》2000 年 5 期。

Jochen Hoefs 著，刘季花、石学法、卜瑞文译：《稳定同位素地球化学》，海洋出版社，2002 年。

马渊久夫：《据铅同位素比推定青铜器原料的产地》，见日本第三次《大学与科学》公开学术研讨会组委会编《现代自然科学技术在考古学中的应用——日本第三次〈大学与科学〉公开学术研讨会论文集》，西北大学出版社，1992 年。

山崎一雄、室住正世：《中国古代玻璃与日本弥生时代古墓中出土玻璃之间的关系》，见《中国古玻璃研究——1984 年北京国际玻璃学术讨论会论文集》，中国建筑工业出版社，1986 年。

英文文献

Arden, J. W. and N. H. Gale, New electrochemical technique for the separation of lead at trace levers from natural silicates, *Analytical Chemistry*, 1974, 46, p1.

Baxter, M. J., Beardah, C. C. and Wrighje, R. V., Some archaeological applications of kernel density estimates, *Journal of Archaeological Science*, 1997, 24.

Baxter, M. J., C. E. Buck, Data handling and statistical analysis, in *Modern Analytical Methods in Art and Archaeology*, Chicago, 2000.

Begemann, F., Straoker, S. S., Pernicka, E., Isotopic composition of lead in early metal artifacts. Results, possibilities and limitations, in A. Hauptmann, E. Pernicka, G. Wagner (eds). *Old World Archaeometallurgy*, Selbstverlag des Deitscjem Bergbau‑Museums, Bochum, 1989.

Begemann, F., Schmitt‑Strecker, S., Pernicka, E., F. L. Shiavo, Chemical composition and lead isotopy of copper an bronze from Nuragic (Sardinia), *European Journal of Archaeology*, 2001, 1.

Begemann, F., Schmitt‑Strecker, S., Pernicka, E., On the composition and provenance of metal finds from Beşiktipe (Troia), in Günther Wagner, Ernst Pernicka, Hans‑Peter Uerpmann (eds.), *Troia and the Troad‑Scientific Approaches*, Springer, 2003.

Brill, R. H. and J. M. Wampler, Isotope studies of ancient lead, *American Journal of Archaeology*, 1967, 1.

Budd, P. et. al., The possible fractionation of lead isotope in ancient metallurgical processes. *Archaoeometry* 37, Part 1, 1995.

Budd, P. et. al., Oxhide ingots, recycling and the Mediterranean metals trade, *Journal of Mediterranean Archaeology* 8, 1995.

Budd, P. *et. al.*, Rethinking the quest for provenance, *Antiquity* 70, 1996.

Chase, T., Lead isotope ratio analysis of Chinese bronze examples form the Freer Gallery of Art and Authur M. Sackler collections, in *Ancient Chinese and Southeast Asian Bronze Age Cultures*, 2000, Vol. 1, Taiper.

Gale, N. H., Archaeometallurgical studies of late Bronze Age copper oxhide ingots from the Mediterranean region, in eds. A. Hauptmann, E. Pernicka, G. A Wagner, *Old World archaeometallurgy*, Deutsches Bergbaumuseum, Bochum, 1989.

Gale, N. H., A new method for extracting and purifying lead from difficult matrices for isotopic analysis, *Analytica Chimica Acta*, 1996, 332.

Gale, N. H., Z. Stos – Gale, Bronze age copper in the Mediterranean: A new approach, *Science* Vol. 216, 2, 1982.

Gale, N. H., Stos – Gale, Z. A. Bronze age archaeometallurgy of the Mediterranean: the impact of lead isotope studies, in *Archaeological Chemistry Iv* (*ed. R. O. Allen*), Washington. DC, 1989.

Gale, N. H., Stos – Gale, Z. A., Evaluating lead isotope data: comments on E. V. Sayer, K. A. Yener, E. C. Joel and I. L. Barnes, 'Statistical evaluation of the presently accumulated lead isotope data from Anatolia and surrounding regions⋯', I, *Archaeometry*, 1992. 2.

Gale, N. H., Stos – Gale, Z. A., Comments on P. Budd, D. Gale, A. M. Pollard, R. G. Thomas and P. A. Willams, 'Evaluating lead isotope data: further observations⋯', *Archaeometry*, 1993, 2.

Gale, N. H., and Z. A. Stos – Gale, Comments on 'Oxhide ingots, recycling, and the Mediterranean metals trade', *Journal of Mediterranean Archaeology* 8, 1995.

Gale, N. H., Zofia Stos – Gale, Lead isotope analyses applied to provenance studies, in *Modern Analytical Methods in Art and Archaeology*, Chicago, 2000.

Gulson, B. L, Lead isotopes in mineral exploration, *Elsevier*, *Amsterdam – Oxford – New York – Tokyo*, 1986.

Habicht – Mauche, J. A., S. T. Glenn, M. P. Schmidt, R. Franks, A. R. Flegal, Stable lead isotope analysis of Rio Grande glaze paints and ores using ICP – MS: a comparison of acid dissolution and laser ablation techniques, *Journals of Archaeological Science*, 2002, 29.

Higham, C., The Bronze Age of Southeast Asia, Cambridge University Press, 1996.

Hosler, D. and Macfarlane, A. , Copper sources, metal production, and metal trade in late Postclassic Mesoamerica. , *Science*, vol. 273, 1996.

Iliev, I. , I. Kuleff, J. Adam and E. Pernicka, Electrochemical lead separation from copper, copper alloy, silver and silver alloy for isotope ration determination in archaeometric investigations, *Analytica Chimica Acta*, 2003, 497.

Jin Zhengyao, Zheng Guang, Yoshimitsu Hiral *et. al.* , Lead isotope study of early Chinesse bronze objects, in *The Fourth International Conference on the beginning of the use on metals and alloys*, 1998.

Keith Branigan, Lead isotopes and the Bronze Age metal trade, *Nature*, 1982, Vol. 296.

Mabushi, H. , Y. Hirao and M. Nishida, Lead isotope approach to the understanding of early Japanese bronze culture, *Archaeometry* 1985, Vol. 27. 2.

Macfarlane, A. , The lead isotope method for tracing the sources of metals in archaeological artifacts, in *Metals in antiquity*, (eds. S. M. M. Young, A. M. Pollard, P. Budd, and R. Ixer.), Bar International Series 792, Oxford, 1999.

McGill, R. A. , Budd, P. , Scaife, B. , *et. al.* , The investigation and archaeological applications of anthropogenic heavy metal isotope fractionation, in *Metals in antiquity*, (eds. S. M. M. Young, A. M. Pollard, P. Budd, and R. Ixer.), Bar International Series 792, Oxford, 1999.

Muhly, J. D. , Begemannm, F. , Oztunali, O. , Pernicka, E. , Schmitt – Strecker, S. , Wagner, G. A. , The bronze metallurgy in Anatolia and the question of local tin Sources, in E. Pernicka, G. A. Wagner (eds.), *Archaeometry* '90, Birkhauser Verlag, 1991.

Muhly, J. D. , Comments on 'Oxhide ingots, recycling, and the Mediterranean metals trade', *Journal of Mediterranean Archaeology* 8, 1995.

Murowchick, R. E. , The political and ritual significance of bronze production and use in ancient Yunnan, *Journal of East Asian Archaeology* , 2002, 3.

Niederschlag, E. , E. Pernicka, Th. Seifert and M. Bartelheim, The determination of lead isotope ratios by multiple collector ICP – MS: A case study of Early Bronze Age artifacts and their possible relation with ore deposits of the Erzgebirge, *Archaeometry*, 2003, vol. 45. 2.

Northover, J. P. , Non – Ferrous Metallurgy in British Archaeology. In J. Henderson (ed.), *Scientific Analysis in Archaeology and Its Interpretation*. Oxford, 1989.

Nguyen K. Su, P. H. Huyen and T. T. Tin, Northern Vietnam from the Neolithic to the

Han period, in Ian Glover and Peter Bellwood（eds.）, *Southeast Asia*, *From prehistory to history*, RouteldgeCurzon, 2004.

Pernicka, E., Evaluating lead isotope data: comments on E. V. Sayer, K. A. Yener, E. C. Joel and I. L. Barnes, 'Statistical evaluation of the presently accumulated lead isotope data from Anatolia and surrounding regions…', I, *Archaeometry*, 1992. 2.

Pernicka, E., Comments on P. Budd, D. Gale, A. M. Pollard, R. G. Thomas and P. A. Willams, 'Evaluating lead isotope data: further observations…', *Archaeometry*, 1993, 2.

Pernicka, E., Comments on 'Oxhide ingots, recycling, and the Mediterranean metals trade', *Journal of Mediterranean Archaeology* 8, 1995.

Pernicka, E., *et. al*, On the composition and provenance of metal artifacts form Poliochni on Lemnos, *Oxford Journal of Archaeology*, 1990, 9.

Penicka, E., G. A. Wagner, J. D. Muhly, O. Oztunali, Comment on the discussion of ancient tin sources in Anatolia, *Journal of Mediterranean Archaeology*, 1992, 1.

Pernicka, E., Begemann, F., *et. al.*, Prehistoric copper in Bulagaria: Its composition and provenance, *Eurasia Antiqua* 1997, 3.

Pham Minh Huyen: Recent Dong Son Drum discoveries in Vietnam: some issues of significance, 见文山壮族苗族自治州文化局编《文山铜鼓暨民族历史文化国际学术研讨会论文集》, 云南人民出版社, 2005 年。

Pollard, A. M., C. Heron, Archaeological Chemistry, RSC Paperbacks, Corrwell, UK, 1996.

Ponting, M., J. A. Evans and V. Pashley, Figerprinting of Roman mints using laser ablation MC – ICP – MS lead isotope analysis, *Archaeometry* 2003, vol. 45. 4.

Reedy . J. and Reedy. L, Statistical analysis of lead isotope data in provenance studies. in P. B. Vandiver, J. Druzik, G. S. Wheeler（eds）, Materials issuses in art and archaeologyⅡ, *Materials Research Society*, 1991.

Sayre, E. V, Yener, K. A., *et. al.*, Statistical evaluation of the presently accumulated lead isotope data from Anatolia and surrounding regions. *Archaeometry*, 1992, 1.

Sayre, E. V, Yener, K. A., Joel, E. C., Evaluating lead isotope data: comments on E. V. Sayer, K. A. Yener, E. C. Joel and I. L. Barnes, 'Statistical evaluation of the presently accumulated lead isotope data from Anatolia and surrounding regions…', I Reply, *Archaeometry*, 1992. 2.

Sayre, E. V, Yener, K. A., Joel, E. C., Comments on P. Budd, D. Gale, A. M.

Pollard, R. G. Thomas and P. A. Willams, 'Evaluating lead isotope data: further observations…', *Archaeometry*, 1993, 2.

Sayre, E. V., K. A. Yener and E. C. Joel, Comments on 'Oxhide ingots, recycling, and the Mediterranean metals trade', *Journal of Mediterranean Archaeology* 8, 1995.

Sayre, E. V., *et. al.* Stable lead isotope studies of Black Sea Anatolian ore sources and related bronze age and Phrygian artifacts from nearby archaeological sites. *Archaeometry* 43, Part 1, 2000.

Srinivasan, S., Lead isotope and trace element analysis in the study of over a hundred South India metal icons., *Archaeometry*, 1999, 1.

Stos – Gale, Z. A., Lead isotope studies of metals and the metal trade in the bronze age Mediterrnean, J. Henderson (ed.), in *Scientific Analysis in Archaeology and its interpretation*, Oxford, 1989.

Stos – Gale, Z. A., G. Maliotis, N. H. Gale, and N. Annetts, Lead isotope characteristics of the Cyprus copper ore deposits to provenance studies of copper oxhide ingots. *Archaeometry*, 1997, 2.

Tsutomu SAITO, Rubin HAN, Shuyun SUN, Congqiang LIU, Preliminary considertion of the source of lead used for bronze objects in Chinese Shang dynasty – Was it really from the boundary among Sichuan, Yunnan and Guizhou provinces? –, in *BUMA – V*, Gyeongju, Korea, 2002. 4.

Tykot, R. H., S. M. M. Young, Archaeological applications of inductively coupled plasma – mass spectrometry, in *Archaeological chemistry: organic, inorganic and biochemical analysisi*, ed. Mv. Orna, Am. Chem. Soc., Washington DC., 1996.

Tylecote, R. F., A History of Metallurgy (Second Edition). The Institute of Materials, 1992.

Weeks, L. R., Early metallurgy of the Persian Gulf, Brill Academic Publishets, Inc. 2003.

Yener, K. A., Sayre, E. V. *et. al.*, Stable lead isotope studies of central Taurus ore soures and related artifacts from eastern Mediterranean Chalcolithic and Bronze Age Sites, *Journal of Archaeological Science*, 1991, 5.

Young, S. M. M., P. Budd, R. Harrerty and A. M. Pollard, Inductively coupled plasma – mass spectrometry for the analysis of ancient metals. *Archaeometry*, 1997, 39, 2.

Young, S. M. M. and A. M. Pollard, Atomic Spectroscopy and spectrometry, in *Modern Analytical Methods in Art and Archaeology*, ed. E. Cliiberto, G. Spoto, A John Wiley and Sons, Inc., Publication, New York, 2000.

Zhu B. Q., The Mapping of geochemical provinces in China based on Pb isotopes, *Journal of Geochemistry Exploration*, 1995, 55.

日文文献

金正耀：《中国古代文明をちぐる－鉛同位体比法にとえる研究を中心に》，见馬淵久夫、富永健編《考古学と化学》，東京大学出版会，2000 年。

馬淵久夫、平尾良光：《東アジア鉛鉱石の鉛同位体比》，《考古学雑誌》1987 年 73 期。

平尾良光、鈴木浩子等：《泉屋博古館が所蔵する中国古代青銅器の鉛同位体比》，《泉屋博古館紀要》第十五巻拔刷，1999 年。

平尾良光、山岸良二編：《青銅鏡・銅鐸・鉄剣を探る－鉛同位体比、鋳造実験、X 線透過写真》，（東京）株式会社国土社，1998 年。

早川泰弘、平尾良光、金正耀、郑光：《ICP－AES/MSによゐ中国二里頭遺跡出土青銅器の多元素分析》，《保存科学》2000 年第 38 号。

齋藤努：《西周瑠璃河燕国墓地出土遺物および千家店銅鉱山試料の鉛同位体比分析》，见研究报告《日中古代青銅器および土器の産地する自然科学的研究》（研究課題番号：11691040），研究代表者，今村峯雄，2001 年。

后　　记

　　本书是在崔剑锋博士论文的基础上完成的，但相关方面的研究在崔剑锋硕士论文阶段就已开始了。那是 2001 年春节前夕，我在昆明见到了时任云南省博物馆馆长的李昆声先生，李先生为人谦和，他渊博的学识和深厚的学养给我留下深刻印象。谈起在科技考古领域开展合作研究的意向，李先生谈到云南青铜文明的灿烂，谈到云南独特的民族文化与中原文化的关系等，认为采用考古学与自然科学手段相结合的方法对云南青铜矿料开展产源分析研究具有重要意义。当时参与讨论的还有云南省博物馆的王海涛研究员和黄德荣研究员，双方明确了合作内容为云南青铜器矿物原料的来源分析与中国青铜文明研究。并以此为题由李昆声先生牵头联合申请了云南省省院省校教育合作项目，并于2001 年 11 月获得批准资助。2002 年 1 月在云南省文化厅的支持下，李昆声先生亲自带队，云南博物馆王海涛先生、黄德荣先生、罗夜起先生和王丽明女士，北京大学考古博物院吴小红、崔剑锋和杨宪伟共同完成了样品采集工作，其中罗夜起副研究员是云南省博物馆的文物保护修复专家，杨宪伟实验师是北京大学考古文博学院文物保护修复的实验技术人员。样品采集过程涉及云南省博物馆，昆明市博物馆，云南省文物考古研究所，江川县博物馆，玉溪、文山、大理、丽江等多个文物管理所或博物馆，采样工作始终以文物的绝对安全为第一原则，采样部位严格控制在器物隐蔽或赘余处，如足内、腹内、鋬内、铸范接缝处或铸造缺陷部位等，样品尺寸以米粒大小为界，有些样品只取粉末。采集每一个样品都是课题组成员、文物保护修人员、当地文物管理工作人员共同商量，并以当地文物管理工作人员和文物保护修复人员的意见为重确定采样方案，采样前后拍照，作详细记录。整个采样工作行程两千里，历时二十天，各地文化局、博物馆、文物管理所参与工作的人员有几十人。这部分工作为我们的研究奠定了重要基础。在这里我们不能一一说出每一个人的名字，但我们想对每一个参与和支持我们工作的人说一声谢谢。

　　感谢北京大学考古文博学院李伯谦先生，在我们开展研究工作的整个过程中，先生一直给予很大的支持和关注，并就一些具体事宜多次亲自指导，审阅论文并提出指导意见。感谢先生将该书的出版列入北京大学震旦古代文化研究中心学术丛书。

　　感谢北京大学考古文博学院赵辉先生，先生作为崔剑锋的博士导师之一，对论文写作提出很多建设性的意见，强调自然科学一定要为考古学文化研究服务，确定了论文写作的大方向，并且经常巧支妙招，使论文大为增色。

感谢北京大学考古文博学院陈铁梅先生，作为科技考古界的泰山北斗，以一位科学家的严谨学术素养对崔剑锋的论文始终予以严格要求、悉心指导，为我们后生晚辈树立了严谨求实的学术表率。

感谢中国自然科学史所苏荣誉研究员对科技考古的真知灼见让我们受益匪浅，对论文提出宝贵意见，使论文写作更上层楼。感谢中国科技大学金正耀教授，作为中国铅同位素考古第一人，给我们的研究提建议，并多次提供宝贵的文献资料，对论文的写作给予很大的帮助。感谢中国地球科学院朱祥坤研究员帮助我们完成了铅同位素分馏实验中铅同位素数据的高精度测量工作。感谢北京大学地空学院邵宏翔教授和古丽冰老师在铅同位素测量工作上的大力帮助。

感谢北京化工大学许淳淳教授、中国文物研究所马清林研究员、北京大学考古文博学院孙华教授和刘绪教授对研究工作给予的帮助。

感谢一起工作的实验室的同事朋友们，陈建立、杨颖亮、宝文博、刘伟、胡刚、蒙清平、潘岩、高世君、马力，长期以来朝夕相处，关心帮助支持，这份情意点点滴滴融入工作中，终生受益。

正如前面提到的，本书的完成与崔剑锋硕士和博士期间的研究密切相关。整整六年的时间，他辛勤地工作，踏踏实实，孜孜以求，阅读了几乎所有相关的中外文献，对铅同位素考古研究现状进行了系统梳理。通过实验研究并计算得到了铅的同位素分馏系数，通过经验公式计算和模拟实验研究证明古代青铜冶金过程中由于铅的损失引起的铅同位素分馏可以忽略，为铅同位素考古研究在理论方法上做出了贡献。首次使用铅同位素地球化学省矢量填图的方法重新分析了文献发表的中国青铜时代青铜器的铅同位素数据，将过去隐而未现的信息揭示了出来，成功探讨了中国青铜文明中心地区的青铜器矿料产源问题，指出在中国殷商时期云南的青铜矿料并没有输入中原，并且确定了作为中国青铜文化中心的中原地区其青铜矿料的可能来源范围，这对于解决国家建立阶段中心政权对资源的控制和中心地理位置的选择等问题都有重要参考价值。

吴小红

2007 年 12 月

The Study Of Lead Isotopic Archaeology:

Provenance Study of Bronze Artifacts Unearthed from Yunnan Province, China and Vietnam

(Abstract)

This paper discussed some theoretical issues of lead isotopic archaeology, including isotopic fractionation effect and regional homologous effect. The lead isotope analytical results of about 80 bronze artifacts found in Yunnan Province and Vietnam were reported and their provenance research was done also.

According to the results of the calculation with two thermodynamical empirical formulas and the simulative experiment, the fractionation of the lead isotope caused by the loss of lead in the metallurgical processes is so tiny that can be ignored. It is the first time in the world that the fractionation coefficient of lead was caculated by the results of the simulative experiment.

The mapping of geochemical provinces based on geological Pb isotopes ratios was introduced in this paper to re－evaluate the published lead isotope data on bronze artifacts of Xian Qin. The results indicate that this method is effective to locate the ore sources of the bronze wares in a small scale area.

It is the first time in China that the instrument of the MC－ICP－MS was applied in the lead isotope analysis of ancient bronze artifacts. The results show that the accuracy of this instrument has achieved high level compared with TIMS.

Three bronze artifacts containing high－radiogenic lead isotopes were found in Haimenkou site and Wangjiadun site, the two earliest Bronze Age sites of Yunnan Provice hitherto, which provide a key clue for provenancing bronze artifacts of Shang Dynasty.

The lead isotope fields of Wanjiaba－type drums, Shizhaishan－type drums and Dongson－type durms separate from each other remarkably. It suggests that these three different types of drum were independently used by different groups of people with different ancient culture backgrounds.

The lead isotope data of Lengshuichong－type drum, Beiliu－type drum and Lingshan－type drum show that the ores of these drums could be imported from Guangxi Province. The analytical results of two Majiang – type drums reveal that one of them may be imported from the boundary of the Yunnan and Guizhou provinces, another may be casted in the local area.

The metallurgical examination of three Zunyi – type drums shows that these drums are made from very particular materials. The lead isotope data of these Zunyi – type drums indicate that they were all cast in the local area, which reveal that Wenshan may be a center of casting and using Zunyi – type drums.

The lead isotope data of bronze artifacts belonging to Dian culture and Dongson Culture indicate that spiecies of the artifacts have some relationships with the extent of dispersing of the lead isotpe data. The lead isotope data of small bronze commodities tend to scatter more than the scared artifacts, which indicate that bronze drums have important social function in these two cultures and the material and technology for making drums were likely to be strictly controlled by the elites of these two cultures.

Two bronze mirrors excavated from Yangfutou Site and Chenggong Site of Dian Culture have the similar lead isotopes ratios as the Western – Han Dynasty mirrors' found in Japan, which indicate that the materials of these two Han – type mirrors were likely from Guanzhong Area, Shanxi Province.

Two gilding bronze artifacts bear very unique lead isotopes ratios from other Dian culture's bronze artifacts, which reveal that gilding on the bronze is a special technology in Dian culture's bronze craft and the peculiar provenance of these two gilding artifacts.

Analyzed by the mapping of V – Vector based on the lead isotope ratios, the ores of most bronze artifacts found in Yunnan Province come from the local areas nearby the sites where the artifacts excavated from. No evidence indicates that the raw materials containing " common lead – isotopes" exploited in Yunnan were imported to Cernter China during the Xian – Qin period. And some possible provenance were recommended according to the comparing the lead isotope data of the artifacts with modern mines.